中铁二院海外职工文化作品系列

一带一路——埃塞故事

THE BELT AND ROAD —— STORIES IN ETHIOPIA

主　编　王　刚

西南交通大学出版社
·成　都·

图书在版编目（CIP）数据

一带一路：埃塞故事 / 王刚主编. —成都：西南交通大学出版社，2020.9
ISBN 978-7-5643-7620-8

Ⅰ. ①一⋯ Ⅱ. ①王⋯ Ⅲ. ①铁路工程 – 建设 – 埃塞俄比亚 – 文集②铁路企业 – 对外援助 – 中国 – 文集 Ⅳ. ①F534.213②532.6-53

中国版本图书馆 CIP 数据核字（2020）第 169264 号

Yidaiyilu —— Aisai Gushi
一带一路 —— 埃塞故事

主编　王　刚

责任编辑	罗爱林　孟秀芝
助理编辑	吴启威
封面设计	原创动力

出版发行	西南交通大学出版社
	（四川省成都市金牛区二环路北一段 111 号
	西南交通大学创新大厦 21 楼）
邮政编码	610031
发行部电话	028-87600564　028-87600533
网址	http://www.xnjdcbs.com
印刷	成都蜀通印务有限责任公司

成品尺寸	185 mm × 260 mm
印张	18.5
字数	339 千
版次	2020 年 9 月第 1 版
印次	2020 年 9 月第 1 次
定价	128.00 元
书号	ISBN 978-7-5643-7620-8

图书如有印装质量问题　本社负责退换
版权所有　盗版必究　举报电话：028-87600562

相信你会来
所以在等待

注定任重道远孤独航程，
注定千辛万苦不断耕耘，
魂牵梦绕的理想与追求，
期盼久久的眼神！

大门已经打开，
全球化早已来临，
我们向海外走去，
世界因我们而沸腾！

2017年5月20日，
埃塞总理偕夫人及内阁成员，
莅临中铁二院总部，
深情厚谊，为国为民。

跨越遥远地域，
连接迥异人文，
你高大身影、随和亲民，
你握手有力、拥抱温情。

数年前相邀,
今你如约而行,
跨上权力巅峰,
更彰显你风采迷人。

除了深情表白,
留下墨宝,再寄真情,
又亲手种下美丽的金桂树,芳香怡人,
寓意一切美好,至深至诚。

顷刻一瞬,已是历史永恒,
因你之行,展开更远征程,
这是二院坐标,机遇不会坐等,
历史选择,前行、前行、快前行!

二院、海外,朋友、人生,
必有奋斗、执着、选择与真诚,
相信你会来,所以在等待,
一朝你来临,畅谈笑古今。

中铁二院党委副书记、总经理 鹿森

2017年5月21日

领导关怀

1. 埃塞俄比亚时任总理海尔马里亚姆·德萨莱尼出席亚吉铁路通车典礼并讲话
2. 亚吉铁路通车典礼
3. 亚的斯亚贝巴轻轨开通运营仪式

| 领导关怀 ▶

1	4	5
2	6	7
3		

1. 埃塞俄比亚时任总理海尔马里亚姆·德萨莱尼与中铁二院总经理扈森亲切合影
2. 埃塞俄比亚驻华特命全权大使到访中铁二院
3. 埃塞俄比亚驻重庆总领事馆总领事到访中铁二院
4. 中国中铁党委书记、董事长张宗言,中铁二院总经理扈森陪同国资委领导赴埃塞俄比亚考察
5. 中铁二院总经理扈森听取项目方案情况汇报
6. 中铁二院党委副书记、纪委书记王书龙,党委副书记、工会主席、副总经理王刚到现场检查调研
7. 中铁二院总工程师许佑顶在埃塞俄比亚接受新华社采访

| 建设现场

1. 技术方案会审
2. 中铁二院技术人员作方案介绍
3. 野外勘察
4. 亚的斯亚贝巴车站物探断面测量
5. 向目的地挺进
6. 测量放线
7. 放线标点
8. 埋设标志桩
9. 勘测数据校对
10. 精心测量
11. 第一列轻轨列车缓缓驶出

| 交流互鉴 ▶

1	3	
2	4	5
	6	

1. 2018年非洲英语国家综合交通管理官员研修班全体官员在"中非友谊树"前合影
2. 2018年研修班埃塞俄比亚官员在总部花园栽种"中非友谊树"
3. 我爱中国 我爱二院
4. 留学生在中铁二院埃塞俄比亚项目部学习设计
5. 中埃一家亲
6. 我爱你,中国

序一

总有一种信念激励着我们不断前行

2020年是中埃建交50周年,在这样一个特殊的时间节点,编辑出版《一带一路——埃塞故事》,回顾和记录中铁二院集团公司在参与和服务埃塞交通基础建设过程中的精彩过往,非常及时也非常有意义。

有言道:"志合者,不以山海为远。"中铁二院从20世纪50年代初期开始走向海外,2010年正式吹响全面"走出去"的号角,一批又一批的中铁二院人,积极响应和服务于"一带一路"倡议,高举"开路先锋"的大旗,怀揣"设计未来、创造历史"的激情和梦想,走出国门、走向世界,实现了海外市场的从无到有、从小到大、从弱到强。目前,中铁二院已在亚洲、非洲、南美洲、欧洲、大洋洲的51个国家和地区,签订各类海外项目合同近150项。

第一批"吃螃蟹"的人,注定要比别人做出更多的奉献和牺牲。不管是在委内瑞拉、俄罗斯,还是在老挝、孟加拉国,身处异国他乡的中铁二院人,既要学习不同的法律和技术标准,又要适应不同的管理模式、文化习俗和艰苦的自然社会环境,甚至人身和财产安全也会随时面临威胁。压力感、焦虑感、寂寞感,抑或是委屈、无助和迷茫,几乎伴随着我们"走出去"的每一步。

不管是在前期经营还是勘察设计、配合施工环节,中铁二院人都以深厚扎实的技术功底、诚信包容的理念、求真务实的作风,赢得了各方面的交口称赞,他们用行动为"一带一路"倡议"开放、包容、共商、共建、共享、共赢"原则做了最好的注释。

"勇于跨越、追求卓越"的企业精神、"设计未来、创造历史"的企业文化,以及在艰难困苦中咬定青山、坚定前行的意志品格,成为中铁二院在海外攻城拔寨、开疆拓土的精神基因和文化图腾。

埃塞,是中铁二院实施"走出去"战略众多国家中的一个,也是其中最具代表、最有典型意义和标本价值的一个。亚的斯亚贝巴轻轨是东非第一条城市轻轨,亚吉铁路是非洲第一条跨国电气化铁路,中国海外首个集设计标准、投融资、装备材料、施工、监理和运营管理全产业链"走出去"的铁路项目。因为这两个项目,非洲屋脊与华夏文明紧紧牵手,因铁路而结缘的情谊使两个古老的文明碰撞出新的活力,所拉近的不仅仅是时间和空间的维度,更是两国人民心与心的距离。

埃塞轻轨和亚吉铁路建设,是中铁二院从"借船出海""搭船出海"到"造船出海"的重要转折。在这个项目中,我们学会了如何从国家乃至全球的视野和角度来审视工程建设,学会了如何通过强强联合更好地参与国际市场竞争，学会了如何更好地推动中国标准"走出去"；在这个项目中，我们经历了长期不懈的前期追踪、拉锯式的谈判，以及为了尽快出图而集中加班加点、挑灯夜战、呕心沥血的难忘岁月；在这个项目中，中铁二院人忍受了常人难以想象的艰难困苦，流下了无数汗水、泪水和血水，也收获了鲜花、掌声和喝彩；在这个项目中，中铁二院有一名年轻的工程师甚至为此付出了宝贵的生命，但他用生命铸就了终将铭刻历史的永恒！

集团公司工会本次将涉及埃塞项目的职工文化作品收录汇总成《一带一路——埃塞故事》并予以出版，做得很好，这将成为所有从事埃塞项目甚至是全体海外工作者的一笔宝贵的精神财富。

我认真地阅读了本书所收录的作品，发现其作者大多来自生产、经营、管理第一线。他们中有埋首伏案、潜心设计的工程师，有长年出差在外的经营者，有手持棱镜精心测量的技术工人，有扎根项目现场的管理人员，还有埃塞方面有关政府官员、铁路公司的职工及埃塞当地的群众……在他们淳朴动人的文字背后，展现的是几代二院职工为海外事业发展的默默耕耘和辛苦付出，展现的是当代中国铁路工程师投身"一带一路"建设的豪迈情怀，展现的是中国人民与埃塞人民之间所结下的拳拳之谊。读后让人很受启发、很受感动。

奏响的只是乐曲，未来才是华章。"一带一路"倡议的提出，得到了全球范围的广泛响应，为共建"一带一路"国家发展和世界经济增长发挥了重要作用，也为中国企业参与国际市场竞争创造了重大机遇。面向未来，中铁二院这个经历60多载文化传承和技术积淀的国际型工程公司，正乘着新时代的东风，焕发出前所未有的生机与活力，我们的海外发展之路，必将越走越远、越走越宽！

最后，感谢一直以来关心、支持中铁二院海外事业发展的各级领导，感谢长期奋战在公司海外一线的各位领导和同仁，感谢为此书顺利出版所付出辛勤劳动的所有撰稿、审改和编辑人员。

中铁二院党委书记、董事长　张敏
2020年6月

序二 纪念是为了更好地前行

2019年是中华人民共和国成立70周年。70年风云际会，中国从一个积贫积弱的国家，一跃成为世界第二大经济体，综合国力实现了重大飞跃。伴随着民族复兴的步伐，中国铁路也实现了快速发展和跨越赶超，高速铁路成为对外展示国家形象的一张靓丽名片。

2020年是中埃建交50周年，是"一带一路"倡议提出7周年。7年的互联互通，让"和平合作、开放包容、互学互鉴、互利共赢"的丝路精神成为人类共有的精神财富，"一带一路"倡议得到了全球范围的积极响应，为共建"一带一路"国家发展和世界经济增长发挥了重要作用，也为中国企业参与国际市场竞争创造了重大机遇。

在"一带一路"倡议提出后，中铁二院高举"开路先锋"的旗帜，全面推进海外市场区域化布局，从"借船出海""搭船出海"到"造船出海"，在参与"一带一路"建设上取得积极成果，承建了一大批标志性的重点项目，用实力和信誉打造了"中国高铁""中铁二院"靓丽品牌。

非洲是中国企业"走出去"的重要目的地，埃塞是非洲很重要的一个国家，是非盟总部所在地。中铁二院一直十分重视与埃塞的合作，在长期的合作交往中，中国中铁与埃塞俄比亚之间建立起了深厚的友谊，结下了特殊的亲缘。我本人先后多次到埃塞俄比亚进行项目考察、拜会相关政府领导、看望慰问职工，亲眼见证了广大职工在埃塞舍小家顾大家、为中铁二院国际化进程拼搏奋斗的场景，一次被深深打动，至今依然难以忘怀。特别是2017年5月20日，时任埃塞俄比亚总理海尔马里亚姆·德萨莱尼先生到中铁二院参观访问，在中铁二院"交子"碑前亲手种下了友谊之树，每一次从树旁经过，那些难忘的往事都会再一次涌上心头。

由中铁二院承担勘察设计任务的埃塞轻轨和亚吉铁路，对促进埃塞经济社会发展、完善非洲交通路网发挥了积极作用。在项目建设过程中，中铁二院勇担央企责任，参建职工勇于拼搏、诚实守信、技术过硬，充分诠释了中国中铁"勇于跨越、追求卓越"的企业精神，充分展现了中铁二院的良好形象，涌现出了许多先进人物，留下了许多感人故事，与当地人民缔结了深厚的友情。

这次编辑出版《一带一路——埃塞故事》，是中铁二院和中铁二院工会大力实施海外"安心工程"和职工文化建设的重要成果，是建设"幸福美丽二院"的重要体现，是海外战线广大干部职工积极响应号召、攻坚克难的缩影，也是中非文化交流互鉴的一项新成果。

在中铁二院"走出去"的进程中，有太多的人物值得感谢，有太多的经验值得总结，有太多的精彩值得铭记。这本书既反映了前期经营的过程，又记录了勘察设计的艰辛；既有中铁二院员工的所见所闻、所思所感，也有埃塞有关政府部门官员和普通群众的体会和感悟，每一篇都很朴实，读来让人很受感动、很受启发。

回顾是为了更好地出发，纪念是为了更好地前行。面向未来，企业海外事业正处于大发展、大跨越的变革期、攻坚期，伴随着民族复兴的步伐，有中国中铁和中铁二院集团公司党委的正确领导，有能征善战、技术精湛、作风优良的干部职工队伍，我们一定可以不断提高企业核心竞争力和国际化经营水平，一定可以早日把中铁二院建设成为"国内一流、国际知名"的国际型工程公司。

本书最终能顺利付印，得到了集团公司工会、各相关职能部门、埃塞项目部、卓越国际教育培训中心等单位，以及埃塞总理府、埃塞驻中国大使馆、埃塞铁路公司的大力支持；广大编辑、审改人员也付出了长期艰辛的努力，正是他们放弃休息时间、加班加点地工作，此书才能以这样的姿态呈现在读者面前。在此，对上述单位和人员一并致以衷心的感谢。

中铁二院党委副书记、工会主席、副总经理　王刚

2020年6月

目　录
CONTENTS

第一章　走进埃塞，走向未来 / 001

与神秘非洲打个照面　　　　　　　　　　　　005
在东非高原抒写传奇　　　　　　　　　　　　007
风从东方来　　　　　　　　　　　　　　　　015

第二章　决战东非屋脊之巅 / 019

青春，燃烧在地球的另一端
　　——亚的斯亚贝巴轻轨勘测纪事　　　　　023
难忘的埃塞轻轨测绘岁月　　　　　　　　　　027
埃塞纪事　　　　　　　　　　　　　　　　　029
10 年，与埃塞轻轨一起成长　　　　　　　　 033
了解世界，项目是最好的舞台　　　　　　　　037
在最美的季节与你相遇　　　　　　　　　　　042
我与埃塞轻轨的不解之缘　　　　　　　　　　046
炽热的埃塞，火热的回忆　　　　　　　　　　050
藏器于身，待时而动
　　——建设公司出口退税小组海外实战小记　052
我的埃塞轻轨情　　　　　　　　　　　　　　055

薪火相传的测绘人
　　——亚吉铁路米埃索至德雷达瓦段勘测工作有感　　058
决战无人区　　061
那些年坚守在东非高原上的地质人　　065
我在埃塞搞地勘　　068
姗姗来迟的电流　　072
埃塞历练让我成长　　075

第三章　盛开的马蹄莲 / 077

重回故地　看埃塞巨变
　　——记我身边的埃塞人　　081
有一种记忆叫温暖　　084
为了忘却的纪念　　086
致亲爱的你　　089
塔，我的非洲兄弟　　092
谭师傅的中国梦　　095
我不会忘记　　098
筑梦非洲　　101

我的"黑色记忆"	106
我与阿牛的故事	111
埃塞送图记	115
国际培训之光　点亮"一带一路"	117
2012年的春天	121
中埃友谊之树亭亭如盖	125

第四章　你好，中国／129

CREEC in My Eye	132
我眼中的"中铁二院"	133
The 8 Years We Spent Together	136
我们一起走过的八年	137
Railways Contribute to Ethiopia's Economic Rise	138
铁路为埃塞的经济崛起做出贡献	139
The Importance of Cooperation Between China and Ethiopia	140
中埃合作的重要性	141
My Brief Diary from Addis Abeba Light Rail Transit（LRT）Project	142
亚的斯亚贝巴轻轨交通亲历记	143

Addis Abeba Light Rail, The Stature of China Africa Strategic Development Amalgamation Emblem	158
亚的斯亚贝巴轻轨	
——中非战略性发展合作的标志性项目	159
I and CREEC	164
我与中铁二院	165
My Thoughts on Construction of Addis Abeba-Djibouti Railway	168
亚吉铁路建设有感	169
The Belt and Road Brings A Better Future for Ethiopia	172
"一带一路"让埃塞变得更好	173
The Addis Abeba-Djibouti Railway Contributes to Ethiopia's Economic Development	176
亚吉铁路助力埃塞俄比亚经济发展	177
Friendship with CREEC	178
我与二院不得不说的情缘	179
Development Strategy for African Economy	182
非洲经济发展之我见	183
Addis Abeba-Djibouti Railway and China in My Eye	184
我眼中的亚吉铁路与中国	185
What I Have Gained Working for CREEC for the Past Seven Years	186
我在中铁二院工作七年的感想	187

China, Splendor Beyond Imagination	188
中国，超乎想象的精彩	189
My Lucky Star—Good-Tempered Near	192
好脾气 Near 是我的幸运星	193

第五章　历史的镜头 / 197

中国中铁：开路先锋	201
牢记总理嘱托　建好亚吉铁路	204
建设一条铁路　开启一个时代	
——中铁二院亚吉铁路勘察设计工作纪实	207
海外浇灌"马蹄莲"	218
亚吉铁路：一条新时期的坦赞铁路	219
全产业链"中国标准"为非洲发展提速：亚吉铁路正式通车	224
亚吉铁路正式建成通车	
——中铁二院为埃塞经济插上腾飞的翅膀	225
中国：标准装备精心建设　非洲：迎首条电气化铁路	228
跟中国师傅学开火车	231
朱颖陪同李克强总理视察埃塞轻轨现场	232

东非第一条轻轨为"中国轨道交通技术标准"代言	233
"私家订制":亚的斯亚贝巴轻轨设计	236
亚的斯亚贝巴轻轨设计创新	240
东非第一条轻轨 全线由"成都订制"	245
东非轻轨 中国制造	249
"我们正在创造历史" ——记中国承建非洲首条现代化城市轻轨正式通车	253
"来到中国中铁二院就像回到了家!"	255
埃塞俄比亚总理访川为何"挑"了这三个地方去?	262
埃塞俄比亚总理访川,因何"独宠"中铁二院?	264
埃塞俄比亚&中铁二院:合力打造"非洲版天府新区"	267
感谢四川"授人以渔"	268
埃塞铁路公司代表团到访中铁二院	271

后 记 / 273

◆ 第一章

走进埃塞，
走向未来

第一章
走进埃塞，走向未来

非洲有句谚语："河有源泉水才深。"中非友好交往源远流长。上世纪五六十年代，毛泽东、周恩来等新中国第一代领导人和非洲老一辈政治家共同开启了中非关系新纪元。从那时起，中非人民在反殖反帝、争取民族独立和解放的斗争中，在发展振兴的道路上，相互支持、真诚合作，结下了同呼吸、共命运、心连心的兄弟情谊。

——习近平

与神秘非洲打个照面

彭 纳

"非洲是人类的摇篮。"1871年达尔文在书中提出的大胆推测,为狂野的非洲大陆披上了一层神秘的人文色彩。带着"人类是否从这里起源""文明的尽头是否可以在这里一路被探究"的疑问,我们贸然地闯入有着"非洲屋脊"之称的埃塞俄比亚。

东邻吉布提、索马里,西同苏丹交界,南与肯尼亚接壤,北接厄立特里亚的埃塞俄比亚,拥有丰富的矿物、地热、水力、森林资源,大量的野生动物和鸟类则让这片土地灵动而富有生机。在古希腊语中,埃塞俄比亚意为"被太阳晒黑的人民居住的土地"。这里有着3 000多年的文明史,曾经创造了青尼罗河流域辉煌的文明。

非洲大陆的远古、狂野、多彩、神秘在这里汇聚,走进这里保留的世界上最原始的几个部落,仿佛叩开了远古的大门,一头扎进了人类起源最初的那些岁月。在穆尔西部族中,相传很久以前,埃塞遭遇入侵时,为了防止族中妇女被掳走,当地女性选择将嘴唇和耳垂割开,然后在其中塞入泥盘,将之越撑越大,以这种自残的形式毁容,确保了自身安全以及部族繁衍。而在卡戎部落里,身体成为艺术的载体,每一个人的身体都描绘着繁复的花纹,佩戴装饰品,远远看去,绚丽夺目又野性十足……

从远古回身,又与自然的鬼斧神工相遇。3 500万年前,由于强烈的地壳断裂运动,非洲板块从大陆板块中被撕扯出来,形成了现在的红海、亚丁湾和东非大裂谷。大约1万年前,海底缓慢抬升,一道山脊逐渐把达纳吉尔地区与红海隔离开来,同时达纳吉尔地区缓慢沉降,形成了低于海平面100多米的凹地。随后,一系列火山活动在这片名为"达纳吉尔"的凹地留下了沸腾的温泉、有毒的气体、爆裂声不断的熔岩湖、亦真亦幻的海市蜃楼……由于特殊的地形,热气难以发散,这里气温常年在50℃以上。沙漠、火山、盐湖组成的奇观,虽然与外部世界相比显得突兀不堪,却在凹地中和谐无比。众多奇观之中,横亘着世界上6个熔岩湖中最古老的一个——尔塔阿雷熔岩湖,站在湖边,岩浆就在眼前翻滚沸腾,"地狱之门"的名号当之无愧。

非洲初见

天高云阔，绿草如茵，回到埃塞俄比亚首都亚的斯亚贝巴，一瞬间即从远古穿越回到了现代。位于埃塞俄比亚中心的亚的斯亚贝巴气候宜人、四季如春、风景如画，是非洲著名的旅游胜地。穿行在城市繁忙街道的亚的斯亚贝巴轻轨，则为这座城市增添了一道亮丽风景线。

这条由中国企业建设并运营的现代化城市轻轨是埃塞俄比亚乃至东非第一条城市轻轨，自2015年下半年通车至今，已成为亚的斯亚贝巴城市生活不可或缺的一部分。3年的安全运营为当地人带来便捷舒适的生活，激发着城市的发展活力，也记录着埃塞俄比亚与中国友好交往的点滴。

随着两国交往的不断深入，到埃塞俄比亚领略其风貌的中国游客越来越多。埃塞俄比亚文化和旅游部数据显示，2017年埃塞俄比亚接待中国游客4.53万人次，中国已成为埃塞俄比亚第三大旅游客源国。埃塞俄比亚文化与旅游部公共和国际关系部主任阿巴特介绍，为促进旅游业发展，埃塞俄比亚已对涉及旅游业和酒店业的企业实施激励措施，包括建筑材料的免税，欢迎中国企业投资埃塞俄比亚酒店业等。而为方便中国游客前往，埃塞俄比亚航空公司已开通飞往北京、上海、广州、成都和香港的航班，并计划开通飞往深圳的航班。

■ 本文原载于《一带一路报道》

在东非高原抒写传奇

张 冶　罗蕊娜

> 海外经营是勇者的追求、智者的乐园、美者的舞台，是创造精彩人生的梦幻王国。当你走进异域之国，成就一番事业，就一定有引以为荣、与众不同的故事，和终生难忘的美好记忆。
>
> ——谨以此文献给中铁二院的海外工作者

"志合者，不以山海为远，道乖者，不以咫尺为近。"

600多年前，郑和率远洋船队多次到访东非，古老海上丝绸之路书写的中非友谊薪火相传。半个世纪前，数十位中国中铁的专家抵达坦桑尼亚和赞比亚，在恶劣的自然环境下完成了踏勘报告，中铁二院随后参与到坦赞铁路的筑路任务中。半个世纪后，为帮助东非基础设施建设和经济发展，中铁二院的海外团队来到埃塞，成功筑就亚吉铁路、亚的斯亚贝巴轻轨一期工程、糖厂公路、援埃塞铁道学院等一大批优质项目。

2017年5月20日，埃塞俄比亚总理海尔马里亚姆莅临中铁二院总部，亲手种下了一棵象征着中埃友谊的金桂树。他亲切地称中铁二院人为"老友"和"家人"，并亲笔题词："亚吉铁路是现代科技在非洲的应用，它已经成为中非合作的硕果、'一带一路'和国际合作的示范工程，并且提升了中埃本就友好的关系。"

茫茫人海，似曾擦肩而过，难觅相遇相知。中铁二院海外团队，踏着前辈的足迹，行遍千山万水而聚首"非洲水塔"埃塞，同心协力、荣辱与共，用一项又一项业绩，赢得了埃塞人民的尊重和赞誉，在东非高原成就了一番事业、接力了一份友谊、抒写了一页传奇、留下了一段佳话。

铿锵之律，激越奔腾；征程未已，激情正浓。中铁二院海外工作者用真心和付出，以奋斗者的豪迈、创造者的智慧，在东非高原上绘就了一条条优美壮阔的钢铁命脉，为中铁二院这支铁军的海外征途，吹响了"中国标准"的号角，奏响了厚重雄浑的乐章。

初征埃塞,"走出去、引进来"智勇启航

埃塞作为非洲大陆仅有的未被殖民统治过的国家之一,埃塞人民有着强烈的民族自豪感。然而,这个风光壮美的内陆国家,铁路发展却相对滞后。

为了缓解交通拥堵,改善城市交通基础设施建设,埃塞政府决定在亚的斯亚贝巴修建轻轨。2009年,中国中铁与埃塞业主签订了轻轨项目合作备忘录,并授权中铁二局及中铁二院共同代表中国中铁进行轻轨工程的开发工作。

2009年4月4日,经营团队在初步分析之后,组建了项目考察组。海外部张冶、要晓虹与公司副总工程师方昌福、电化院徐光强、地铁院王建成为公司第一批开赴埃塞的先锋,那一天,正是中国清明节假期。

准确判断和适应市场,是搞好企业经营工作最重要的前提。考察组初到亚的斯亚贝巴,就发现政府已经为轻轨做了大量的准备工作,城市内多处主干道已经在路中央留出近11米宽的位置。同时,从业主的机构设置、团队人员、配合力度均可以看出埃塞政府修建轻轨的决心。考察组非常感佩,技术团队也大受鼓舞,随即对全线的难点进行了核查和梳理。与业主聘请的西方顾问进行深入沟通和方案探讨后,考察团队与时任埃塞铁路公司董事长海尔马里亚姆进行了沟通交流,最终确定了轻轨线路的走向和模式。为在短时间内编制出满意的文件,海外部组织一批具有一定英语基础的工程师组建总体组,编制亚的斯亚贝巴轻轨一期工程可行性研究报告。

在该项目设计过程中,中铁二院既坚持铁路设计的基本原则,又充分结合业主需求,力争灵活运用和积极创新,力求先进。轻轨全线采用现代有轨电车的半封闭式轻轨交通系统,以地面线为主,局部采用地下隧道和高架桥梁,同时引入"铁路公交化"设计运营理念,兼顾城市景观效果,工程造价较低,实现了安全可靠、性能先进、经济实用、乘坐舒适的原则。

基建市场同质化竞争异常激烈,经营能力是企业核心竞争力的重要标志,决定了企业的发展势头。总经理朱颖曾指出必须不失时机地实施"走出去"战略,将"引进来"和"走出去"紧密结合,更好地利用国内外两种资源、两个市场。秉承这个理念,报告编制完成后,经营团队不失时机地邀请埃塞政府高层来到中国审查方案,从而多角度推进项目进展。双方热切交流、沟通,我方安排客人体验乘坐了高铁。车窗外的铁轨向目之所及延伸,快速后退的景色映衬着"中国速度"的发展和赶超。中国铁路建设的日新月异,以及大规模基建投资下中国经济的迅猛腾飞,让埃方高层深受触动。

"一定要建设埃塞自己的现代化铁路!"这份心底热切的愿望,变得更加坚定、不可动

中埃技术交流

摇。自此,中埃双方更加紧密地走在了一起,向着同一个目标和梦想奋斗,并为源远流长、历久弥新的中非友谊,注入了新的活力,在"一带一路"的伟大倡议中,满怀豪情、携手前进。

那时候,中铁二院在尼日利亚、阿尔及利亚、几内亚等多个非洲国家已承担了铁路和轻轨项目,委内瑞拉项目如火如荼地开展。经营团队向集团公司副总经理扈森汇报后,他给予了人、财、物的大力支持,并说:"我在南美开花,你们在非洲开花,我们遥相呼应……"2009年9月3日,通过中铁二院和中铁二局的共同努力,中国中铁与埃方签订了埃塞轻轨EPC合同。在合同谈判期间,时任埃塞铁路公司董事长的海尔马里亚姆率团赴中国考察,受到扈森副总经理的热情接待。在亲自感受了京津城际铁路的快捷舒适后,海尔马里亚姆先生立志要在埃塞建设一条这样的快速铁路。至此,埃塞俄比亚与中国中铁展开亚吉铁路的合作几乎已水到渠成、一拍即合。

披荆斩棘,奋勇前进

经营开发一盘棋。2010年3月初,中铁二院海外团队和兄弟单位中铁二局人员组成联合小组,成功签署轻轨项目后即马不停蹄,开始了艰辛的征战"出海铁路通道项目"亚吉铁路之旅。海外部许多优秀的经营人才就是在这样的背景下,被派到了埃塞。

"履霜，坚冰至。""直方大，不习无不利。"埃塞俄比亚外汇储备少，要向各大银行贷款，又因资源匮乏无可抵押的资产而融资无门，一时间修建该铁路几乎成了天方夜谭。既然无法取巧，中铁二院人只能硬着头皮，用满腔的热忱和金石为开的执着，与埃方共同努力，突破阻碍，披荆前行。他们绞尽脑汁，对项目反复考察和策划，不放过任何的机会；主动求变，创新模式；善使巧力，一点一点将它付诸实施。

他们首先建议"拆分项目"。既然一次性修完亚的斯亚贝巴至吉布提铁路行不通，何不将其拆分先修建其中一段呢？先完成瑟伯塔—米埃索（Sebeta—Mieso）段的勘察设计工作，利用勘察设计为此项目造势，提升它在埃塞国内的关注度，并向中国各银行宣传，为随后向中国进出口银行、国家开发银行等申请贷款做好铺垫。

埃塞俄比亚许多官员接受过良好的西方教育，因而易于形成贴近西方的思维方式。在铁路建设领域，他们崇尚"欧标""英标"，仰慕高铁。

这一项目，对埃塞而言具有很大的体量，是埃塞国民广泛关注与争议的话题。一边是人力、物力和财力的持续投入，一边是成效寥寥的进程和风云莫测的市场，经营团队面临的艰难程度与身心压力可想而知。

他们坚定了目标，必须突破瓶颈：一方面，要引导客户需求，输出中国标准；另一方面，要说服业主，依据自身的财力和所处的社会经济发展阶段，正视国情、明确需求，促进项目落地。

要在短时间内让埃方认可和接受中国标准、接受中铁方案，并充分信赖二院，不仅是横亘在谈判席间的巨大难题，还是对中铁二院海外团队综合能力的艰巨考验。

奋斗的历程是坎坷艰辛的，也是壮怀激烈的。他们用流利的英文和过硬的专业知识，向业主工程师逐字逐句解释技术方案。通过对比欧标、英标、中国标准与中铁方案间的差异，结合当地的技术、人才、电力、地形等条件，他们实事求是地力证：只有中铁方案，才是最适合埃塞国情、经济发展和现有实力的方案。公司副总工程师王建率领技术人员，通过对方案涉及的站前、站后共39个专业、100多个步骤逐一阐述其作用，让业主渐渐认识到"中国标准"的优势，终于转变了一直恪守的"欧标、英标是经典""高铁才是现代化"的固有思想，并逐步认同把建设标准降到160千米/小时，接受了我方关于铁路建设应当循序渐进、因地制宜的建设思路。

"险峰雪莲胜，凌冬腊梅傲。"中国标准的树立，如同叩响胜利之门的强心针。大家欢呼与喜悦，绽放了久违的笑容。

紧接着，针对埃方建设亚吉铁路的意愿，亚吉铁路瑟伯塔—阿达玛—米埃索（Sebeta—Adama—Mieso）段的可行性研究编制完成。在和中国进出口银行多次对接中，技术问题基本已逐一解决，但最关键的投资准确率问题始终得不到落实。如果投资准确率要达到中国进出口银行所要求的90%～95%，那么勘探和测量必不可少，可这费用怎么解决呢？项目尚在开发阶段，银行是不会出钱的，资金不足，这是项目的命门，也是团队成员咬牙奋斗至今的起跑线；而现在，历经时光流逝、过关斩将、跌宕起伏，却又似乎重新回到了原点。

出海铁路通道，是埃塞政府高瞻远瞩的筹谋，将是埃塞利国利民、福泽子孙的伟大工程。而今进退维谷，若要有所转机，必须说服埃方自筹款项投资。这可谈何容易啊！

经过认真思考，团队成员和业主总经理促膝长谈："我们看到吉布提至亚的斯亚贝巴的公路非常忙碌，运输昼夜兼程，车水马龙，不知道亚吉铁路埃方是否真有决心想修。现在咱编了可行性研究和融资报告，但因没做勘察设计，项目的投资准确率不够，达不到中国进出口银行的贷款要求。如果埃方真的想修这条铁路，不如埃方考虑自己出钱把勘察设计做了。勘察设计做了后，我们确保埃方贷款成功。勘察设计费一般来说几千万美金，这钱对项目和埃塞来说是小钱，但是可以通过它撬动整个项目的贷款，推动项目的尽快实施。"

业主权衡再三，随即向总理梅莱斯汇报，之后联合体得到通知，埃方愿意承担勘察设计费用，但是他们觉得费用太高，并且相关事宜要向总理持续汇报，因此谈判稍有起色，便再次陷入停顿，进展缓慢。

大家锲而不舍、再接再厉，彼此心中都有着坚定的信念：只要坚持不懈，再深的井，也能打出甘泉！分析了问题的症结后，团队决定，要从专业的角度让业主明白并接受，勘察设计都做些什么？解决什么问题？有什么成果？以此撬动谈判达成一致。

于是，团队主要成员、既是商务又兼顾报价的要晓虹，凭借对项目情况和业主需求的深刻理解，以商务的视角编制了一个类似勘察设计筹划书的文件，经公司副总工程师王建组织各生产院技术老总审查和修改后，递交业主，果然获得成功，终于让业主接受了我方的建议，使谈判重现生机。

梦幻舞台，抒写传奇

2010年8月，埃塞业主与中铁二院和中铁二局联合体签订了前期的勘察设计合同。但是勘察设计不像施工，不能直观反映工程实施进展，于是埃塞国内反对党煽动民众，指责政府错信中国公司，埃塞业主遇到了前所未有的信任危机。

经营团队敏锐地注意到埃塞国内舆情的变化。为了直观生动地展示中国标准下的拟建铁路，得到民众的信任和支持，营造更加有利于项目建设的外部环境，他们随即建议编制该段铁路的三维动画展示视频，并得到公司领导的大力支持。副总经理亘森指示

"三维动画不仅要编制，还要编制得好，加入埃塞当地元素则编制得有特色"，并亲自修改了三版。

张治始终记得那一幕。他对业主总经理说"我们来给您送份大礼"，而对方却愁眉不展地坐在电脑前，意兴阑珊。但当动画播放后，总经理已激动得跳了起来，连声说这真是雪中送炭啊！并提出了很多改进建议。他俩兴奋而热烈地讨论，创意的火花炽烈地迸发。经过技术人员的连夜奋战，再次修改后的三维动画，经业主总经理呈报埃塞俄比亚总理梅莱斯。总理大喜，赞不绝口。

随后，业主在喜来登酒店召开记者招待会，遍请埃塞各界名流，动画视频在会场中被滚动播放，并经新闻媒体投放全国。

国歌响起，朝阳进出，东非高原的崇山峻岭中，中国标准设计和施工下的亚吉铁路，一点一点成形，一点一点延伸；跨越挑战性的海拔落差，战胜高难度的地质构造，穿越树林和荒原，架起隧道和桥梁；"中国标准"的列车，吹响号角，沿着壮美的铁路，与民族英雄、长跑冠军，一同向着未来奔跑。民族音乐热情而奔放，一座座造型各异的精美车站拔地而起，闪耀着一个又一个城市的名字……与会嘉宾震惊了，有的甚至热泪盈眶。一幕一幕，是"中国标准"的铁路，更是家乡，是祖国，是梦想。这部三维动画，在埃塞每晚的新闻联播前，一连播放几个月。整个埃塞，沸腾了。

之后的日子里，经营人员再接再厉，力证该铁路的特殊地位，突出该铁路的经济效益、社会效益，以及对于埃塞未来整体铁路网规划的重要性。通过持续的媒体曝光，埃塞民众对建设铁路的热情空前高涨，业主公司也一跃成为埃塞最具威望的国有公司之一。

让执着，成就引以为荣的事业

在近两年的艰苦谈判中，经营团队人员长期驻扎在埃塞最前线，白加黑、"5+2"是惯常，还要经常同时跟踪、协调、处理很多项目和关系。他们与技术人员放弃了五一、十一、清明、端午、中秋、元旦等节假日，全身心投入项目攻关。经营风险是企业最大的风险，海外合同必须万无一失；每一次前期谈判都是不分昼夜的持续战，有时长达一周，甚至更长。白天进行商务和技术谈判，晚上又要根据谈判情况对报价的商务合同进行修订，不敢有一丝懈怠，唯恐细微之处的不周全。每位同事兢兢业业，踏踏实实，他们的敬业精神深深打动了埃塞业主。捷报频传，喜讯不断。2010年8月6日，瑟伯塔—米埃索（Sebeta—Mieso）段铁路勘察设计合同顺利签订。2011年10月25日，瑟伯塔—米埃索（Sebeta—Mieso）段铁路EPC总承包合同顺利签订。公

亚吉铁路挖方地段

司总经理朱颖说:"埃塞俄比亚是整个非洲最重要的国家之一,这些项目的成功取得对我们今后深入开发埃塞市场、全面进军非洲市场,意义十分重大。"

业主要求三个月开工。副总经理扈森亲自指挥,在局部方案稳定、不复杂的地段上研究率先开工。中铁二院人一步步丈量了沿线山海地质,攻克了一个又一个技术难关,中国铁路让"中国制造"和"中国标准",在非洲大放异彩。

干一个项目、出一件作品、造一批人才、树一块牌子、建一片网络、拓一方市场。成绩的取得并非一朝一夕。从走出国门的那一刻起,中铁二院人就始终没有忘记要把国际业务作为企业发展的重要支柱予以培育和扶持;在人力资源特别是专业技术人员十分紧缺的情况下,也始终没有忘记把许多优秀人员特别是年轻的专业技术人员分批次送到海外项目接受学习和锻炼;在英标和欧标被视为国际通用技术标准的衡量准则时,更始终没有忘记自身所肩负的神圣使命,要将中国技术、中国标准、中国装备推向全世界。

让真诚,见证铁路人的人生

清晨,张冶与同事漫步在亚的斯亚贝巴酒店的林荫小路上。从国内到海外,从尼日利亚现代化铁路到阿尔及利亚东西高速、贝佳亚连接线,从埃塞亚吉铁路、亚的斯亚贝巴轻轨、孟加拉国增建二线到马来西亚南车东盟铁路项目、埃及斋月十日城铁路，一晃已三十多个春秋。晨日初升，微风袭袭，他们如同走在成都家门口的小路上。那也是一条细长的小路，绿树成荫、静谧怡人，锦江在一旁轻轻地流过，能够倾听妻子与女儿的笑语。做过海外工程的人，更能理解彼此心中的那份执着与追求。有过孤独与寂寞，有过辛勤与艰苦；无论困难与危险，满怀热情与坚守。蜿蜒的铁路，伴着列车前行，一端连着历史，一端连着未来；一端连着各国人民对铁路的渴望，一端连着祖国的铁路事业；一端连着千家万户的福祉，一端连着自己的小家。

习近平总书记曾说："相知无远近，万里尚为邻。"来到非洲，总有两个突出印象，一是常来常新，二是热情似火。埃塞首都亚的斯亚贝巴，绿白相间的轻轨列车穿梭在林立的高楼间。由中国企业建设并运营的城市轻轨，让这座"非洲屋脊"上的城市增添了现代化气息。中铁二院的海外工作者驻守于此、经营于此、深耕于此，力争"一点突破、多点开花"。埃塞项目的成功实施，为海外经营团队积累了更多的底牌和优势，进而借力打力，随后在马来西亚市场接连斩获项目，也为中铁二院海外经营的全球布局打下了更坚实的基础。

经营工作，是最具挑战和荣誉的工作。向着共同的梦想前进，埃塞业主总经理与中铁二院经营团队惺惺相惜，结下了质朴而真诚的友谊。他曾充满感激地说："我把三维动画发给我在外读书的儿子看，儿子非常激动，有幸参与决策修建这条对埃塞意义深远的铁路，对我来说是件非常值得骄傲和自豪的事。"

"和你一同笑过的人，你可能把他忘掉，但是和你一同哭过的人，你却永远不忘。"这是李克强总理在非盟总部的致词，讲述了中国与非洲源远流长的情谊。而它，同时也是人们切身感受的写照，能够在耕耘在埃塞的中国铁路事业海外工作者心中，激起深深的共鸣；因为同行的人，因为同走的路，更因为同样苦过、追求过、付出过的心。

"根之茂者其实遂，膏之沃者其光晔。"广袤险峻的东非高原，见证了他们的奋斗、执着、选择与真诚，见证了他们的足迹、智慧、热情和汗水，甚至鲜血和生命。铁路事业的海外工作者，不会强求自己能被"永远不忘"，但在海外的广阔天地间，无论中外国籍，无论朋友同事，无论项目中紧密的伙伴，还是铁路旁陌生的面孔……当一切的一切再次浮现在他们的脑海中时，他们已然将自己"永远不忘"的记忆铭记在心。设计未来，创造历史。让奔腾的铁轨，驰骋天地之间书写传奇；让赤诚的岁月，铭刻中埃友谊万古长青。

风从东方来

刘晓辉

埃塞俄比亚是非洲第二大人口国,但人口资源和3 000多年的文明积累并未成为这个古老国度快速健康发展的优势。作为纯粹的内陆国,交通一直是阻碍埃塞俄比亚经济发展的"拦路虎",直到中国团队多年苦心孤诣、精心打造的亚的斯亚贝巴轻轨(简称埃塞轻轨)和亚的斯亚贝巴至吉布提铁路(简称亚吉铁路)相继开通,成就了"中国标准、中国速度、中国质量"的傲人声誉,也催发了这块曾经创造过尼罗河流域辉煌文明的"非洲屋脊"上的勃勃生机。

十年前,当中铁二院组建的勘察设计专家团队来到亚吉铁路项目现场进行踏勘时,谁也不曾料到,这些来自中国的技术专家们,会汇聚何等的耐心与智慧,在这片神秘而广袤的大地上刮起一阵令世界瞩目的"东方旋风"。

源 起

作为纯粹的内陆国,交通一直是阻碍埃塞俄比亚经济发展的"拦路虎",国内有且仅有的一条"米轨"已荒废多年,现代铁路运营人才几乎为零;物资匮乏、生活成本过高的问题在给当地民众带来巨大生活压力的同时,也激发出他们对美好生活的强烈渴望;邻国吉布提面积仅2.3万平方千米,自然资源匮乏、工农业基础薄弱,也迫切希望利用海港优势打造地区交通枢纽。修建轻轨和亚吉铁路成为当地民众最热切的期盼。2009年,在中国中铁股份有限公司的领导下,中铁二院联合中铁二局协同开发埃塞轻轨项目与亚吉铁路项目。

落地开花

2009年4月,中铁二院第一批项目考察组来到亚的斯亚贝巴进行了为期两周的实地

埃塞轻轨缓缓驶来

调查，并于回国前提交了建议方案；9月，中方与埃塞俄比亚铁路公司正式签订埃塞轻轨（一期）工程总承包项目合同。

2010年3月，中铁二院与中铁二局组成联合工作组，在深入调研的基础上，提出了建设全长700余千米的亚的斯亚贝巴至吉布提铁路中瑟伯塔—米埃索（Sebeta—Mieso）段铁路项目的构想；经过多次研讨，双方于同年8月6日正式签订瑟伯塔—米埃索（Sebeta—Mieso）段铁路勘察设计合同。2011年10月25日，双方再次签订瑟伯塔—米埃索（Sebeta—Mieso）段铁路EPC总承包合同。

2012年5月23日，埃塞轻轨项目举行了开工仪式，项目正式进入施工阶段。

2014年5月5日，是所有参与埃塞轻轨项目建设的中国中铁人铭记终生的一天：国务院总理李克强在埃塞俄比亚总理海尔马里亚姆的陪同下来到项目现场检查指导工作并看望和慰问了中国中铁员工。中铁二院总经理朱颖、副总经理扈森、轻轨项目总工程师王建见证了李克强总理考察轻轨这一重要历史时刻，与总理亲切握手并合影留念。

2015年2月1日，历经六年建设，轻轨项目终于迎来了试运行阶段。埃塞俄比亚总理海尔马里亚姆出席仪式，并带头乘坐轻轨。2015年11月10日，轻轨实现全线通车。

在轻轨项目持续推进的同时，亚吉铁路项目也经历着"好事多磨"的阵痛期：

2010年6月，埃塞俄比亚铁路公司到访中国中铁总部，开启了双方长达数年、不断磨合的"拉锯战"；同年7月，技术谈判组赴埃塞俄比亚进行合同谈判；8月，中铁二院联合中铁二局与埃塞俄比亚铁路公司签订了"亚的斯亚贝巴—吉布提铁路项目瑟伯塔—阿达玛—米埃索（Sebeta—Adama—Mieso）段勘察设计合同"；11月，中铁二院集团公司副总经理、总工程师许佑顶带领集团公司专家组与埃塞俄比亚铁路公司就技术标准、线路方案进行深入沟通，形成"亚的斯亚贝巴—吉布提铁路项目Sebeta—Adama—Mieso段技术框架"。此后，面对埃方提出的各项要求，中方技术人员以"中国标准"为基础，坚持从埃方实际出发，兼顾发展需求，开启了不断修订技术标准、优化设计文件以及反复谈判的艰难历程。

2011年1月，中方提交了《亚的斯亚贝巴—吉布提铁路项目Sebeta—Adama—Mieso段可行性研究报告》；3月，EPC报价工作启动，双方再次展开了为期半年的多次谈判；10月，中铁二院总经理朱颖带领集团公司专家组研究Sebeta—Mieso段实施方案，同月25日，中国中铁与埃塞俄比亚铁路公司终于达成一致，签订了"亚的斯亚贝巴—吉布提铁路项目EPC总承包交钥匙合同第1和2标段：Sebeta—Adama—Mieso"。

2012年2月2日，埃塞俄比亚铁路公司下达开工令；7月，埃塞俄比亚铁路公司委托中铁二院编制《新建准轨铁路Ethiopia/Sebeta—Djibouti/Nagad铁路可行性研究》；8月，中国国际咨询公司与埃塞俄比亚财政部、埃塞俄比亚铁路公司齐聚中铁二院召开对接会，完成了全线《可行性研究报告》；9月14日，《可行性研究报告》通过中国国际咨询公司评审，并提交中国进出口银行。

随着"一带一路"倡议的不断实施和工程的持续推进，2016年10月5日，亚吉铁路建成通车仪式在亚的斯亚贝巴隆重举行。中国国家主席特使、国家发展改革委主任徐绍史，埃塞俄比亚总理海尔马里亚姆，吉布提总统盖莱，多哥总统福雷出席通车仪式。经过一年多的试运营，2018年1月1日，亚吉铁路正式运营。至此，非洲大陆第一条跨国电气化铁路和最长距离的电气化铁路，也是中国在非洲建设的第一条集技术标准、设备、融资、施工、监理、运营和管理于一体的全产业链"中国标准"电气化铁路承担起了历史赋予它的特殊使命。截至2018年年底，亚吉铁路已累计运送旅客近13万人次。它的开通将埃塞俄比亚至吉布提的陆路交通周转时间由原来的一周缩短到十几个小时，为旅客出行和货物运输提供了极大便利；它还为埃塞俄比亚打通了出海通道，极大提高了物流效率，同时有效扩大了吉布提港的辐射范围，推进奠定其非洲之角物流中枢的地位。

中国铁龙落地东非高原，助力古老国度焕发新生

如今在埃塞俄比亚，提起埃塞轻轨和亚吉铁路，都能收获当地民众不绝的赞叹与发

自肺腑的感谢。

埃塞轻轨与亚吉铁路的修建，不仅是中国铁路带着中国制造"走出去"发展的里程碑，也是一场大规模的技术培训工作：自2009年以来，中铁二院先后派出了700余人次的技术和管理服务团队赴埃塞俄比亚现场开展工作，在西南交通大学开办了为期一年的培训班，为埃塞培养了27位高级轨道交通技术和管理人才、为非洲其他国家培养了60多位技术人才。授人以鱼不如授人以渔，中铁二院人以拳拳之心脚踏实地地践行着"一带一路"互利共赢的理念。

施工期间，项目还为当地创造就业岗位近6万个，参与建设的当地员工，有的掌握了多项技能成为专业技术人才，有的发现了中非贸易商机创业成功，有的在中国友人的鼓励下重回校园深造取得了更高的学历，他们通过搭乘"中国列车"，加速实现了人生的巨大飞跃。

作为"一带一路"的标志性成果，埃塞轻轨与亚吉铁路不仅为当地旅客出行和货物运输提供了极大便利，也促进了当地与中国的合作深度，带来了丰厚的经济效益和影响深远的社会效益。可以预见，由这股"东方旋风"引起的蝴蝶效应还将继续扩大，持续为埃塞俄比亚经济发展和共建"一带一路"国家民生改善提供动能，为非洲的发展提供新理念，开创新模式，注入新动力。

当今世界正经历百年未有之大变局，以"一带一路"建设为抓手、走向伟大复兴的中国，将与全世界携手，向着构建人类命运共同体的宏伟目标，向着更加美好的光明未来阔步前行。勇于搏击、敢为人先的中铁二院人，也必将在"一带一路"的宏大格局中，继续发扬"勇于跨越、追求卓越"的精神，顺应潮流发展，紧抓时代机遇，"设计未来、创造历史"，为企业腾飞、国家发展、民族复兴铺就合作之路，发展之路，繁荣之路！

第二章

决战东非 屋脊之巅

第二章
决战东非屋脊之巅

经济全球化是历史潮流，开放合作是时代大势。合作无界，发展无疆。站在新的起点上，我们将积极推动中央企业以开放促改革、以开放促发展、以开放促创新，与各国企业深化务实合作，实现共同发展。

——郝　鹏

青春，燃烧在地球的另一端
——亚的斯亚贝巴轻轨勘测纪事

周玉辉

修建一条轻轨，凝结万千铁路人的心血。有经营者日夜操劳的谋划，有工程师竭心尽力的奋斗，更有筑路工点滴汗水的浇筑。还有一群人，却常常不被提起，他们就是工程未动前踏遍荒草瓦砾、执着方寸毫厘的测绘人。跋山涉水的时候，他们感悟了苦乐的真谛；血泪相搏的一瞬，他们做出了得失的选择。他们默默无闻，却是当之无愧的开路先锋，大桥飞架南北，铁路延绵万里，都离不开他们只步为尺测经纬的辛勤付出。

窗外烟雨朦胧，偶尔有几顶鲜亮的雨伞跳跃其中。2012年春节刚过，14名来自测绘院的勘测人员，背上鼓鼓的行囊，带着公司领导的嘱托、家人的牵挂，于2月16日出发，赶赴有着"非洲水塔"之称的埃塞俄比亚。此行的重要任务是与春节前到达的3名员工汇合，确保在3月2日前完成亚的斯亚贝巴轻轨南北线和东西线的定测工作。

第一次来到充满异域风情的高原，大家心中除了激动与好奇，更多的是压力和责任。抵达亚的斯亚贝巴后，我们顾不上时差还没倒过来的困苦，立即开始勘测的准备工作。埃塞轻轨项目部随即组织抵达的测量人员召开生产动员大会，通报了中国驻埃大使馆《关于高度重视安全防范和安全生产的工作的通知》的精神，学习了中铁二院埃塞项目安全管理规定及安全预案措施办法，并指定测绘院重庆处陶晖担任测量安全员，协助项目部的安全管理工作。通过进一步梳理确定亚的斯亚贝巴轻轨的重点工程地段和重点建筑物控制点，学习了解埃塞国情和埃塞轻轨勘测技术要求，大家对即将开展的外野测量工作有了更加清晰的认识。

2月18日，天微微亮，捧起一把清水褪去睡意，大家提起仪器，扛起脚架，立即投入到紧张的工作中，开始进行CPI、CPII的观测和电子水准的测量。面对工期紧、任务重、要求高的情况，测绘人员采取一位中国员工带一位当地民工的方式开展工作，一边讲解一边示范，不仅有助于减轻中方员工的劳动强度，提高工作效率，还可以培养埃塞当地的测绘力量。

埃塞俄比亚地处非洲东部,属高山气候。在高程达2 600米左右的高原地区从事测绘工作,白天气温在30多度,紫外线强,早晚温差大,其工作难度可想而知。有时,项目部还要停电和停水,还没有倒过时差的部分员工很不适应,早上基本4点就醒了,身体偶感不舒服。但大家没有被困难吓倒,发扬顾全大局、吃苦耐劳的精神,每天按时外出作业。为了把测绘工作做到精益求精,测量员们各个像爱惜自己的眼睛一样,精心呵护着测绘仪器。每次出工,测绘人员都轮流肩扛怀抱这些"宝贝",生怕碰着摔着。在线路长、作业环境差、出工交通不便的情况下,项目组不畏艰苦,勇于探索,组织精兵强将突击进行测量调查。由于亚的斯亚贝巴轻轨项目测绘工作沿线主要在城里,大家还要克服"车多人多"的干扰因素。有时出工因为堵车,要一个多小时才能到达工地。项目组加强安全防范,组织学习测量安全管理办法,配备安全员,保证了测量工作的正常开展。为避免这些情况影响工作进度,大家便尽可能早出晚归,切实按照要求完成当天工作计划。在埃塞轻轨测量中,测绘人员充分利用新技术、新方法,刚刚开发完成的"铁路勘测数字化采集系统2.0版"中的GPS断面测量模块在这次勘测中发挥了重要作用,采用GPS断面测量可以做到内外业一体化,外业测量一天的工作量,内业只需几分钟便处理完成,大大减轻了工作量。

测绘职工在烈日下测量公路路面高程

测绘职工正在给当地员工讲解GPS使用方法

在那段时间里，当地人经常会看到，在晨曦的雾霭中，一行中铁二院的测绘人犹如朝拜的圣者，为了心中的那个目标，肃然穿行在广阔的非洲原野上；在夜幕的星光下，身穿黄色工作服的铁路建设者，一身疲惫一身土回到简易的住所地。这是一幅多么壮美的画面呀！

日升月换，斗转星移；亚的斯亚贝巴白昼的喧嚣与夜晚的静谧，都见证着中铁二院的测绘人挥洒汗水与热情，谱写壮志与担当。"当我要离家出工时，儿子把我的行李藏了起来，让我再多陪他几天。"现场测绘员、测绘院重庆勘测设计处的高级技术工人王筑，讲到儿子的时候哽咽了，红润的双眼透露着一个外表刚强、铁骨铮铮的测绘男儿内心的柔情。身在异国他乡，测绘人员皆以二院人、中国人自励，不敢稍有懈怠。

我们发扬"特别能吃苦，特别能战斗，特别能奉献"的精神，通过十余天的努力，截止到3月2日，安全、优质、按时完成了包括34千米平面控制点CPI、CPII的GPS测量及平面、高程控制点埋桩，15千米中线测量、断面测量和专业调查，38千米三等水准测量，35千米1：2 000地形图制，以及38千米三等水准测量，圆满完成了埃塞轻轨项目南北线和东西线先期开工段的勘测工作，充分发扬了中铁二院测绘人的敬业精神，展示了中铁二局测绘"集团军"风采，为当地人树立起中国铁路工作者的良好形象。

南极雁飞翔

执着于普通的岗位,兢兢业业;打好每一个点,画好每一条线,是中铁二院测绘人不变的追求;检查每一个遗漏,判对每一个图斑,是中铁二院测绘人永恒的信念。扎根一线,默默奉献,筚路蓝缕,以启山林,他们深知,青春,唯有奋斗,方显美丽!

难忘的埃塞轻轨测绘岁月

邓方正

2012年春节过后，我们照例需对仪器设备进行维护保养，单位组织大家进行业务技能学习。记得那是一个难得的艳阳天，我正在与同事探讨一个关于水准测量的问题，这时候，所长急匆匆地走过来告诉我，准备好到国外测量。当时我还以为他是在说笑话，但当天晚上，我们就接到了赴埃塞俄比亚测绘的正式通知。要求的时间很紧，我几乎来不及做更多的准备，只是回家简单收拾了行李，就二天我们一行14人便匆匆踏上了前往埃塞的航班，和春节前到达的3名员工会合。

这是我第一次参与海外测量作业，内心既欣喜激动，又有点莫名的紧张。非洲悠久的历史、灿烂的文明、广袤的原野、朴实的民风、壮美的生态奇观让我心驰神往。但这一次，我并非以一名游客的身份来到这里，而是以一个铁路建设者的身份踏上这片神奇的土地，内心骄傲又自豪，我们要把中国先进的轨道技术带到这里，让埃塞人民也能共享现代文明科技带来的便利与快捷。

飞机缓缓降落在亚的斯亚贝巴国际机场，金色的阳光洒满广阔无垠的非洲大地，走出舱门，一股温热的气息扑面而来，像极了埃塞人民热情的拥抱。我们跟随前来接机的同事，匆匆赶往项目驻地。由于时间紧迫，任务艰巨，同事一路上都在给我们介绍项目现场状况及注意事项，我的心一下子收紧了，迅速从春节"假期模式"转化为"工作模式"。

项目驻地非常简陋，虽然常年野外作业，四海为家，丛林荆棘穿过、险滩急流蹚过、深沟险壑闯过、流动帐篷住过，但眼前的景象还是有点让人猝不及防。放下行装，副总周玉辉紧急召开生产动员大会，要求大家进一步统一思想，坚定信心，为打好这场生产攻坚战做好充足的思想准备。

按照要求，我们必须在3月2日前完成埃塞俄比亚轻轨测绘项目南北线和东西线共计15千米的定测任务。时间紧，任务重，唯有发扬吃苦耐劳的实干精神、甘于奉献的敬业精神、勇于作为的担当精神，才能圆满完成本次测量任务。

埃塞俄比亚地处非洲东部，白天气温30多度，紫外线很强，工作难度极大。项目部还随时可能停电和停水，刚到现场部分员工很不适应，身体常常感到不舒服。但大家没有被困难吓倒，每天按时外出作业，没有一个人旷工，也没有一个人请假，他们以高度的责任感坚守在自己的工作岗位上，在异国他乡奏响了一曲激昂奋进的劳动赞歌。

由于该轻轨项目测绘工作沿线主要在城里，大家还要克服"车多人多"的干扰因素。有时出工因为堵车，要一个多小时才能到达工地。记得有一天出工，我们被堵在路上两个多小时动弹不得，大家都非常着急，可周围的当地人却大多习以为常，都用好奇的目光看着我们焦躁的样子。为避免这种情况影响工作进度，大家便尽可能早出晚归，切实按照要求完成当天工作计划。也正因为如此，我们见过黎明前最美的星空，也目睹了余晖落日彩霞满天的壮美辽阔，大家苦并乐着，累并笑着。

身在异国，我们时刻不忘自己肩负的使命，不忘自己是测绘人、是二院人、是中国人。我们严守纪律，信守承诺，我们不忘初心，砥砺前行，我们排除万难，同心协力。在轻轨项目部的统一指挥下，安全、优质、按时完成了轻轨项目南北线和东西线共58个CPII点控制测量工作、7千米东西线开工段的中线及断面测量、20千米三等水准测量、15千米预留开工段的既有公路现状测量和三座跨线立交桥测量任务，充分展示了中铁二院测绘"集团军"风采，树立起中国测绘人的良好形象，让"开路先锋"大旗在非洲大陆上空高高飘扬。

测绘人员正在现场作业

埃塞纪事

颉元伟

启程埃塞

第一次关注埃塞俄比亚这个国家,是从2012年参加中铁二院埃塞俄比亚亚的斯亚贝巴轻轨项目开始的。刚加入这个项目组,还未启程,关于这个陌生而神秘的国家的印象就相继跳进脑海:贫穷、战乱、疾病……我带着很多的顾虑和疑问开始在网上搜索这个国家。埃塞俄比亚位于非洲东北部,平均海拔近3 000米,素有"非洲屋脊"之称,有着三千年文明史。埃塞俄比亚是非洲联盟成员国,也是世界最不发达的国家之一,经济以农牧业为主,工业基础薄弱。但非洲联盟总部就设在埃塞俄比亚首都亚的斯亚贝巴,所以我想它应该不会是非洲特别落后的国家。

从2012年到2013年年底,我在国内先后完成了这个项目可行性文件的编制、初步设计及施工图设计工作。那时候,我一边暗自庆幸着不用去现场设计,一边又隐隐地对这个国家心存一些向往。

2014年刚过完春节,我就接到了要去埃塞现场工作的通知。我不禁开始担忧起来:如果这个国家真是如此前想象的那样,我在那里的工作该怎么开展呢?我还能不能干好我的工作呢?能否适应那边的生活?带着一些恐惧、一些憧憬,我心情复杂地登上了飞往埃塞的航班。

初识埃塞

清晨,飞机徐徐降落在埃塞俄比亚首都亚的斯亚贝巴机场。在开往项目部的车上,我看到了沿途的城市景象:道路两旁全是低矮的、破破烂烂的房屋建筑,没有一座现代化高层建筑,到处都是垃圾,马路中央还不时有牛羊出现……这是一个怎样的国家啊，怎么这么穷！那时候，我唯一的念头就是我什么时候能回国呢？

项目部同事非常热情地迎接了我们，为我们准备好了住的地方，备好了早餐，办好了当地的手机卡，以便我们及时给家里报平安。早餐后，同事带我在项目部周边逛了一圈，熟悉当地的环境，给我讲了埃塞俄比亚这个国家的情况，还请我喝了当地非常有名的果汁。同事的热情给了我许多温暖，我心想：既来之，则安之，其他同事能在这边工作生活，我肯定也能够做到。

安顿下来之后，我开始投入紧张而忙碌的工作中。

工作在埃塞

埃塞俄比亚亚的斯亚贝巴轻轨项目由东西线和南北线组成，全长约31千米，共设置了39座车站及2处车辆段和1座控制中心。我主要承担车站结构和车辆段结构的配合施工工作。我每天到施工现场查看施工情况，和施工工人打成一片，及时了解施工人员对图纸的理解情况。他们对图纸如有疑问，我就及时解答，将施工过程中可能遇到的问题提前给施工人员交代清楚，避免出现差错。

现场工作紧张而忙碌，除了每天完成固定的工作，还可能有各种突发状况需要处理。一次，现场打来电话说挖到管线了，天桥桩基无法施工，需要我立即到现场处

埃塞工人在施工现场打磨钢轨

作者（左一）与埃方工作人员的合影

理。我赶到现场，看到工人在桩基开挖过程中挖到了当地非常重要的一条军用通信管线，管线位于地面以下1米处桩基正中间，如果不小心挖断，将造成非常严重的后果。了解情况后，我要求现场暂停桩基的开挖施工，对管线进行保护，随后立即赶回办公室查看管线图纸。我发现，这条管线没有包含在图纸内，是前期调查中被遗漏的一条管线。我立刻开始收集整理这条管线的资料，并根据管线情况及时调整设计，随后通知现场根据调整后的设计进行施工。刚处理完这些事情，车辆段施工人员又打电话说房屋屋面结构预埋件图纸不对应，请我去现场查看处理，我又马不停蹄地赶到车辆段。

每天，当我拖着疲惫的身体回到宿舍躺在床上的时候，我也曾有过灰心。但我想到中国老一辈铁路人曾在非洲援建坦赞铁路，在当时那么艰苦的情况下，他们依然不怕苦、不怕累、甘于奉献，他们的精神时时鼓舞着我。我们现在的施工条件已经比那时好太多了，我想，他们能完成的事情我们现在一定能够完成得更好。

生活在埃塞

在忙碌的工作之余，我们最快乐的时光就是晚饭后和同事散步到咖啡馆，点一杯咖啡，边品咖啡边摆"龙门阵"，畅谈在埃塞的工作、当地风土人情、祖国的伟大以及各家的生活琐事，在欢声笑语中放松心情。

为了丰富员工的业余生活，项目部设置了娱乐室，那里有健身器材、乒乓球台、卡拉OK等，周末经常在娱乐室组织各种文体活动。

驻外大使馆以前对我们来说是多么神圣而遥远的地方，而当我们真正身在异国时，那里就是我们国家的化身。我们的羽毛球活动就在中国驻埃塞俄比亚大使馆内，每当周末想活动的时候，一个电话就可以约到场地。使馆人员经常热情地跟我们说："大使馆就是你们的家，你们有什么事情都可以来大使馆的。"每次听到这些话，我们每个人心里都暖暖的，我真切地为我们生在这样伟大的祖国而自豪。

别离埃塞

埃塞的工作任务结束后，当我收拾行李准备回国时，我对这个国家已经有了全新的认识，我对这片东非大地的感情已经从恐惧变成了不舍。这里虽然贫穷，但是人民热情好客，每次出去遇到当地人，他们都会热情地和我们打招呼，用生硬的中文说"你好"，我们也热情地回应"你好"。项目部精心安排我们的工作、生活，让我们的业余生活丰富多彩，我们虽在异国他乡，但并没有想象中那么孤独寂寞。

回国后，我很快又得到中铁二院中标埃及项目的消息，我义无反顾地又报名参加了埃及项目。于是，我再次背起行囊登上了前往非洲的航班，我相信那将是又一段新的征程，在那里，我们中铁二院人将继续延续伟大的中非友谊。

10年，与埃塞轻轨一起成长

王　建

记得初中的时候，地理老师曾讲过，在世界所有首都中有一个是没有街道名称的，那就是埃塞俄比亚首都亚的斯亚贝巴。也许是当时老师讲解得生动形象，我记住了这个地方；也许是此生注定与这座城市有缘，我三次来到了埃塞，与团队一起用10年的时间为这座城市注入速度和活力。

初识埃塞

2009年4月12日，我有幸跟随股份公司考察团来到埃塞俄比亚的首都亚的斯亚贝巴。

凌晨，在走出机场玻璃门的一刻，清新的空气迎面而来，这里如同一个没有污染的自然之境。

4月12日至4月27日，我们工作组一行8人在埃塞俄比亚停留了大约两周的时间，住在城中成套的院子里，每天的早餐食材都是从房子后面的菜地里摘的，这里俨然是一个自给自足的农家小院。我们每天往返于驻地和埃塞铁路公司，与我们接触最多的就是项目经理阿拉玛雅和他们的供电工程师。

因为刚到埃塞，我们对当地的地理环境和风俗习惯都不太了解，因此便发生了"拍照事件"，令我印象深刻。当时，业主聘请的两名欧洲咨询工程师和我们分别乘坐两辆车一起踏勘。在行至北线北段时，我们的车突然停下等了很久，后面那辆车才赶过来。原来，在行经美国使馆的时候，后车上的一名欧洲咨询工程师对着美国使馆拍照，不慎被守卫士兵发现，并把车拦下来了，那位咨询工程师也被"请"进了美国使馆。经过了大量交涉，并确定相机上的所有照片被删除后，这名咨询工程师才被放出来，回到我们的队伍中。

现场踏勘

这件事成为一堂难忘的海外教育课，以致后来到其他国家，我会先问一句："哪里不准照相？"

见到总理

2012年1月31日，埃塞轻轨一期工程正式开工建设了。这是一个重要的历史时刻，从此亚的斯亚贝巴轻轨建设进入了实质性阶段。

埃塞轻轨一期工程工期只有3年，而且几乎所有的物资都要从中国运输至现场。因为海运费用最低，再加上出关入关等程序，这个过程一般需要3个月的时间。这对我们工程建设来说是个巨大的挑战。

然而，难度更大的是与当地政府部门和工程师的沟通协调。由于生活习惯和文化差异，双方对待时间和工作的态度不太一致，这就导致在国内有关部门能够尽快加班提交的资料，在埃塞往往就变成了"next week"，甚至更久。

因此，在项目的快节奏与当地的慢生活无法兼容的情况下，我们必须提前谋划项目后续的各项事务，大家都感受到时间的紧迫。

尽管在整个建设过程中我们承受了巨大的压力，但是当大家看到埃塞轻轨作为"一带一路"早期收获的重点项目，受到两国政府的高度关注，并迎来了李克强总理的现场视察和亲切慰问的那一刻，我们深切感受到身为中国铁路人的骄傲，我们为从事这份事业而自豪。

2014年5月5日，是我永生难忘的一天。李克强总理在时任埃塞俄比亚总理海尔马里亚姆的陪同下，从4号桥一步步走上桥来，在桥上的第一段轨道旁，李克强总理详细询问了工程的进展情况，然后接过工作人员递过来的专用扳手，并邀请海尔马里亚姆总理一起，共同握住扳手，俯身拧紧了埃塞轻轨的第一颗轨道螺栓。

在现场视察结束之后，李克强总理亲切慰问中方人员，总理那温暖的话语，让我们真真切切地感受到来自万里之外祖国的关怀！

望着总理的车队渐渐驶远，回想着总理亲切的话语，我们更加坚定了把海外项目做好的决心！我们一定把最好的、最适合的工程技术带给非洲朋友们。

精心设计

亚的斯亚贝巴城市人口超过400万，在人口数量上达到了城市轨道交通的建设标准，但是它的经济总量太低，因此方案设计研究和轻轨制式的选择十分重要。

埃塞轻轨一期工程包括东西线和南北线，这两条线路存在一个共轨段。这是因为当地政府考虑到采用共轨方式可以减少一部分工程，降低建设投资费用。由于无法说服业主方，在签订合同后，我们按照共轨段方案实施，同时为了给远期预留增加运输能力的条件，我们精心设计了线路、桥梁、供电等预留条件，确保今后客流增加后还有条件扩容。

为提升列车运行通信系统的能力，我们设计采用了当时最先进的4G通信系统进行列车调度，这在世界轨道交通史上尚属首次。为确保列车安全运行，在轻轨线路穿越城市最大全互通立交桥中埃友谊桥地段，采用了两处高架穿越的形式，避免了轻轨列车与公路车流的冲突。

见证运营

2015年2月1日，亚的斯亚贝巴发生了历史性转变，在万众瞩目之下，埃塞轻轨一期工程举行了试运行仪式。列车在欢呼的人群中从Kality车辆段缓缓开出，驶向了EW16车站。

轻轨的运输能力是公路的7倍以上，远期预计将超过21倍。项目运营之后，客流增长十分迅速。3年多来，每天平均运输乘客12万人次，最多的一天达到了18.5万人次，截至目前已超过了1亿人次。由于轻轨的乘车环境好、票价低，现已成为沿线居民出行首选，轻轨的开通为城市经济发展做出了重要贡献。

目前，我们正在根据规划要求，为车辆段的扩建以及系统升级继续努力。

10年来，我全过程参与了埃塞轻轨的规划、建设和运营工作。可以说，这条轻轨就像我的孩子，我见证了他的每一步成长，他也陪我度过了一个个平凡而难忘的时刻。

了解世界,项目是最好的舞台

张开波

在一千个人眼里,就有一千个不同的非洲。它美丽——苍茫的大漠,雄浑的群山,蓝天和大海也是那样的纯粹,就连寂静的夜空,都分外透明,让人如坠梦境;它狂野——广袤的草原和山野雨林中,野生动物繁衍生息、物竞天择,上演着一幕幕壮美的生命之歌;它贫瘠——医疗疾控体系薄弱,疫情的阴影挥之不去,没有信号,没有网络,让来到这里工作的人们,常常对于家人,仿佛就是失联。

位于非洲东北部的埃塞俄比亚,全国国土面积的三分之二是高原,平均海拔近3 000米,素有"非洲屋脊"之称。作为"人类祖母"露西的诞生地,这片土地充满了

火烈鸟觅食

神秘的气息。几百万年前,我们的祖先曾走出非洲,没有想到,现在作为建设者的我们又重新回到了他们出发的地方。

随着国家"走出去"战略的实施,中铁二院承担了埃塞俄比亚首都亚的斯亚贝巴轻轨项目的建设,我们团队也有幸参与其中,负责其牵引供电系统的设计。经过三年的"攻坚战",2015年2月,这项工程终于迎来了通车试运行。纵然时光流逝,那一幕依然仿佛昨天。通车试运行典礼上,市民们拍打着乐器,跳着欢快的舞蹈,喜悦与自豪写满了每个人的脸庞。

远眺亚的斯亚贝巴

亚的斯亚贝巴轻轨项目由东西线和南北线组成,该项目采用中国标准建设,供电采用15kV分散式供电方式,牵引供电系统采用DC750V架空接触网供电、走行轨回流方式。它是非洲大陆由中国建设的首条城市轨道交通工程。建设期间,我们经历了无数的坎坷和困难,也发生了很多的故事,还有很多的经验教训值得总结。

我首先想到的是,在这里搞工程设计需要充分的现场调研,了解工程的需求及现场的条件,尤其是要关注工程的需求而不仅仅是业主的需求,因为业主可能对工程陌生或欠缺理解,导致提出的需求对于工程而言是不足和片面的。非洲大型建设相对较少,因而这样的现象会更加突出。

作为东非地区第一条电气化城市轻轨，对埃塞上下都是崭新且陌生的。在具体设计时，业主多次强调埃塞全国电力充足，外电可以满足全线轻轨供电要求，加之项目受投资限制，我们初期摈弃了常规环网供电的方案，而采用沿线每个变电所直接从地方电网线路上引入电源的模式。但在实际的工程实施过程中，亚的斯亚贝巴既有供配电网络能力较差，配套不足，无法满足轻轨工程如此大容量的供电需求，最终不得不通过摆事实、讲道理，据理力争，才说服业主同意调整采用环网供电方案。几经折腾，给工程的实施带来了很多不利的影响。

其次是文字翻译要准确，描述要明确清晰。海外工程在投标及合同编制过程中，往往采用中文编写，经英文翻译后提交业主，双方签署方可执行。但由于语言环境、文化和习惯的差异，很可能在文字理解上存在较大分歧，在工程的实施过程中给双方带来麻烦。例如，为了初期工程节省投资以及后期实施预留条件，我们在文件中提出了"远期预留"的概念及设计方案，但英译成了"Reserve in the future"，意思是"将来预留"。结果业主和监理认为，虽然设备是"预留"的，但是我认为现在就需要，那么请"预留"的设备也一并提供，并且还不能增加费用。我们看来很明确的工程上的习惯用语和做法，业主和监理却不能理解，以致我们不得不投入大量的时间和精力进行沟通和协调，不仅给工期造成了巨大压力，成本开销也相应增加。因此，翻译务必要准确，语言概念一定要明确清晰，在重大问题上不能出现歧义，同时应当在合同或相关文件中明确约定解释权的归属。

再次是必须进行细致深入的沟通交流，避免对工程的误解。由于埃塞第一次修建轻轨，业主及地方电力部门缺乏经验，仍将该工程看作是普通的用电户进行处理，因此地方电力部门给我们提供电源的保护整定文件中，出现与本轻轨工程保护整定不匹配的情况。在工程投入运行后，经常出现其电力部门对应的供电回路越级跳闸的情况。针对这一问题，我们结合轻轨工程的特点、运行方式，与埃方地方电力部门技术人员多次沟通、反复解释，尽管过程曲折，但最终让他们接受了我们的观点，进而调整了其回路的保护整定值，实现了工程的安全可靠运行。

最后是方案的变化调整需要有大局意识。方案变化调整时，要站在有利于建设国利益、有利于工程实施的角度，就工程建设的标准、方案的实施等据理力争，为项目顺利开展设计打下良好的基础，也为海外工程的开展和实施积累宝贵的经验。项目实施期间，外电引入方案由全分散各变电所独立供电的方案调整为环网供电方案，这对轻轨内部既有已实施工程影响巨大。由于工期压力较大，该工程又是EPC工程，若处理不好，不仅会面临大量已实施工程的废弃和对后期运营维护造成重大影响的后果，也会对工程的实施和企业的声誉造成负面影响。现场技术专业人员顶住压力，通过深入分析、多方

欢歌笑语的埃塞兄弟

案比选，结合现场情况重新设计变电所的主接线方案，在不影响既有已实施的20个变电所工程的情况下，拟订了新的供电系统方案。这不仅有利于工程后期的运营维护，而且节约了大量的工程费用和工程时间，最终获得了包括外方业主及监理在内的一致好评，审查也一次性通过。轻轨运营至今，运行稳定、安全可靠，为后续项目的获得打下了坚实的基础。

当然，在埃塞搞设计，不全是生硬的技术，也会有动人的故事。非洲的黑人兄弟，是淳朴、可爱的，我们也因这块土地的神秘而有了更多的好奇。工作过程中，每次看着远处的山峰，总是激起很大的冲动想去看一看。终于在一个周末，自己一个人找了一根棍子，买了一些干粮和水就上路了。

穿过原野，越过河谷，翻过山峦，距离我们平时项目部驻地看到的山峰已经很近了。沿途经过当地村庄，遇到的每一个黑人小孩，都用好奇的目光看着我。那些正在田地里收割农作物"英吉拉"的大人，也冲我摆手微笑。大家都很友好，因为在这个偏远之地，看到一个对他们来说是如此稀奇的"外国人"，是一件多么有趣的事。当翻过一座山口下坡的时候，看到一个村庄有一群人，每人手拿一根棍子，边走边吼，不知道是在唱还是干什么。黑人兄弟很有音乐和语言天赋，只要有一堆火，一群人在一起，就会有无限的欢乐。我正在犹豫着，他们看到了我，一下子十几号人拿着棍子呼叫着冲着我就跑了过来。当时我不知道接下来会发生什么，心里十分紧张。我几乎没来得及多想，一群人已经把我给包围起来，又跳又唱。尽管不清楚他们在唱什么，但我的心立马就安定下来，因为我看到他们每个人的脸上都洋溢着快乐和欢笑。不知不觉间，我竟加入到他们的队伍里，一起又扭又跳，别提有多快乐了。跳舞结束后，我从背包里把出门时买的饼干等零食拿出几盒来，分给他们，所有的大人小孩都一齐欢呼起来，呼啦一下都跑开去争抢饼干，然后迅速地跑远了。

非洲一些国家虽然有时一两个月不能上网，还时常停水停电，但并非所有人都有机会在非洲工作和生活。如今公司海外项目已遍布全球40多个国家和地区，我希望还能有更多的机会到非洲或其他地区参与海外项目，不负韶华，不负青春，在自己的人生长河里留下更多刻骨铭心的回忆。

在最美的季节与你相遇

何 懿

受影视宣传的影响,自小我心里就给非洲贴上了落后、贫瘠、饥饿等诸多标签。打记事起,央视的《动物世界》就是我观察非洲最重要的窗口。一直以来,非洲都是那么陌生而神秘、那么遥不可及。可生活总是那么戏剧,在最美好的年纪,我却偏偏与非洲结下了这么一段难忘的情结;在人生最美好的季节,我把汗水和青春留给了这片神奇的土地。

2013年7月,带着厚厚的初步设计文件,我和同事们一起坐上了去非洲的长途飞

埃塞初印象

机。当飞机降落在有着东非第一大城市之称的亚的斯亚贝巴的时候，虽然早有心理准备，但我依然无法接受眼前的事实。这个首都，比我记忆中的小县城还落后得多，马路上尘土飞扬、人畜混行，大量的铁皮棚子矗立在道路两旁，满大街都是悠闲自在的人们，怎么看都不像一个我认为的首都该有的样子。

小巷里的嬉戏时光

与业主的咨询谈判成了工作中遇到的第一个困难。首先是双方思维模式不一样。理解的偏差、语言的差异和管理模式的不同，每一项对我们来说都是挑战。埃塞人非常讲原则，不同意就是不同意，成本、合同，有时候似乎也要位居次席，以致在谈判的时候，我们双方无数次拍案而起、不

难得的风景——粉色的甲壳虫小汽车

欢而散，但过两天又会仿佛什么事都没发生过一样，重新坐下来开始新一轮的谈判。

除开工作，其实在非洲面临的更大挑战来自生活条件、疾病肆虐、安全隐患和心理压力。尽管我们住在首都所谓的"富人区"，但是水、电、网络基本就没同时存在的时候。还记得停水最长的一次是整整一周，我们都无法洗澡、洗脸和刷牙，也不能在宿舍上厕所，憋不住就跑去很远的小山坡上解决。连续两三天停电的时候，电脑完全无法使用，工作效率极其低下，上网更是奢望。如果说生活条件还可以克服的话，那么最大恐惧则来自对疾病和安全的担忧。

在这里，我生平第一次见识了跳蚤的威力。不光是我，所有项目部常驻的人员，都与跳蚤有过亲密的接触。满身的红疙瘩，又痒又疼，又没有灵丹妙药可以解救，最难受的时候，都感觉自己快挺不过去了，担心会不会从此长眠在这里，甚至脑海里无数次浮现过"青山处处埋忠骨"的诗句，现在想来着实好笑。

此外，疾病的威胁也无处不在。在非洲常驻的这些年，我们时不时听见这样的传闻：某某最近染上疟疾了，医不了，连夜送回国医治；某某出外勤的时候，遇难了，小孩儿才几个月大……除了对患者和死者的同情和怜惜，我们更多的是对自己生命的担忧。每次听到这些消息，整个项目部的气氛都有些低落和压抑。

埃塞工人在烈日下进行铺轨工作

还记得有次傍晚会议结束已是深夜，回宿舍需要经过一段僻静的小路，那时候天色已黑，远处的路边有辆汽车停着，我们也没太在意。当我们的汽车快靠近时，突然从车里走出来两位警察。他们拦下我们的车，说要例行检查。身正不怕影子歪，检查就检查，于是，两位警察持着AK-47把整个汽车翻箱倒柜找了一遍，也没发现任何违规不妥的地方。于是我天真地以为没事可以走了，哪知道事情远没有这么简单。其中一个警察用生硬的英语对我说："Follow me to police station."我一听知道坏了。虽然心里敲起了小鼓，但还是故作镇定，想跟他讲讲道理，于是便问："What happened, Sir? You should give me a reason. Or I will never follow you!"哪知我话音刚落，他手中的AK哗地一声举起来，黑洞洞的枪口直接指到了我的身上，凶神恶煞地说："I say follow me to police station!"作为在社会主义怀抱中长大的我，除了军训，啥时候见过枪，何况还是被枪指着。那一刻我真的以为今天逃不过了，头脑一片空白，他只要指头一动，我年迈的父母怎么办，我新婚的妻子怎么办。要说在这种情况下不害怕，我绝对相信是在吹牛，赤手空拳对AK，胜算基本没有，那时候我感觉自己就是一只案板上的鸡，宰与不宰全在别人的一念之间。后来得益于当地司机下车努力沟通，不停地打电话，可能是在找认识的朋友，最终放我们走了，待车子驶远以后，我瘫坐在汽车上，啥也不想做，只想回国。

从2012年接手埃塞轻轨的工作到现在，断断续续已6年多了。6年，我见证了埃塞轻轨从初步设计到竣工再到现在的EPC收尾。6年，可能是人生经历过最美的6年，恋爱、结婚、女儿出生、长大、读幼儿园，点点滴滴都融入了非洲的元素。以至于在女儿的脑海里，国外等于非洲，一说起国外，女儿就会天真地问是非洲吗，是埃塞吗；一说起国外，女儿的第一反应外国人都是黑皮肤，无论我怎么跟她解释，她的潜意识里，爸爸手机里、照片里的外国叔叔就是黑皮肤。当工程竣工时，在通车仪式上，亲眼看到自己参与设计、自己参与管理的埃塞轻轨在东非高原上驰骋，过往的辛酸、曾经的辛苦，所有的努力都是值得的。至少我在这里洒下的青春，换来了东非第一条现代化城轨，在我最美的年华里，我体验了很多人未曾深度体验过的非洲。

也许，当我年老的时候，当我回忆此生的时候，6年的非洲生活将会是我生命中最难以忘却的一段记忆。也许，当我给儿孙讲起年轻往事的时候，非洲之行将会是故事中最精彩的一页篇章。也许，当若干年后回头凝望自己前半生的时候，我从不后悔自己将6年的青春洒在这片遥远的土地上。我无法代表所有参与了"一带一路"建设的工作者，但作为一名置身其中的普通工程师，已与非洲这片热土结下了永生难忘的不解情缘。

我与埃塞轻轨的不解之缘

梁井泉

因埃塞轻轨建设工作的需要,2014—2015年我在埃塞俄比亚首都亚迪斯亚贝巴工作,其间虽留下诸多美好记忆,憾未有文字记录,于今回忆,几次提笔却又放下,想写的实在太多,但限于文笔有限,暂记录一二。

翻出当时的照片,思绪慢慢回到了三四年前的情景,眼前慢慢浮现出一张张熟悉的面孔,伴随着咖啡的香味、英吉拉的酸涩、碧蓝的天空、漫天的秃鹫、大街上的蓝色小巴士,还有那崭新的轻轨列车呼啸而过,那是难以忘怀的历程。

2014年的一天,我办好护照,去出入境检验检疫中心做了体检,打了各种疫苗后,拿到一个黄色小本,踏上前往非洲的旅途。虽然不是第一次出国,但这次是长期驻扎非洲,心里难免忐忑。与我同行的,是我的同事王经权,他已多次驻扎埃塞。一路难以入睡,经过10个小时的航班,要降落波利机场的那一刻,我的心才平静下来。中国中铁埃塞联合项目部位于市郊的Ayat,设计、施工、监理及业主均在此办公,门口有配枪的当地保安,进门就看到中国国旗、埃塞俄比亚国旗以及中国中铁的旗帜迎风飘扬,我的心情这才真正地放松下来。基地住宿是几排平房,黄色的砖墙和红色的铁皮屋顶,简陋却也干净。我们两人合住一间房,王经权倒床就呼呼睡了,我却精神很好,看什么都新鲜,就这样我开始了我的埃塞生活。

埃塞轻轨由中铁二院与中铁二局组成联合项目部,作为EPC交钥匙工程,全部按照中国规范进行设计、施工、设备采购和安装。施工和设计监理是一家名为SWEROAD的瑞典公司,业主是埃塞国家铁路局。我们是设计院驻现场的设计代表,由于设计院驻现场人数较少,注定了工作繁忙,但也有序。每位驻现场人员要负责多个专业的事情,每周开会无数,施工中的问题要及时解决,轻轨与外部环境的各种接驳需要与当地各部门协调。

在工作中,沟通交流是一件极为重要又富有挑战的工作。无论是与业主、

SWEROAD监理公司，还是与当地地方部门、地方设计院沟通，都需要富有耐心。埃塞是世界最不发达的国家之一，正在学习中国的发展经验，处于逐步开放中，埃塞当地人对中国人还是很友好的，因为中国人为他们带来大量的工作机会和发展动力。在埃塞寻求发展的中国人越来越多，有大型企业在这边进行基础建设、投资建厂，也有私营老板在这边开设饭店、经营生意，在思维、理念、行为方式等方面难免出现文化交融或碰撞。因此，我们需要尊重当地习俗、宗教信仰，学习他们的交流方式，融入当地社会，同时用好专业技术知识，并取得对方信任，这样工作开展起来才会比较顺利。

埃塞轻轨分为东西线和南北线两个部分，呈十字形贯穿亚的斯亚贝巴城市的几乎所有重要区域。这条轻轨线地面路基段占了大部分，非常具有埃塞特色。为了解决平交道口处列车与公路汽车、行人的交通冲突，我们在全线共设13个平交道口，特别设计了针对当地城市特点的信号优先系统，兼顾了列车在道口的通行效率与安全。我们现场去观察平交道口的运行状况、地面车站的客流过轨情况，确保每一个节点既能方便乘客，又能运营安全、顺畅。在高架段，我们结合了城市周边地形，以天桥形式将高架车站与周边道路、商场、公交车站进行有效接驳，对先期已出图而未能充分考虑周边接驳的情况进行了及时变更，比如对Magnania环岛的大跨预应力天桥、圣乔治教堂的出入口连接、对Awash银行的接驳共用等，目的是更好地将轻轨与整个城市融为一体。轻轨车站接入Awash银行大楼与其内商场无线接驳，这是埃方从没想过的，在我方解释其优点并列举了国内的实例后，埃方欣然接受了。在此过程中，我们与在建大楼的当地设计院进行了详细的技术对接工作，并共同计算和设计方案，合作非常愉快和顺利。

针对在EW27隧道顶部回移Abune Petros纪念碑，我们开展了大量的协调工作。Abune Petros纪念碑是埃塞为纪念战争时期重要领导人所设立的雕像。建设轻轨时因线形受限不得不采用了隧道下穿纪念碑，施工期间中方提出对纪念碑采用了临时移走处理后期回迁的办法。这个在我们国内看起来根本不是问题，但却遭到了埃方的强烈反对，他们非常担心会对纪念碑造成损坏。在中方多次的沟通和保证下，埃方终于同意移走施工隧道。但在回迁时，埃方强烈要求我方研究轻轨运行的振动对纪念碑造成的影响。最开始协调的是施工方，由于沟通解释不到位，曾一度陷入僵持。后来中铁二院设计人员介入协调，做了大量参考类比和研究工作，并对隧道上方雕塑的基础采取吸能隔振措施，做了若干方案，并与埃方业主进行了多次耐心的解释和交流，才获得了对方认可，工程得以继续开展。经数据监测，轻轨通车运营后对纪念碑所在地面无任何震感。我深刻认识到，做海外项目，要更多地站在当地人的角度去考虑工程方案，做足工作，才能获得信任，赢得市场。

在埃塞的工作和生活中，我逐渐习惯了每天一杯咖啡，习惯了每天早上与当地司机、业主、监理说一声"塞拉穆罗"，然后相互肩碰肩。亚的斯亚贝巴的城市规划较为落后，商业中心、教堂以及贫民棚户区交错布置，地形起伏，城市道路环岛众多，城市环境相当复杂。所以我每天除了完成自己的设计工作以及参加各种大小会议，及时发现全线设计、施工中的一些问题和工程本身与周边环境的各种衔接问题，还要隔一天跑一趟工地，不断地熟悉和了解现场情况。

我们驻地Ayat位于东西线的最东边起点，这里是EW1车站，也是Ayat车辆基地所在位置，巡检全线从这里开始，直到市中心Meskel广场，再往西北到最大的商品市场，往南则到Kality车辆基地，全线34千米，我几乎熟悉每个地方的周边街道和建筑物。在海外工作，特别是非洲地区，拥有良好的心态是十分重要的。刚来这里就发现，床底下棉絮一翻开全是跳蚤，一到夜里墙上各种虫子，壁虎则在欢快地捕食。隔段时间身上都是跳蚤咬的疙瘩，吃坏肚子更是常事。这里缺医少药，卫生条件较差，疾病肆虐，因为长期受到饥饿、疾病、战乱的影响，当地人均寿命大约只有50岁，尽管如此，当地人却非常乐观外向，爱交朋友，而且有极强的民族自豪感。这和他们的历史有关系，埃塞是最早发现古人类的地方，又是非洲唯一未被彻底殖民的国家，是唯一打败过列强的非洲国家，还是非洲联盟总部所在地。当地政府官员称亚的斯亚贝巴是世界上最重要的外交城市。这也在感染着我们这些来到异国他乡的中国人。

枯燥的工作之余，我们会时常出去喝个咖啡、吃个比萨或者埃塞当地的英吉拉之类，以调节驻地食堂每周不变的口味。埃塞的咖啡非常有名，有一家百年老店的咖啡豆很香，我们常带回国送人，一般咖啡店的味道也不错，采用当地传统煮法。而当地人喜欢喝纯咖啡，价格也不贵，折合人民币1~3元，主要看店的档次。驻地附近有一家西餐店，比萨做得比国内好吃，也有汉堡和炸薯条，人均二三十元人民币，这属于高档餐厅了，当地普通老百姓是吃不起的。当地人吃英吉拉，一种类似小米的谷物磨成粉发酵后做成的薄饼，沾着酱吃，好一点的英吉拉餐馆有肉酱、蔬菜酱等十几种，裹着烤羊肉吃。还可以看民族舞蹈，这也是我们偶尔去体验的。埃塞人能歌善舞，他们的民族舞蹈多为劳作、打猎一类的，配上非洲鼓，身体协调性和节奏感非常好，真的是天赋，我们自叹不如。我们有时候也在附近郊区爬爬山，驻地背后的山顶有很大一片宽阔的林地，地面没什么草，只有大树，经常可以看到一些运动员装束的黑人跑得像飞一样，或许其中就有格布雷、阿亚娜等名将。这可是高原地区，埃塞的长跑估计就是这么练出来的。城市周边还有一些火山湖泊，这里有一条废弃的米轨，是100多年前意大利人修的，穿湖而过，鳄鱼趴在轨道上懒懒地晒着太阳，磨盘大的草龟在湖边散步，各种鹤类大鸟聚集在湖边，非常奇特的景色。我们的司机Taregen是一个退伍军人，参加过埃塞对南

第二章
决战东非屋脊之巅 | 02

欢快的埃塞儿童

苏丹的战争，乐于助人，很会交朋友，看他碰到不认识的当地人一会儿就可以称兄道弟了，我们在外不通当地语言时，就靠他出面，他为我们解决了很多问题。Taregen说这是黑人的天性，而我们中国人太含蓄。非洲兄弟的这些特质是需要我们学习的地方。

这里有壮阔的高原景观，人与野生动物相互依存，也有现代社会的种子在发芽；这里有不逊于国内的五星级酒店，有最新的波音787客机，也有贫民窟里喝着地上脏水的人，饥饿或病重而躺在荒地上等待去天堂的人，秃鹫在天空盘旋。这就是埃塞俄比亚，我生活和工作过的熟悉而又神秘的国度。

轻轨线路如今已经开通运营两年多，每天客流量都很大。交通方式的改善使得他们的生活范围变得更大，轻轨沿线出现了越来越多的高楼，城市变得更加现代化。我们还规划了后续更多的轻轨线路，但这能否实施则取决于埃方未来的经济水平了。埃塞的这两年，我见到了一个正在飞速发展的国家，他们好客、热情、内心富足，他们学习着中国的发展经验，正在改变自己，逐步打开自己的封闭思维，去迎接外来的文化融合。我们或许也应该从中学习，无论从个人自身，还是从我们企业的海外发展，或者再放大一些，从我们对"一带一路"倡议和构建"人类命运共同体"的角度出发，我们都需要去更深入地思考和总结。

炽热的埃塞，火热的回忆

赵伟辰

都说国外的月亮比中国的圆，但我觉得埃塞的太阳比中国的大，因为热——气温热、人心热，这些交织在一起的热度，似乎就在昨天。

那是2010年6月，我和项目经理及其他专业负责人一行5人从北京出发，在巴林转机，经过14个小时最终落地埃塞俄比亚首都亚的斯亚贝巴。放眼望去，不同的肤色、不同的语言，这是一个陌生的城市，一个陌生的国度。我们要在这个完全陌生的环境干一番事业，建设这个城市、这个国家，修筑整个东非的第一条轻轨——亚的斯亚贝巴轻轨。

埃塞俄比亚位于非洲东北部，与吉布提、索马里、苏丹、南苏丹等国家接壤，素有"非洲之脊"之称，地理位置优越。埃塞是非洲第二大人口国，具有三千年文明历史，是第一个跻身于自由民族之林的非洲国家，也是非洲联盟总部所在地。我们所建设的项目是一条利用中国进出口银行贷款的轻轨工程，分为东西线和南北线两部分，全长34.57千米，将首都亚的斯亚贝巴城市的四个方向呈十字状串联在一起。项目建成后将有效地缓解既有地面交通，提高客运效率，提升城市现代化进程。项目共设31座车站，其中5座高架站、3座地下站、23座地面站，设计速度为70千米/小时，EPC合同额为4.75亿美元。

抵达项目驻地后，我们马不停蹄地投入到现场踏勘、市场调查等各项工作中。埃塞没有本国轻轨工程的建设标准和计价体系，因此我们将运用中国成熟的技术标准建设本项目，运用中国计价体系并结合当地情况予以调整，以便能真实反映项目投资。

埃塞的太阳升起时间比国内早，每天迎着灿烂阳光，看着晴空万里，心情总是无比舒畅，这或许是对在异国他乡辛苦与寂寞的一种补偿吧。埃塞的现代化进程相对滞后，加之天气炎热，露天垃圾堆围绕着苍蝇蚊子的场景比比皆是。每次去现场踏勘都要在没有路面的土路上颠簸几个小时，一开始晕车反应非常大，坐一会车就开始脸色变白、头晕想吐，等下了车人已疲惫不堪，只有硬着头皮坚持工作。没成想，久而久之也慢慢适应了，也算治好了晕车的"顽疾"。

虽然埃塞相对落后，物质条件较差，但很少看到人们脸上有抑郁、焦虑、不开心的表情。每次做市场调查，当地人总会问："Japanese？Chinese？Korean？"当得知是中国人后，立马舒缓表情露出大大的微笑并竖起大拇指，这不禁让我心里暖意丛生，骄傲感油然而生。不管采购、谈判如何激烈，如何针锋相对，埃塞人民对中国人都非常热情和善。中国对埃塞援建了非常多的项目，从公路、桥梁、房屋、涵洞，到这次东非第一条轻轨，两国的友谊一直延续着、发展着。

当地人经常热情地邀请我们共进他们的国民饮食——英吉拉，这是一种用苔麸和面粉混合发酵制成的灰白色大饼，摸上去有一种奇特的海绵质感，卷上鹰嘴豆泥、肉沫、土豆泥食用。至于味道如何，那就仁者见仁、智者见智了，我自从尝过一次后就选择微笑着拒绝了。

海外项目的风险性远大于国内项目，不论是在政治环境、施工难度、技术标准、语言交流，还是在原材料供应等方面都需要综合考虑，审慎定夺。在项目设计的深化过程中，我们逐步解决了一些以前从没遇到过的问题。当地缺乏大型施工机械怎么办？从国内运过来。运过来施工结束后怎么办？又运回国内。运输费用贵，机械损耗了几年，残值也剩余不多，经济性不好。通过多种方式的成本测算、与承包商的多次沟通，我们决定采用最佳的经济方案——将机械成本在施工期内加速折旧，以达到平衡。埃塞当地的钢材质量满足不了设计需求，我们便把目光投向了世界各地，在满足设计需求的前提下，在运费+材料价格的综合经济性方面进行比选，最终确定了采用土耳其的产品为最优方案。整个施工过程中需要进口大量的机械、原材料，怎样运输才是最优路线？为此我们专门去离埃塞最近的港口国家吉布提进行了考察。在这个美国、日本、韩国三国驻军的非洲重要港口，我们与多家海运公司进行调研询价，经过多方比选确定了运输路线。时间总是过得很快，曾经的各种困难随着快乐而逝去。2015年9月21日，项目建成开始正式运营，经过盛大的开通仪式后，这条投入了我们无数心血的线路，在早6点到晚10点的时间里，在繁忙的城市里，为人们提供更加方便快捷的出行。

此时成都已经冷起来了，但一想到亚的斯亚贝巴湛蓝的天空上翱翔的鹰，那炙热的阳光和灿烂的微笑，心头便涌起一阵暖流。

藏器于身，待时而动

——建设公司出口退税小组海外实战小记

何奕慧

十年前，中铁二院开始在海外市场开疆拓土，作为其子公司的建设公司也紧跟企业发展步伐，酝酿着走向海外的经营规划。2010年，建设公司率先获取了国家全套进出口企业资质，并从各部门选拔了一批学习能力强且富有创新思维的年轻人，进行国际商务、物流业务和英语技能的重点培养，建立了一支出口退税小组。

十年终成一剑，经过多年历练，如今这支小组已经在海外市场崭露头角，取得了骄人业绩。

近三年来，出口退税小组的成员们紧密配合，退税额远远超过业内兄弟单位，团队成员也取得了长足进步。这批年轻人一个个迅速成长起来，不仅会技术、懂业务，还拿到了中国中铁第一个国家注册报关员证书、中国贸促会原产地签字员等专业资质。小组也成为一支熟悉政策、精通专业的复合型人才团队。

《周易》云："君子藏器于身，待时而动。"建设公司出口退税小组所需要的，只是一个更能展现才华的机会。2013年，中铁二院经过一番艰苦的谈判，签订了埃塞轻轨机车车辆及通信信号、售检票设备采购合同。对于建设公司来说，这就是一个绝好的机会！面对从未真正从事的业务领域和市场，顶着巨大压力，建设公司毅然承接下了整个项目的设备出口退税工作任务。

物流是海外项目执行的基础，而退税率又决定了该项目是否盈利。团队成员蓄势待发，他们跑遍全国各大厂商，对每一件设备数据进行了实地测算，再据此制定包装措施，以确保每一个精密部件都能承受上万千米的恶劣环境考验；他们深入港口码头，指导每一箱货物的仓储吊装，以做到万无一失；他们反复研究目的地国海关政策，准确定制申报方案，使每一批货物都能高效快速通关。

在小组成员的共同努力下，埃塞亚的斯亚贝巴城市轻轨项目的42辆机车、200吨车辆段大型设备和80个集装箱的通信信号设施，最终全部安全及时运抵项目现场，为

首辆机车车辆在吉布提办理转关

东非第一条轻轨的顺利开通做出了巨大的贡献，也为项目实现退税打下坚实的基础。2015年9月20日，在轻轨开通仪式现场，中国中铁董事长李长进等多位领导对此予以高度评价，中铁二院领导更是将这支一鸣惊人的出口退税小组誉为一匹"黑马"。而对建设公司来说，大家更喜欢将出口退税小组形容为一棵"小树"，更多地寄予他们未来继续茁壮成长的期盼。

经历过成立之初的探索与迷茫，顶住了过亿项目的压力和淬炼，如今的出口退税小组已经成为一支不折不扣的"正规军"，成为中铁二院的一支专业化、国际化物流团队。

在埃塞项目之后，该团队凭借过硬的业务能力和丰富的实战经验，陆续与院内各生产单位的海外项目开展合作，承接了地勘院新加坡项目、肯尼亚项目钻机、埃塞项目钻机、玻利维亚项目静探设备、委内瑞拉项目钻探柴油机、孟加拉国项目钻探设备；建设公司巴布亚新几内亚项目测绘勘探设备；测绘院巴基斯坦项目测绘设备；尼日尔项目图纸；埃塞设计项目部图纸等总计数吨、价值数百万的设备与图纸的出口运输工作。此外，该团队还应各项目需求，承运完成了数家国内供应商的资料设备出口。凭借与政府部门的长期良好合作关系和在海关享受的通关便利条件，协助各生产院解决了数十次设备扣留、滞港难题。如今，一旦有货物需要送到海外，只需要一个电话，就可以享受到该团队提供的全天候、全年无休的门到港、门到门一条龙服务。于2016年9月开通的亚吉铁路，其数百箱图纸也全部由该团队承运。亚吉铁路项目的同事都说："海外项目比国内难，其很大原因就在于物流的困难，没想到建设公司把国际物流做成了和国内发快递一样简单，这为我们的项目开展提供了极大的便利。"

勇于创新的精神、不知疲倦的学习、谦逊务实的态度、过硬的专业技能，成就了建设公司出口退税小组今天的成绩——退税额超1亿元人民币，物流量海运3 798吨（39个集装箱），空运45吨，其中包含图纸264箱共6吨。在日益激烈的海外市场博弈中，这柄历经十年磨砺而出的剑，终将发出更耀眼的光芒。

埃塞轻轨项目开通运营

我的埃塞轻轨情

代宗权

"Ladies and Gentlemen, welcome to Ethiopia Addis Abeba…"这是我听到的第一句非洲之音,埃塞俄比亚,是我踏足的第一块非洲之土。

2017年8月30日凌晨,成都双流国际机场T1航站楼的出发大厅依旧人头攒动,各个旅行社的旗帜迎风飘扬,人们带着对不同国家旅途的向往往来穿梭……在大厅的一侧,一抹绿色镶嵌在林立的柜台里,我凝视着这抹绿,思索着为何埃塞俄比亚航空要选用这奇怪的颜色?准备登机的长队中不乏四川人,作为四川人在国际航班中听到乡音,总是那么的亲切和温暖。当见到中国空乘身着埃塞俄比亚航空制服时,"民族融合"一词突然浮现于脑海,感觉"一带一路"离我那么近、那么真实。

每每想起一年前第一次踏上埃塞这片土地的情景,我总是感触颇多。2017年,由于埃塞项目现场人手不足,院领导决定派我前往埃塞开展现场工作。接到出差任务后,我便着手办理一系列的手续,办理公务护照、打疫苗等,我既兴奋又忐忑。兴奋在于感谢院领导能给我提供一个非常好的锻炼机会,而紧张又在于当时刚入职的我不确定是否可以顺利完成领导交代的任务。但正如《十五年等待候鸟》中所言:人生就像巧克力,没有打开的时候,你不会知道下一颗是什么味道。抱着对工作极高的热情和对未来的向往,我拿着那本免签的公务护照,拖着行李箱,开始了我的埃塞故事。

到了埃塞,项目部给我指定了一名师父——机动院海外部陈世浩部长,他也是埃塞项目现场负责人。师父扎根埃塞六年,把青春都奉献给了埃塞项目,他说六年来"回家就像是出差"。领导安排师父带领我从事海外工作,希望我也能像师父一样,撑起海外一片天。作为机动院海外部长,师父身上肩负着各个国家的项目,所以刚来埃塞一周,他便马不停蹄地带我熟悉整个项目,熟悉需要对接的埃塞铁路公司高层以及工程师们。这一周,不仅是对我身体的考验——因为需要适应当地气候和倒时差,更是对我工作能力的考验,不仅需要技术交流,还需要人际、商务沟通。俗话说:"师父引进门,修行在个人。"师父给予了我足够的自由发挥空间,而有多大能力还需要靠自己的努力去证明。

我真正意义上接触的第一个埃塞人,是项目部的司机Mico。出机场第一眼,一个黑黑胖胖、挺着大肚子的人便冲着我笑:"Welcome, welcome, my friend."紧接着就是握手加碰肩礼。这番热情着实让我受宠若惊,感受到了深深的中埃友谊。在之后的工作和生活中,我与项目部司机都像家人般友好相处。

埃塞的工程师是我接触得最多的。最忙的时候,一天24小时,除了6个小时睡觉,我们有18个小时都在一起为了项目工作。车辆工程师Belete是和我对口专业的工程师,相处时间久了,友情也随之加深。埃塞国情与中国不同,但埃塞人也有一颗积极向上的心,且工作非常执着。当时,轻轨设备需要进行两项现场实验,但天窗时间只有4个小时,考虑到当地工程师交通不便,便安排两天完成两项实验,但Belete为了尽快帮我们完成实验关闭项目,坚决将实验调整到了一天完成,车辆专业成为众多专业中率先完成开口项关闭的专业。那时候,他也被我们中国人不辞辛劳、敢打敢拼的精神所震撼,在现场为了加快项目进度,中国效率让当地工程师叹为观止。

2018年,我在埃塞的301天里,既有工作的紧张、生活的单调,也有一些趣事,它们像一味调味剂,调和着工作中的压力和生活中的贫瘠。

埃塞有着非洲独一无二的好天气,就像云南昆明一样,常年四季如春。但这里资源贫乏,且旱、雨季分明。刚到一个月,我便腹泻不止,并伴有高烧,肠胃性感冒突袭而来。我试着以自身免疫力去扛了几天,效果不明显。埃塞医疗条件落后,独在异国他乡的我不禁思念起国内先进的医术。好在项目部同事已有经验,及时把我送到了亚的斯亚贝巴的中国诊所。见到黄皮肤医生的那一瞬间,我犹如《战狼》里的中国人见到了中国的军舰那般激动。打了一周点滴后,我的病情慢慢好转。这个埃塞给的特别的"见面礼"着实令人终生难忘。

领教了水土不服的威力后,我以为这是埃塞生活中最艰难的部分了,然而后来停水停电的经历又狠狠地把前者甩在了后面。听同事说,项目开展初期,项目部停水一停就是一周,生活用水要派车前往别的地方拉水回来。到了2017年,停水的情况已经好了很多,但我仍然体验到了没水所带来的诸多不便。停电的频率也极高,不久前国内新闻称,中国将打造平均停电时间不超过0.5秒,意思是就算停电,在0.5秒时间内就又会重见光明。相比之下,埃塞停电就像一日三餐一般频繁,以致我们对项目部驻地的发电机声音也习以为常了。

埃塞咖啡闻名于世,品种繁多且芳香扑鼻,星巴克等咖啡丝毫比不上这原味的纯正。在埃塞,咖啡犹如茶在中国的地位,无论早晚,待客、聚会皆不可缺。无论周几，都可以在街上看到大大小小的咖啡馆，人们络绎不绝地出入其中，一杯咖啡、一张桌，便能享受优哉乐哉的生活。有一次，一位铁路公司总监邀请我们去他家中做客，一进家门，我们仿佛回到了20世纪70年代的中国，但屋内又摆放着当代的科技产品，尤其是无处不在的"made in China"：长虹电视、海尔冰箱……这也使我由衷地对祖国充满自豪，真是不出国门感受不到中国的强大。用餐时，一碟碟不同颜色的菜端上了饭桌，与其说是饭桌，更像是中国的茶几。旁边放着一卷卷码好的英吉拉，有深有浅两种，主人热情地招待我们用餐。入乡要随俗，洗净手后，我们同当地人一样，用手作餐具，用英吉拉裹着各种肉食，蘸着五花八门的酱料吃了起来。餐毕，旁边一小炭火炉子上正煮着埃塞最纯正的炭烤咖啡，香味沁人心脾。主人拿一小块香料放入小炉子中，顿时缕缕青烟升起，这是喝咖啡最传统的仪式，让满屋充满炭烤香味，就像中国的檀香一般，青烟中映照着历史的魅影。主人热情地端上煮好的咖啡，放入一片清香叶。细品咖啡，苦味入口即变，犹如中国的白酒，入口辛辣，但之后却醇厚甘甜，咖啡不甜，但也同样十分醇厚。埃塞人的待客之礼也同中国一样，热情、周到。

埃塞没有中国那么多繁华的商场、缤纷的娱乐设施，甚至在郊区都没有徒步的小径。但生活哪能难倒来自设计院的我们？我们会在周末或节假日去登山，试图去征服亚迪斯亚贝巴周边的大小山脉。高原的紫外线晒黑了脸颊，同事之间的情谊也越来越深；我们还用天文望远镜洞穿广袤苍穹，在埃塞我第一次看见了月球环形山；同事中还有"90后"浙大硕士高才生，在很多个宁静的夜晚，他给我们讲述量子力学，这在国内简直是无法想象的事情。

大街上，埃塞人民生活方式各异。但相同的是，每当看见亚洲面孔，他们都会高呼"China，China"，给予中国人最高的礼遇。一次我与项目部的当地物管主任聊天，他竟然与我谈起"一带一路"倡议，还有中国历史，如数家珍，让我惊讶不已。如今埃塞的酒店、商场，除了英文标识，基本上都会同时标有中文标识，让在外的国人倍感亲切和自豪。

埃塞开启了我的海外生涯，让我见识了广阔的世界。在未来的工作中，我将继续紧跟国家"一带一路"步伐，发挥好中铁二院的技术优势，为民族的复兴、祖国的腾飞贡献一己薄力，不负企业重托，不负时代使命！

薪火相传的测绘人
——亚吉铁路米埃索至德雷达瓦段勘测工作有感

杨永钢

在六十多年的峥嵘岁月里,中铁二院始终将国家梦想和人民福祉作为企业发展的坚定目标和不竭动力,设计未来、创造历史。而在一代又一代的中铁二院人中,有这样一群普通人,他们始终走在铁路建设的第一线,翻山越岭、披荆斩棘,用脚步丈量绵延的铁路,他们就是中铁二院测绘人。

无论困难挑战、压力重重,他们迎难而上;无论严寒酷暑、天气变幻,他们习以为常;无论风餐露宿、艰苦卓绝,他们从不退却;无论险沟绝壁、猛兽出没,他们勇往直前!这份薪火相传的精神品质,是中铁二院测绘人的精神瑰宝,融入了他们每一个人的血液。

闲暇时看仪器与鸟相伴

长久以来，第一次进入测绘院的新员工，都会被指定跟随一名导师学习，并在各专业间轮岗，这就是为每一个中铁二院人所熟知的"导师带徒"。导师带徒，徒弟又成长为导师，就这样一代一代的师徒传承，中铁二院测绘人的先锋精神、使命担当、精湛技艺，以及历史和文化，实现了生生不灭、薪火相传，并在他们一步一步走向世界的足迹中，犹如细胞裂变般传播。当他们伴随"一带一路"的铿锵号角，来到非洲这片热土上时，这份传承间所共有的精神品质，也成为激励他们奋勇前行、战天斗地的动力源泉。

2012年5月，贵阳勘测设计处承接了亚吉铁路米埃索（Mieso）至德雷达瓦（Dire Dawa）段的工作任务。该段任务包括CP0、CPI、CPII、四等水准测量，航测刺点和调绘，以及127千米的初、定测任务。接到任务后，贵阳勘察设计处认真组织、制订了详细的工作方案，抽调了10名精干的测绘人员，由党支部书记李再祥带队，赴埃塞开展此项任务。

李再祥被同事视为"兄长"，"耿直、真诚、真实"，出发的时候刚做完眼部手术，两眼通红、眼眶青紫，但他就那样毅然戴着墨镜奔赴一线。他于2012年5月24日，与陈鸣同志两人先期赴埃塞完成建点、仪器设备借调及资料搜集等工作，其余8人于5月29日抵达汇合。

然而，出师不利，进场时仪器电池不能带上飞机，抵达亚的斯亚贝巴机场的时候仪器又不能出关，这使本就时间紧、任务重、人员少、内容多的测绘任务变得挑战重重。随之而来的交通不便、气候炎热、语言不通更是给测绘人员带来了巨大压力。印象最深的是在进行外野测量时，大家刚在山上埋好桩，突然从树丛背后跳出来几位黑人，在场的所有人顿时吓了一跳。他们对着测绘人员叽里呱啦地说着我们完全听不懂的当地语，并不断地比着手势，大意是不允许在他们的土地上埋桩。即便反复沟通解释，但当地百姓依然难以信服，而这种情况在外野测量时时常遇到，甚至当测绘人员一离开，埋好的桩便被破坏了，第二天又要重新测量埋桩。

面对重重困难，我们每一个人都丝毫没有退缩，反而增添了战胜困难的勇气与豪迈。按照动员大会精神，大家充分发扬贵阳勘察设计处一专多能的工作作风和不怕吃苦、勇挑重担、顾全大局、敢于拼搏的作风，入乡随俗，主动了解埃塞文化，提前沟通，用友好和技术展示中国测绘人良好的风貌形象。

在开展工作时，我们更加注重方法，讲求实效，充分发挥主观能动性，例如在CP0测量的同时进行航外刺点和调绘工作，在航外刺点的过程中进行调绘工作等，这样既提高了工作效率，又缩短了工期。

有时山高路陡，抄平爬坡很辛苦，大家都喘着粗气，抄1.5千米的往返都要抄200多站,前后视扶尺的人要提、放尺垫500多次。像这样的陡坡,一天扶尺下来所有的人都是腰酸背痛,腿脚抽筋。每天外出作业要来回颠簸三四个小时,回到驻地需要及时转刺、检刺控制点并解算测量数据,晚上还要安排第二天的工作计划。

但我们每个人都"苦并快乐着"。工作间隙,我们躺在草地上,广袤的东非高原上空万里无云,我们仰视苍穹,看雄鹰盘旋,想着自己不远万里,跨越万水千山,到非洲来参与铁路建设,用自己的实际行动诠释中铁二院测绘人的风采,虽然劳苦而疲惫,心中却是满满的充实和幸福,一股说不清的自豪和骄傲瞬间溢满了心田。

通过大家的一致努力,所有的困难和阻力都顺利得以解决。开工仅短短的十二天,这支由10人组成的队伍就完成了全线CP0的布点测量、34个CPI的埋桩与观测、127千米的平面调绘和26个像控点的刺点工作,圆满完成了任务。在这荒芜的高原上,播下了希望的种子。

工作过程中,总会被一种甘于奉献的精神所感动,总会被一种斗志昂扬的风貌所感染。这次埃塞测绘之旅,再一次证明了中铁二院的测绘人,是一支敢打硬仗、作风优良的队伍,他们有着强烈的责任感和担当意识,个人的荣辱发展全系于企业之中、事业之中,因而众志成城、无坚不摧。

现在,离开埃塞已经快八年了。但是每一次回想起那段难忘的经历,我都会由衷地感叹。测绘人,只有脚踏实地的付出,才能有所作为;测绘人让铁路建设由设想变为蓝图,由蓝图变为现实,让人们的出行越来越便利,生活越来越高效。测绘专业辛苦、精确,因而要求测绘人保持既上进又平和的心态,具有严谨的工作作风;勇于学习、不断进步,在磨砺精神品质的同时,提高各方面技能,从而"一专多强"、独当一面。

展望未来,中铁二院人正在世界的舞台上,翻开更宏大、更壮丽的历史篇章,在实施"走出去"战略的过程中,我们将与更多的来自世界各国的强手竞争,同台竞技。需要测绘人继续怀着经天纬地的梦,薪火相传、前赴后继、砥砺前行。

李代斌是长期从事测绘工作的一位普通的工人,就用他的一段话来结束我的叙述吧:"因为行业的特殊性质,我们有时也会抱怨,但都没有放弃。因为我们知道身上肩负的责任,更知道我们那颗对测绘执着的心。在激情燃烧的岁月里,我们走过的每一个角落,都刻下了我们无尽的爱,留下了我们晶莹的汗水,每一份爱都如艳阳般炙热,每一滴汗水都像钻石一样发光。"

决战无人区

周玉辉　余树文

2014年的9月，秋老虎还没走远，中铁二院测绘院的测绘技术人员已经身在非洲大地，参加埃塞北部铁路勘测工作。

万里高空，千里之外，飞机落地后，几十号测绘人员赶赴驻地，来不及适应异国他乡的环境，来不及欣赏非洲大地的美景，简单休整后，便投入紧张的勘测工作中。

埃塞俄比亚属于世界最不发达国家之一，经济以农牧业为主，工业基础薄弱。当地气候宜人，由于纬度跨度和海拔高度差距较大，虽地处热带，但是各地温度高低不均。一年中分雨季和旱季，目前正处于旱季，基本无雨。当地老百姓的主要食物是英

风中摇曳的英吉拉

埃塞首都城郊的村庄

吉拉,一种草本植物。有句话说:三千年历史的埃塞俄比亚,三千年历史的英吉拉。也就是说,世界上有了埃塞俄比亚这个国家,也就有了英吉拉这种食物,一种食物吃了三千多年,你当然能想象埃塞俄比亚人对英吉拉有多么深的感情。

埃塞的农业和卫生条件非常落后,在当地,你还可以看见露天厕所,疟疾、寄生虫病等各种各样的健康问题依旧困扰着这个美丽的国度,这也给我们的勘测工作带来了非常大的考验。在当地,我们饮用、刷牙的水都需要先烧开,连超市买的牛奶也要煮开后再饮用。在住宿方面,首都城郊,贫困的老百姓甚至连铁皮房都住不上,只能用泥土和茅草搭个屋子,城郊的破败和城市的快速发展形成鲜明对比。埃塞近十年经济的高速增长背后,社会贫富差距也在不断拉大。

目睹埃塞的经济发展和人民生活现状,让我们在感慨祖国强大繁荣、由衷自豪的同时,也增添了一份加快参与建设埃塞、造福非洲人民的责任和使命感。

我们承担的埃塞北部铁路任务起点位于埃塞沃勒德亚镇,终点位于默克莱市,线路经过埃塞的阿姆哈拉州、提格雷州及阿尔法州三个州。其中,阿姆哈拉州和提格雷州的安全状况比较好,阿尔法州的安全情况比较差,该州地区人烟稀少,交通极为不便,车能开到的位置均需步行几小时才能到达工作地点。

线路经过的阿尔法州地区大都是荒漠,漫天风沙,无种植农作物的条件,自然条件极其恶劣。当地百姓以游牧为生,非常贫穷落后,治安情况也甚为堪忧,持枪抢劫事件时常发生,埃塞政府都为之头疼。阿尔法州AK160—AK190段为无人区,夜间野狼、土狗时常出没,山高沟深,铁路桥隧工程集中,不良地质较多,勘察工作困难重重。为了确保设计质量,确保勘察资料的准确性和完整性,测绘、地勘及设计专业必须深入无人区做详细的勘察工作。在无人区勘察的工作生活物资均需从外面用骆驼运进,连生活用水也得在默克莱市购买。面对如此恶劣的自然条件及治安状况,面对远离祖国、远离公司在异国他乡进驻无人区进行野外工作等现状,公司领导多次指示现场人员务必做好安全及生活保障工作。埃塞项目部领导也多次同参战员工一起商量建点实施细节,做好预案策划并约定每三天送一封"鸡毛信"出来以便项目部了解无人区工作的情况,对各个环节均做详细的安排,尽最大努力做好一切保障工作。

参战员工纷纷表态一定发扬"两昆精神"攻克无人区,为中铁二院在海外市场的经营开发助力,给合作伙伴树立良好企业形象,大家没日没夜加班加点,心里只有一个念头,把任务早点保质保量地完成。

记得进驻无人区的那几日,连续阴雨。每天早上起床,大家带的睡袋、毛毯都被淋湿了,有的员工感冒了,有的员工拉肚子了,但大家仍然坚持工作,没有一个人有要退缩的想法。所幸队伍跟外面的联系没有中断,知道我们的情况后,项目部也在积极想

地质技术人员在现场调绘

天黑之前安营扎寨

办法。第三天天刚亮，我们从睡袋中钻出来，刚出营地不远就看到三头毛驴托着毛毯和遮雨篷布向我们走来，大家顿时感到无比温暖，有一种见到亲人的激动，纷纷叫喊着冲上去迎接他们。

有了补给的药品、毛毯和食品，大家心里就有底了，也焕发出了更大的工作激情。在广阔的非洲大地上，你经常可以看到，一群身着黄色工作服的中铁二院人，迎着朝霞走去，挽着落日归来，那是多么壮美的一幅画面。通过6天的艰苦工作，终于在2015年1月15日圆满完成了20千米无人区的平面高程控制测量、地质调绘工作。

我们用自己的实际行动在非洲大地上树起了中铁二院这面大旗，树立了良好的企业形象，彰显了中国中铁"勇于跨越、追求卓越"的企业精神。

这世上本无路，走的人多了便也有了路！无人区的故事虽然短暂，但是它留下的回忆必将激励每一位后来者继续前行，再攀高峰。

那些年坚守在东非高原上的地质人

侯伟龙

在遥距祖国8 000千米之外的东非，有这样一个国家：它被誉为"非洲屋脊"，幅员辽阔，却仅有一条已废弃的米轨铁路——亚的斯吉布提铁路；它历史悠久，已有三千年的文明史，却是世界最不发达的国家之一……它就是埃塞俄比亚联邦民主共和国，东非高原上"被太阳晒黑的地方"。

这里与繁华时尚相去甚远，与浪漫风情形同陌路，但是近年来，一批黄皮肤、黑眼睛的中国地质队员渐渐涌来，在这片望不到父辈脊梁的异国土地上，他们穿梭于高原裂谷等人迹罕至地带，用足迹为埃塞俄比亚铁路寻觅最佳的"诞生地"，用汗水为中埃两国浇灌象征希望友谊的"马蹄莲"。好样的！中铁二院埃塞俄比亚铁路项目地质勘察人员。

埃塞俄比亚铁路项目所处的地理位置险峻，自然条件恶劣，社会环境复杂。这里一年四季天气炎热，紫外线强，在雨季开展工作时又经常遭遇暴雨突袭。尤其是米埃索—德雷达瓦（Mieso—Dire Dawa）段位于索马里州，线路所经地段人烟稀少，交通不便，治安状况堪忧。为了彻底查明沿线的不良地质、特殊岩土发育及分布情况，为线路前期选线和后期设计提供准确的地质资料，突击队员们一步一个脚印，踏遍了线路经过的每一寸土地。米埃索—德雷达瓦段，经常有宗教冲突，有索马里的激进组织活动，战火枪声时有发生，地质人员为了查明全线的工程地质问题，需要开展全面的地质调绘工作，人身安全是当时面临的巨大挑战之一。经过长时间的沟通协商，地质组在项目部的支持下，求助德雷达瓦安全部队做好安保工作，制订详细周密的安保计划，每天随同地质人员一起出勤，保障安全。

在长达两个月的野外调查工作中，这些具有良好素质的兵哥哥对我们地质人员严谨的工作态度和吃苦耐劳的精神赞赏有加，一个个竖起大拇指。从开始不理解地质工程师们每天在山沟转来转去，到后来主动帮助地质工程师们拿图纸、背干粮，表达了他们对建设亚吉铁路的中国工程师的尊敬。从2012年12月至2013年9月，施工图的设计提交任务异常繁重，这十个月的日日夜夜中，亚吉铁路的地质工程师们或坚守现场，或在项目部熬夜填图，似乎唯有专注工作，才能减轻对祖国和亲人的思念。

徐正宣时任埃塞俄比亚项目部副总经理，既要负责项目部的日常管理、对外协调，还要负责技术资料审查、项目进度安排等工作，每年在埃塞俄比亚的驻留时间超过200天。2013年春节，由于勘察任务工期紧，他和20余名员工放弃了回国过春节的机会，坚守现场，确保了相关工作的安全顺利完成。伴随多年来的海外工作经历，徐正宣积累了较为成熟的海外管理经验，建立起了一支实干、和谐、积极的勘察队伍，培养了一批优秀的海外地质勘察人员。2013年，他被授予四川省首届百名"优秀青年工程勘察设计师"的光荣称号。

张昆和唐林作为项目专业设计负责人，是最早进入埃塞俄比亚的地质人员。起初，他们所掌握的该国地质基础资料几乎为零，与此同时，线路纵穿著名的"东非大裂谷"，整个项目表现出地质条件复杂、勘察任务繁重的特点。正是在这种情况下，他们一点点突破难关，用较熟练的英语实现了与ERC（业主）及监理的良好沟通，为后续其他项目的开展收集积累了宝贵的经验。

荷枪实弹行进在密林之间

技术人员和当地工作人员沟通

何小军、侯伟龙、曾德建、彭红明、段江涛、李欣、章丹贵等这批充满活力的年轻力量,是项目中的"奇兵",哪里需要他们,他们就出现在哪里。对于埃塞俄比亚项目部这批年轻的突击队队员来说,在海外工作是一种考验,更是一种磨练!生活条件虽然艰苦,但这段工作经历是他们一生宝贵的财富和难忘的时光。

这些年,他们经历了很多人一生都可能经历不到的事情,比如长期与寂寞和孤独为伴、时常面临文化的冲突与融合、每天面对饮食和生活习惯的差异、每分每秒把目标与责任的挑战落在实处,但是他们以必胜的信念、勤奋的工作态度以及吃苦耐劳的工作作风,顺利地应对了严峻的安全局势,成功地克服了跨语言、跨文化的工作障碍,圆满地完成了各种项目各个阶段的勘察任务,完成了中铁二院挺进海外市场的特殊使命!

我在埃塞搞地勘

段江涛

埃塞俄比亚，是非洲第二大人口国，是一个令人心驰神往的神秘国度。近年来，作为"一带一路"倡议在非洲大陆的重要节点，随着亚吉铁路、埃塞轻轨、东方工业园、WM铁路、孔子学院、旱港专用线、糖厂公路等一系列工程项目的陆续竣工，埃塞俄比亚已逐渐显现出极大的发展潜力。其中就有许多由中铁二院参与勘察设计的项目，中国人的形象在埃塞更加深入人心，而我也很荣幸地和众多建设者一起在异国他乡挥洒汗水，为"一带一路"建设奉献一己之力。

作为亚吉铁路勘察专业的地质工作者，我们团队与岩土打交道，承担着亚吉铁路的地质调绘、初勘、详勘工作。

关于地质勘察工作，我们通常白天在野外工作，晚上整理当天的资料。埃塞高原占全国国土面积的三分之二，铁路勘察现场山高水险，这对我们的身体素质是个极大的考验，再加上社会治安不稳定，这给处于四处流转的我们，更增添了精神上的紧张。我和同事们为了保质保量完成工作、不影响工期，每天早上天刚亮，就到野外进行现场调绘；晚上回来吃饭时，脑子里继续规划着第二天的野外路线；饭后，当天的野外资料必须争分夺秒地在当天编录完成。

虽然我有足够的心理准备来应对社会治安的不稳定和自然环境的艰苦，却忽视了散养动物的威胁。有一次，我和同事唐林两人一组在阿瓦什地区进行测绘。放眼望去，目光所到之处荒无人烟。在穿越了不计其数的沟壑和骆驼刺之后，太阳出来了，气温骤升。我深刻领略到了非洲大地的"热情"，就想找个能遮荫的地方，最好是大树，哪怕只要能站在下面喝口水，稍作休息。终于，我们发现有条路可以通向由茅草屋组成的村落，心里暗自高兴，总算走到有人的地方了！

我们放松心情向村里走去，突然被冲出来的几条狗截住了去路。我站着动都不敢动，几条狗猛地向我扑来，我瞬间吓懵了！勇敢的唐林快速扫视四周，飞快地捡了根木

地勘人员在做野外岩层鉴定

棒冲在我前面，狠狠地朝那几条狗挥舞着，几条狗不得近身，悻悻地跑开了。我这才犹如灵魂回注，倒吸一口气，差点跌坐在地上，一时间都不知道该对唐林说什么。我们不敢作片刻停留，继续完成当天的工作。回到驻地后，我才回过神来，真是多谢老大哥对我这小兄弟的照顾，不然我肯定会被狗咬伤。而这边的医疗条件更是令人堪忧，毕竟25%的艾滋病携带率是挥之不去的阴影。

野外调绘完成后，我们开始布置现场勘探孔。国铁段最末端的米埃索（Mieso）段由我负责。我前期对放孔区域的道路情况有所了解，我计划天未亮就出发，力争在天黑之前赶回驻地。那天，我和老蒲、孙银两个机长，东方刚泛鱼肚白就手持GPS向第一个坐标点走去。我们边走边讨论钻探机器怎么样不用翻山、怎么样运输进来能快速就位。埃塞的高原荒地和中国完全不一样，这里长满了骆驼刺和仙人掌，小路就在这荆棘中若隐若现，虽然我们都穿着长衣长裤，但是没一会儿我们3人手上还是挂彩了，血道子下隐隐刺痛。大家谁也没有抱怨或说丧气的话，带着铁路人独有的坚毅、顽强、不达目的不罢休的精神互相鼓励，继续前进。徒步两个多小时后，我们终于到达第一个坐标点并完成放孔，大家脸上显露出了成功的喜悦。然而我知道，万里长征才刚刚开始，因为后面还有9个点等着我们去标记。一路上，我们越深沟、穿刺丛、翻山包，中午边吃干粮边行走，完成当天全部放孔任务时已是下午4点。如果再原路返回到驻地估计要花八九个小

地勘人员正在穿越骆驼刺

时，何况天黑走在没有人烟的荒野是极其危险的，我们要用最短的距离最快的时间到达国家公路，于是大家商量后决定横穿一大片荆棘丛。

"世上本没有路，走的人多了，便成了路。"而我们这一次，却要在没有路的情况下，披荆斩棘般走出一条路来。荆棘密布的丛林中，我们三个人整装出发。走出没多久，我就有些懊恼，正是因为我没有准确地评估好勘探孔的工程量和行进里数，才让大家一起遭遇这样的困难。就在这时，老蒲从一个坎上跳下去，"哎呀"一声栽倒了，他脱下鞋，我们看见他脚下有两个水泡已经磨破了。他却笑着说，人胖了点，走路脚受力要大些，这点小伤没事的，并且再三叮嘱我们不要因为他而耽误了行进速度。当天晚上很晚了，我们才回到驻地。

有了此前的教训，我想调整第二天放孔的数量以降低行进里数，但是老蒲知道后坚决不同意，他说："你是Mieso段的勘察负责人，已经制定好的目标就要极力去执行，我们作为队员都会全力配合的。如果调整日均工作量，必然会影响全线计划，我们感谢你对老职工的体谅，但是我们更希望你们年轻人能够在艰苦中得到历练，更快速地成长起来。"

老蒲用行动支持着我的工作，我也被老职工的一番话深深感动。中铁二院人有这样不怕吃苦、不怕劳累的精神，就没有完不成的任务、干不成的项目！

Mieso段勘察任务完成后，我被调往德雷达瓦现场（亚吉铁路中土段）担任地质勘察负责人。德雷达瓦自然环境更恶劣,气温更高,花蚊子又大又多。在那里,我几乎每天晚上都会被蚊子咬醒、吵醒,可是有一天半夜我却被"热"醒。我忍着全身酸痛,跟跄着爬起来摸出体温计一测——40℃!我有些震惊,一向体质还算好的我,明白高烧意味着身体的免疫系统正在强烈抵抗外来病毒的侵袭。同屋的同事发现我的异常,立即告知项目部领导,他们一边给我物理降温,一边四处联系医院。观察到我的情况比较紧急,他们着手订机票准备把我送往医疗条件较好的首都医院去,但是当天和次日都已经没有机票,项目部领导当即决定——用汽车送我去首都,刻不容缓!

近十个小时的车程,沿途还有几十千米的颠簸山路,对我来说极其漫长和煎熬。高烧加上晕车,我胃中灼烧、头痛欲裂,时而清醒、时而昏迷,我一度觉得自己就要在离家万里之外的地方结束生命了。终于到达埃塞俄比亚首都某医院,我立即被收住院,接受了退烧、消炎等一系列的跟进治疗。一周后,我痊愈出院,马上又乐呵呵地重返德雷达瓦继续完成现场工作了。

这段惊心动魄的经历,以及项目部领导同事们给予我的关心和温暖,让我重新审视了我们这群走出国门的建设者们在异国他乡结下的深厚情谊,也倍加珍惜我们并肩作战的这些难忘岁月。

最终,我们高效高质量地完成了全线勘察设计任务,看到亚吉铁路于2018年9月5日正式通车投入运营的消息,我的心情无比激动。

回想我们在野外工作时,孩子们看到我们是中国人,总会送来欢呼与致敬。走在埃塞的马路上,当地人看到中国铁路建设者,总会对我们竖起大拇指说:"China, good!"

我们只是普普通通的铁路建设者,但我们用实际行动去帮助、支持埃塞政府和人民。我的内心充满感激,感激中铁二院给我们机会,让我们领会到能帮助到他人是件多么幸福的事情;感激我们国家的强大,让我们能正视世间的疾苦,感知生命的真谛。我坚信,"一带一路"建设将为埃塞经济带来更大的发展潜力,我为自己曾作为亚吉铁路的地质工作者而自豪!

姗姗来迟的电流

张效楠

铁路牵引变电所是电气化铁路建设中的重要组成部分，它为电力机车提供了源源不断的电能。作为埃塞俄比亚第一条现代电气化铁路的亚吉铁路，其第一座牵引变电所建设可谓一波三折。

原本埃塞电力公司（EEP）和埃塞铁路公司（ERC）、二局电务公司计划6月中旬为变电所送电。但实际时间却一推再推，一直过了2个多月，当我们都快对送电的事失去希望时，它却突然间峰回路转、尘埃落定。

记得那天是2016年8月19日，早上要去首都亚的斯亚贝巴参加埃塞铁路公司组织的关于牵引变电所送电的会。按照此前的计划，如果一切顺利，一周内埃塞铁路第一座牵引变电所就可以送电了。那天从阿达玛开车前往亚的斯亚贝巴，一路上都是阴雨连绵。到了亚的斯亚贝巴后，天气居然放晴了。"不知道这是否预示着今天会有好事。"我心想。来到埃塞铁路公司总部，本以为电力公司的人会参会，但一看今天来开会的人只有埃塞铁路公司、中咨公司的人，我有些失望。如果他们不参加，铁路公司所谓的这周内就能送电的计划很可能再次泡汤。会上，埃塞铁路公司要二局承包商给他们一个保证，铁路牵引供电系统运行不会干扰到当地大的电力系统，不会对城市电力系统造成不良的影响。因为他们从来没有接触过电气化铁路，而且埃塞电力公司是一个非常强势的部门，在这件事上，埃塞铁路公司的综合协调能力有限。

会上，埃塞铁路公司表示，只要二局承包方上午把正式的承诺函给他们，埃塞铁路公司保证下午能把这个函发给埃塞电力公司，电力公司马上可以给我们牵引变电所送电。大家知道送电的事情已经拖了太久了，现在有了这次机遇一定要把握住。会后，我跟着二局电务公司技术人员马上赶到亚的斯亚贝巴二局经理部，然后一起拟好函件。经理部的领导看过函件后，说关于此事他们还要开会再讨论。

有道是"山重水复疑无路，柳暗花明又一村"。中午吃饭时，我们还在商量下一

送电开始

步该怎么做,电务公司的埃塞翻译高斯突然打电话说,埃塞铁路公司通知他说下午因多德牵引变电所要准备送电。听到这个消息,我们既高兴又担心。我们决定先赶往因多德牵引变电所,同时请埃塞翻译高斯跟铁路公司再次确认,是否下午因多德牵引变电所要送电,我们好去变电所提前做好准备工作。果不其然,还没到变电所,翻译高斯又打电话说现在铁路公司还在联系电力公司,送电的事情还没有最终定下来。我一听,心中直叫苦,又空欢喜一场。我们只有去路边找个咖啡店坐着等消息,顺便缓解一下郁闷的心情。这一等就等到4点过,高斯终于来电话说最后确定要送电了。这惊喜来得太及时了。我们马不停蹄地赶往因多德牵引变电所。亚的斯亚贝巴的天气可真是多变,我们刚到变电所大门口,突然间下起了瓢泼大雨。我们冒雨跑进变电所去做各种准备工作。下午5点过,雨渐渐停了,送电的准备工作也算基本就绪。

这时埃塞铁路公司电气化总工来了,检查我们变电所送电的准备工作。我们陪同他在变电所来回看了几遍,牵引变电所的各种设备都工作正常,他对送电的准备工作较为满意,就通知了电力公司。又等了约一个小时,再次来了三位埃塞电力公司的工程师。原来,他们还是不放心,专程过来再次进行实地检查。埃塞电力公司工程师,又仔细检查了一遍牵引变电所各项设备的工作情况,这才消除了他们心中的疑虑。

但是电力公司工程师告诉我们,晚上亚的斯亚贝巴市区用电负荷较大,为了减少对用电系统的干扰，埃塞电力公司准备等到晚上11点后，城区用电负荷减小后开始送电。接下来又是漫长的等待。

　　终于到11点了，电力公司那边还没有任何消息。最后我们等得有点不耐烦了，就去问电力公司的工程师，送电的确切时间有消息了吗？结果他们让我们不要着急，要送电了他们会提前通知。听到这话我们也只有无奈地摇头。又过了大概15分钟，电力公司的工程师对我们说已经送电了，让我们这边检测一下相序、电压这些是否正常。我们一听，赶忙按照标准流程分、合各项开关，然后开始检测相序、电压等各项指标。检验一切都没有问题后，我们告诉他们检测相关数据正常，申请开始冲击牵引变压器。但电力公司工程师让我们明天再冲击变压器，因为他们今天送电的主要目的是想看一下外电线路是否稳定。

　　变电所好容易把电送上了，为避免夜长梦多，我们很想当天就把变压器冲击完。于是我们和电力公司的工程师进行了协商，最后他们同意我们继续冲击变压器，电被送进变电所10分钟后，开始正式冲击变压器了。电送到变压器后，牵引变压器立刻发出了均匀的嗡嗡声，这声音在旁人听来肯定是非常扰人的噪音，但是在此刻，我听着却是这么的悦耳动听，为了等这声音，我们已经期待和努力了太久。按照中国的标准程序，两台牵引变压器要交替冲击五次。当时已经是第二天凌晨了，电力公司工程师都开始变得很不耐烦，让我们冲击一次就行了。于是我向他们解释为了今后牵引变电所能安全、稳定的运行，这是必需的步骤，不能省略。在五次冲击完成后，我们让牵引变压器转入空载运行。如果顺利，24小时后就可以往27.5千伏母线上送电了。

　　往回走的时候夜已经深了，但是我的心里却很高兴。亚吉铁路的第一座牵引变电所终于成功送电了，这几个月来的努力也算有所回报，这意味着我们朝着亚吉铁路的顺利建成又迈出了坚实的一步……

埃塞历练让我成长

龙宗明

2018年10月,我走出机场大门,沐浴着东非火辣的阳光、看着忙碌拥挤的停车场、闻着充满植物气息的清新空气……周围的一切都是那么的熟悉。

手握印着英语和阿姆哈拉语的拉布—阿达玛的红色车票,踏进红色的铁龙,眼前雄伟的站房、宽阔的站台、熟悉的边坡、熟悉的地形地貌,它们仿佛是一个个零部件,串联组合成了一把钥匙,毫不费力地就开启了我脑海中、身体里的那些回忆与惯性,曾经在这片土地上经历的一点一滴历历在目,再次站在这片熟悉的土地上,我心潮澎湃难以平复。

2010年7月初,告别尚未满月的孩子和最需要陪伴的爱人,我怀揣着一丝不愿示人的胆怯与无法掩饰的兴奋,只身踏出国门,作为中铁二院技术代表来到神秘的东非,与中铁二局组成谈判组就埃塞俄比亚至吉布提铁路瑟伯塔—米埃索段进行合同谈判,不曾想,这段经历为我留下了如此难忘的回忆,也收获了与埃塞俄比亚人民深厚的友谊。

"言而无信"的爸爸

2011年,我在埃塞俄比亚待了近300天,剩下的60多天,还有一大半消耗在奔波往返于埃塞俄比亚与成都之间。"回家"成了最难的奢望,"老婆,回国的时间又要推迟了"成了最难以出口却又最常挂在嘴边的话语。

根据埃塞俄比亚铁路公司要求,2011年5月,埃塞俄比亚提交前100千米路基施工图,计划随后回国组织初步设计。由于EPC技术方面配合问题,回国时间从计划的6月初推迟到7月初、8月初,直到9月初才最终成行。回到家中,妻子对着孩子说:"你言而无信的老爸回来看你了。"年纪尚幼不明就里的孩子看着眼前"陌生又熟悉"的我,先是一愣,然后咯咯直笑,我百感交集,是家人的默默支持,让我更加坚定了

"做，就一定要做好"的决心。

从 Mr. Long 到 Mr. Money

在埃塞俄比亚铁路公司管理团队的日常工作中，"Where is Mr. Long"是大家的口头禅，久而久之，就被我们中方团队戏称为"有困难，就找Mr. Long"。

2011年3月，埃塞俄比亚铁路公司总经理现场办公，当问到Mojo车站设置及相关工程措施时，总经理先生立即开启了寻人模式："Where is Mr. Long？"我从线路走向、车站位置选择、车站规模、相关配套及整体工程措施等方面进行了详细的解答后，总经理先生赞叹地对我竖起了大拇指。

2011年9月18日，中国中铁与埃塞俄比亚铁路公司Sebeta-Miseo段EPC合同谈判进入关键时刻，双方就技术标准、工程投资进行详细谈判。双方从各自利益考虑，对工程内容、工程投资谈判十分激烈。在你来我往的交锋中，作为设计总体的我说的最多的一句就是"If you give me more money, I can do that"。经过近10天的谈判，双方就EPC合同技术规格书意见达成一致，在谈判纪要签字时，埃塞俄比亚铁路公司以总工程师为首的谈判团队亲切地赠与我一个响亮的称呼"Mr. Money"。从此埃塞俄比亚铁路公司，找"Mr. Long"的人少了，找"Mr. Money"人多了，同事们调侃起来都说："你以前是热线电话，现在变成了要钱电话。"

从成都到埃塞俄比亚，从"Mr. Long"到"Mr. Money"，代表中国态度、中国技术的我们，在这片热土上默默坚守，默默耕耘，我们付出了心酸的代价和难以言喻的努力，我们也收获了人生至高的荣誉。如果能再有一次选择的机会，"Mr. Long"依然会选择来到这片热土，不负使命，创造奇迹！

第三章 盛开的
马蹄莲

科学属于全人类。一切爱好和平的人民,只有共同掌握了科学知识,才能凝成一股征服自然的巨大力量,推动社会前进。

——茅以升

重回故地　看埃塞巨变
——记我身边的埃塞人

袁　强

2015年，随着埃塞俄比亚首都亚的斯亚贝巴城市轻轨（埃塞轻轨）及亚的斯亚贝巴—吉布提铁路（亚吉铁路）工程项目相继竣工，埃塞轻轨及亚吉铁路的运营工作正式提上日程。作为项目参建者之一，时隔两年后的2017年，我有幸再次来到这片神奇的土地，开始了埃塞轻轨及亚吉铁路运营的新征程。

来到亲切而又熟悉的埃塞俄比亚首都亚的斯亚贝巴，回到了亲手建设的驻地阿亚特，不论轻轨还是国铁，都已经从无到有，更成了这个国家的名片、城市的骄傲！然而变化最大的还是曾经身边的一个个埃塞人，无论是曾经为我们开车的司机Tesfay、办公室的文员Teddy，还是做饭的厨娘Maza，如今都有了惊人的变化。

Tesfay：出租车司机在"外企"的圆梦历程

Tesfay多年以前在亚的斯亚贝巴一家出租车公司当司机，每天按部就班的工作倒也不错。每个月的收入虽不算富足，但相比身边很多的同龄人也算是受到上帝的眷顾了。

在当时的亚的斯亚贝巴，街道很少有名称，住户更没有门牌号码。偌大的城市，像Tesfay这样的"活地图"正是我们这些初来埃塞的中方建设者所急需的。Tesfay主动应聘加入了中国中铁埃塞项目部，驾驶的车辆从出租车变成了中资企业的专用车。从那以后，Tesfay再也不用为每天的载客量而奔忙，再也不用担心抢客违章而被警察扣驾照、处罚款，也不用再为了忙着拉客而一日三餐没个准头。在中方企业工作期间，Tesfay努力工作并与中国中铁人建立了深厚的友谊。

如今，几年过去了，Tesfay已从当年初见时的一个精瘦小青年，摇身一变成了"大腹便便"、块头十足的埃塞"成功人士"（在埃塞俄比亚当地，我们常常可以从身材上简单分辨人们的经济状况）。不仅如此，Tesfay还在首都亚的斯亚贝巴拥有了一套属于自己的砖混结构住房。宽敞明亮的楼房，面积达90多平方米，一家五口再也不用东迁西走寄人篱下了。

要知道，在埃塞俄比亚，对于众多像Tesfay这样的普通人来说，就算有幸"中大奖"获得了政府房屋购买资格，但要一次性拿出相当于月收入数百倍的巨款来支付购房费用，可以说是非常困难的。

受益于自己当初的决定，更因为埃塞轻轨和国铁的建设，现在Tesfay身后是来自东方的中国企业，当地雇员有困难，我们岂能袖手旁观呢？正是在中国中铁埃塞项目部及众多中国同事的帮助下，Tesfay采取首付加分期付款的方式拥有了埃塞人梦寐以求的属于自己的住房！

如今的Tefsay不但拥有了自己的房子、妻子、儿子，开上了汽车，当然也变成了一个富态的"胖子"，和当初刚来我们项目部时判若两人，用他自己的话说："这完全是托中国人的福，托中国中铁的福。"

Teddy：从文员到老板

2012年年初，为了埃塞俄比亚亚的斯亚贝巴—吉布提铁路的建设，我作为前期调查人员首次踏上了这片古老而又神奇的土地。在亚的斯亚贝巴到米埃索沿线踏勘的某天，紧张而又繁忙的工作之余，我与同事相约来到一家街头酒吧。几个中国人初次来到这片神往的土地，毫无陌生之感，而是好奇于这里人们的乐天知命，野性又热情、自然又淳朴。酒至半酣、聊至兴起，我们也随着酒吧的音乐节拍高兴起来。也不记得何时，一位身材魁梧、气质不凡却又稍显忧郁的当地青年加入我们的行列，一起跳了起来！他就是Teddy，曾经的亚的斯亚贝巴大学教员，后来跳槽加入了中国中铁，负责中国中铁与埃塞当地沟通的工作。

工作期间，Teddy在中方同事的指导和帮助下，认真学习了中国文化、礼仪，努力工作，与中方同事们建立了深厚的友谊。后来，拥有高学历而又聪明的Teddy更是发现了往来中国的商机，在中国同事的启发和帮助下，Teddy开始了自主创业。

随着埃塞首都城市轻轨和亚的斯亚贝巴—吉布提铁路的如期建成，当年街边酒吧同饮的年轻教员，如今已然成为身家数百万的公司老板！面对如今的成就，Teddy认为，这一切都是上帝的安排！他说："上帝觉得埃塞俄比亚需要一条更加现代化的铁路和城市轻轨，所以安排你们中国人来帮助我们实现自己的梦想，一切都是上帝的安排、最好的安排！而我今天的一切也不过是自己通过祷告而得来的。当然，这只是一个玩笑！"

Maza：从厨娘到白领

2012年，当我们中国中铁建设大军初到埃塞时，根据当地劳动法的相关要求，除了众多岗位使用一定比例的当地劳工外，后勤岗位也使用了大量的埃塞雇员。因家庭贫困失学而到我们项目部食堂帮厨的Maza便是其中之一。都说埃塞不仅出产全球知名的咖啡，还盛产"咖啡色"的美女。见了活泼开朗的Maza，我对此深信不疑，但Maza对学业锲而不舍的追求更令我动容。

如今，我重返故地，没想到已经从项目离职的Maza居然专程回来看望我们。再次见面，我已认不出面前这个女孩，时髦的埃塞特色发型、略施粉黛的面庞、玲珑婀娜的身段，与当年的Maza判若两人！Maza见到我后十分感激，她说正是当初很多像我一样的"中国同事"不断地鼓励和帮助她，才更加坚定了她继续求学的决心，Maza在我回国后的两年多时间里重新考取了学校，并利用在中国中铁工作期间的积蓄支付了学费。现在正好毕业工作，当然，Maza也不再是当年的"厨娘"，而是一家当地企业的"白领"。收入也从当年的几百比尔变成了现在的几千比尔，家里的经济不再拮据，生活充满了幸福和希望！

看着眼前这个满脸洋溢着幸福笑容的女孩，我感慨良多。正是她自身的不懈努力才有了今天的惊人成就。而更让我感到骄傲和自豪的是，我们中国中铁人到埃塞兴建城市轻轨和国铁，参与并见证了许多像Maza一样的年轻人的青春。他们在我们的工地工作、学习、成长，逐渐改变了自己的人生轨迹。从他们的幸福故事中我们也感到了从未有过的幸福。

在随后的日子里，我见到了许多曾经与我们一起"战斗"过的埃塞本地雇员。他们中很多人已从当初只能从事简单工作、月薪数百到现在技能一流、月入数千，一个人基本就可担负起整个家庭的日常开销，过上幸福美满的生活。

我真心为他们感到高兴，也由衷地希望我们中国中铁人兴建并参与运营的埃塞轻轨和国铁能够为更多的埃塞人带来幸福……

祝福他们，祝福埃塞，祝福每一位为梦想努力的筑梦人！

■ 本文原载于《一带一路报道》

有一种记忆叫温暖

曾德礼

有一种记忆叫温暖，有一种记忆叫幸福，有一种记忆叫感动。在漫漫的人生长河里，总有那么些人、那么些事、那么些瞬间值得我们珍惜和铭记。这些散落在生命里的碎片，时不时闪现它金灿灿的光芒，给我们的人生增添一抹亮丽的色彩。而在埃塞项目部的那段时光，我总能感到被一种浓浓的情感所包围，值得我慢慢去回忆，慢慢去读懂。曾经有这样一些生活或工作的片段，犹如一颗颗珍珠，被埃塞的时光串成了一挂美丽的项链。

记得项目部刚成立的时候，我们住在中成套公司的简易招待所里，这里条件简陋，除了在驻地内散步，我们基本没有什么业余活动。项目部的杨朔提出了放电影的建议，起初大家并不感兴趣，每次只有两三人，但他并不灰心，不断地想办法，添置音响设备，更新放映内容，准备新鲜水果。项目部的员工亲切地称杨朔办的电影院为"张麻子影院"，这里承载了项目员工的欢声笑语，让离家千里的我们内心不再孤单，让单调的项目生活增添了一抹亮色。

项目部是一个温暖的大家庭。我们聘了一名当地黑人秘书叫玛若，她是一名学农业的非洲大学生，工作非常努力，每天早上7点就早早地到达项目部。有一天她哭哭啼啼地拿着化验单到办公室，王晓江询问了她的情况，并找来翻译详细查看了玛若的化验单，原来她得了胃溃疡，在当地人看来这是必须动手术才能治好的病。项目部办公室同事立即通知国内的同事去药店购买3瓶药带过来，吃了药，玛若的病很快就好了，她非常感动，从此改叫王晓江为"中国妈妈"。

对待外聘的当地员工如此，我们自己的员工更是每时每刻都能感受到组织的温暖。2012年1月17日，项目部翻译聂聪前往大使馆办理签证手续时不慎跌倒造成脚踝扭伤，经医院详细检查，确定为脚踝骨折。项目部领导立即联系国内骨科专家，经多方咨询后得出一致结论：必须手术治疗。考虑到埃塞当地医疗条件有限，项目部领导经过研究决定：回国采取手术治疗。那时恰逢春节，回国机票一票难求，只能采取保守治疗，待肿痛消退后回国治疗。聂聪在项目部休养期间，项目部成员主动关心照顾他的生活起居，怕他每天闷在房间心情抑郁，大家轮流陪他聊天，每天背着他到院子里呼吸新鲜空气，沐浴阳光，厨师也每天变着法地精心地准备饭菜，让聂聪在治疗期间补充营养、早日康复。回国的机票终于敲定，项目部领导立刻派专人将其护送回国，一路上悉心照料，聂聪也得到了很好的治疗。

在埃塞工作的岁月里，总有一些趣事留在我们的记忆里。在2010年第一次现场踏勘途中，我们遇到了一只巨大的山龟，大家从未见过如此大的龟，心情十分激动，决定把它运回项目部喂养。这只山龟很沉，好几个人一起动手，费了好大劲才把大山龟抬上了车。这位项目部"新成员"很快得到了大家的青睐与宠爱，工作之余或晚饭后，我们都要去看一下这只大山龟。项目部的年轻人常啸就成了这只大山龟的喂养负责人，在他的悉心照顾下，这只大山龟能定时吃东西，定时到草丛散步，还在草丛中生下5只鸡蛋大小的龟蛋。为了让山龟不再孤单，测量和钻探的员工们在外业途中又捡回了几只小山龟，我们给这只大山龟取了一个可爱的名字"啸龟"，其他的小山龟也都分别有了属于自己的小名。晚饭后集体溜山龟成为我们一天忙碌之后最快乐的事情。

当然，有时候也会遇到麻烦。2010年11月3日的下午，一场突如其来的事故打破了项目部的平静。项目经理曾德礼、办公室主任王晓江带领相关人员到采石场调查，由黑人司机温度开车，在回驻地的路上，有一名黑人小女孩为了跟上对面的母亲突然穿越高速公路，被来不及刹车的快速越野车撞出十多米。温度慌忙停下汽车，双手托起受伤昏迷的小女孩，吓得双膝跪地大声啼哭。这时天色将黑，曾德礼、王晓江安排汽车以最快的速度送受伤女孩和母亲赶赴医院，他们却徒步走往项目部驻地。项目副经理周玉辉、徐正宣得到消息后带着钱火速赶到医院，当听到受伤昏迷女孩醒来后的第一声哭声，大家悬着的心终于落地了，所幸小女孩只是轻微脑震荡和局部擦伤，休整一下很快就没事了。三天后，黑人司机温度回到项目部上班，见到项目部的领导他非常激动，眼里噙着泪水与他们拥抱、亲吻，嘴里还不停地念着"感谢上帝、感谢中国人"。

感谢埃塞，感谢生活，让我经历了那么多，感受到了那么多的美好瞬间，这些都将成为我一生中最宝贵的记忆。

为了忘却的纪念

王小韬

碰肩,彼此用力地碰肩,是埃塞本地人之间常用的交流方式和礼节,是埃塞人来表达心中的兄弟之情的方式。近年来,以"政策沟通、设施联通、贸易畅通、资金融通、民心相通"为主要内容的"五通"正成为"一带一路"建设的强大助推器,正因如此,我们才能看到越来越多的埃塞人和中国人互相用这种方式打招呼,让中埃友谊融进每位埃塞人和参与埃塞建设的中国人的心中。

出差在非洲东部的埃塞俄比亚,给我印象最深的是去东非大裂谷。因为工作的原因,我们要经过这条有名的大裂谷。热情的埃塞司机一路上自豪地告诉我们,埃塞的大峡谷可与美国的科罗拉多大峡谷媲美。其实埃塞的大峡谷应该算是东非大裂谷的一部分,我们今天的目的地叫作ETHIO-GERMAN PARK HOTEL。这里距离亚的斯亚贝巴约110千米,是一个观看峡谷风光的好地方。另外这里有一座大约在17世纪由葡萄牙人建造的石头桥,当地人称作葡萄牙人桥,还有一个更亲切的名称——鸡蛋桥,据说它是用鸡蛋清作为粘结剂将石头结合在一起的。北部沿途的风光,一改东非满眼黄色的草

生机盎然的非洲大地

原景象，蓝天、白云、草地、牛羊交相辉映，融为一体，世界一时变得那么大，又那么小，让人心旷神怡、目不暇接。

　　来过非洲的人，都对这里的景色、空气赞不绝口。经历过成都的雾霾，远望这里湛蓝的天空，呼吸清新的空气，竟有些醉氧的感觉。吃着非洲正宗的土鸡蛋、喝着浓浓的果汁，非洲的种种美好瞬间填满脑海。山坡上的牛羊配着绿色的草坪，风吹草低见牛羊的诗句涌上嘴边；工作之余，喝上一杯圣乔治的啤酒；会议讨论正酣，端上一壶现煮的咖啡；在工地上听着大冰雹敲打着工棚的噼噼啪啪声、在现场桥上看着老鹰在天上盘旋的身姿，闻着各种不知名的花香，可以马上忘却思乡的烦恼。

　　在完成当天饱满的工作任务后，带着些许的成就感，外加一丝疲惫，闭眼小憩，听着同事对身边趣事、新闻侃侃而谈，我有些昏昏欲睡，一时间竟忘记了身在异国，朦胧中仿佛又回到了天府河畔，与爱人牵手，看孩子嬉戏，思绪早离了非洲的宁静旷达，回到了中国那座古老城市的晨钟暮鼓、溪水浣纱。

　　晚饭过后，我们几人相约在营地散步。我最喜欢的就是逗玩当地的小动物。项目营地有几条小狗，经常摇尾、撒娇表示欢迎，陪你在营地走上几圈。当然，有时我也会在营地的池塘边喂鱼，或看看可爱的兔子，或等"大胆"的鸽子飞到你的手上，享受手心里的美味小麦。最好玩的还属营地里的三只大乌龟，它们悠然地吃着营地的青草，受到惊吓就会把头和四肢缩到坚硬的龟壳里面。这里，"遛龟"也如城里遛狗一样，是人生一大乐事。还有几只羊，它们见了人不会逃跑，相反会主动靠近，享受"摸头拥抱"的待遇，当然它们也会毫不客气地"笑纳"你献上的鲜美植物叶子或青草。有时候，小鸟会跳到桌子上偷吃食物，小猴子更胆大妄为，常学人走路，或趁人不注意从桌子上顺走东西后迅速爬上房顶，笑嘻嘻地当一回偷天大盗。

　　也正是这些有趣的景色和动物，还有醇香浓郁的焦糖玛奇朵、插吸管不倒的果汁才能缓解海外工程人员的思乡之苦，聊以慰藉。

　　我很喜欢远足，在工作之余常去爬山和步行，见识当地的风土人情，印象最深的一次是去一个不知名的河边。

　　这是我第一次徒步深入非洲大陆，感到既新鲜又有趣。大家都很兴奋，一路上拍照、唱歌，丝毫没有疲劳的感觉，我们看到了当地茅草做的民居、奇怪的树木、高大的仙人掌树、满丛的骆驼刺、很深的冲沟，还有驴在泥巴地里欢快地打滚……中午在一棵4人合抱粗的大树下野餐，方圆几里也只有这一棵大树矗立着，显得落寞与孤独，唯有树下一群健硕的牛相伴。跟随我们一路的非洲小朋友伸手向我们要吃的，当我们把面包、萨其马分给他们后，他们高兴极了，露出了埃塞特有的白牙齿和可以融化心灵的微笑，我们一起在非洲大陆享受着别样风味的野餐。

待我们吃饱喝足继续往深沟处探险时，一直跟着我们的小孩子渐渐消失了，开始我并不在意，以为他们见我们没吃的就走了。不久突然传来一句听不懂的呵斥声，紧接着两个荷枪实弹的军人从一人多高的草丛中跳出来，手中举着AK-47，我们顿时非常紧张，翻译赶紧上前与他们沟通解释。原来我们无意间闯入了他们的军事禁区，他们要求我们去军事基地进行说明。

中铁二院和当地钻探单位开展合作

幸好在路上碰到了我们的司机Miki，他是埃塞当地人，在他的解释、斡旋下，我们终于可以离开了。

为了感谢Miki，我们请他在城里的啤酒广场吃当地的国菜——生牛肉。所谓啤酒广场，是中国人起的名字，它真正的名字叫麦诺伯肉店。血淋淋的牛肉挂在架子上，Miki点了一盘红红的切成大块的生牛肉，蘸着芥末和辣酱开心地吃着。我好奇地想尝一块，但拿到嘴边几经犹豫，最终还是没敢下口。

相较于生牛肉，我还是比较喜欢吃炭烤的牛肉，喝当地的扎啤。炭烤牛肉是用一个土陶容器来盛装的，和北京涮羊肉铜锅设计理念一样，下面放几块炭火，上面小块煎牛肉堆得满满的，几丝辣椒或洋葱点缀其间。牛肉切成小块，冒着青烟，听着嗞嗞的响声，便会忍不住抓起一块肉，蘸点海椒面放到嘴里，再来一大口啤酒。两个字：巴适！

这些就是我在埃塞工作的点点滴滴，琐碎却又令人难以忘怀。回想参与埃塞轻轨项目勘察设计之初，条件十分艰苦，物资匮乏、设备紧缺、水电全无，甚至连蔬菜水果都没有……但是我们并没有退缩，凭着一股冲劲儿，扎根荒野，自己开荒拓地、种植蔬菜，自给自足。同时通过几千个日夜的不懈努力，我们将智慧和汗水凝聚成梦想，让埃塞轻轨从蓝图变为现实。直到今天，我都忘不了通车的时候，现场每一个埃塞人脸上那喜悦的微笑。

致亲爱的你

徐卉灵

> 这是一封未寄出的信
> 这是一封我写了八年的信
> 这是一封写给丈夫的信
> 这是一封写给孩子父亲的信

2010年10月的一天，是你到中铁二院工作的第二年，也是我们新婚的第二个月。你牵着我的手，郑重地对我说，二院在埃塞俄比亚承担了新的铁路勘察设计项目，需要赴现场开展工作，想征求下我的意见。

我心里五味杂陈，想到我们新婚不到两个月，因为你工作繁忙，还没时间去度蜜月，就必须面临长时间的分离，心中着实不舍；又想到你的父亲，因严重心肌梗死，一次做了五个搭桥手术，才从死神手中夺回了老人的生命，术后仅三个月，还在关键的恢复期，也需要你的陪伴和照料；更想到那个陌生的大陆和国家，充满了未知，是否安全？是否会传染病肆虐……

一夜未眠，我偷偷地在床边抹着眼泪，虽然难舍难分，但是因为对你深深的爱，我选择了支持，选择了坚强。我笑着对你说："好男儿志在四方。我能够照顾好自己，照顾好家庭，放心！"

送你到机场那天，我笑着与你挥手道别，转身却在车里哭得一塌糊涂。

2012年9月，你已经在埃塞俄比亚工作近两年了，但是聚少离多，趁着你国庆期间短暂的假期，我们在结婚两年后来了一次说走就走的旅行——蜜月旅行。虽然迟到了两年，但想着你在埃塞俄比亚辛苦地工作、拼搏，心中更多的是心疼与理解，明白你也在始终爱着我，牵挂着我们的家庭。

蜜月之后我们迎来了自己的爱情结晶，在得知我怀孕一个月时，你却因为工作需要，还得到埃塞俄比亚项目部常驻。我，再一次选择坚强，坦然接受，送你到了机场，紧紧地拥抱着你，也在耳边轻轻地告诉你，不用担心，孩子和我，都会安好。

孕期前三个月的危险期，面对强烈的孕期反应，我独自去医院建卡、产检。每每看到医院里那些准爸爸，提着小板凳，搀扶着孕妈妈，嘘寒问暖，心里莫名地羡慕、心酸。孕中期，我被查出患有妊娠糖尿病，为了孩子，我每天血糖仪检测6次，手指换了一个一个，扎了左手换右手，手指满是针眼，为了孩子健康，忍！每天中午只能吃一两面，一碗菜，下午饿得眼冒金星，为了孩子健康，忍！每天吃樱桃20颗，吃着嘴里的看着碗里的，为了孩子健康，忍！

你不在身边，也会有些埋怨，有些小情绪，但也只能默默忍受。每每在与你通话时还要控制情绪，不影响你的情绪，不影响你的工作，我从没有向你提起过一点委屈、一点困难。别人都形容孕妇是十个月的皇后，然而对我而言，有的只是艰辛。不过，我告诉自己，不存在的……

2013年6月，我们的宝宝出生了，你匆匆回来了几天，却又一次登上了飞往埃塞的飞机，投入到紧张的工作中。虽然第一次做母亲，不会带孩子，但是这个过程中，亦苦亦甜，苦的是独自带孩子的辛苦，甜的是每次和你视频通话，看到你看着我们母子时那手足无措、憨厚的笑容，心中不由泛起一丝甜意。

为了工作，你每次回国时间最长不超过一个月，还要承担国内的很多工作任务，几乎错过了孩子成长的精彩瞬间：没有见证孩子长出第一颗乳牙、没有陪伴孩子的蹒跚学步、也没有经历孩子第一次喊出不清晰的"爸爸"……为了给你解除包袱，我既当妈又当爸，在工作之余，把所有的时间都给了孩子、陪伴他。

转眼孩子5岁了，你在埃塞俄比亚也有8个年头了，我经常给孩子讲你在海外工作的辛苦，告诉他爸爸爱他，但是爸爸由于工作原因不能时时陪伴他。孩子最多的就是问起："爸爸什么时候回来？我想爸爸了。"每当此时，我都忍不住泪湿双眼。

你作为中铁二院的一员，我知道海外、国内出差是"家常便饭"，这样的经历在二院的员工身上，是再寻常不过的经历。像你这样的丈夫、父亲，还有很多，我会像其他的妻子、母亲一样，默默地、毫无保留地选择支持。

每当你开心地告诉我工作又取得了新的进展和成果，我也为你感到高兴；你告诉我们电视上要播出埃塞俄比亚和你们项目的相关报道时，我们全家都守在电视机旁认真观看，看到亚吉铁路的建成通车，由衷地为你感到自豪和骄傲。虽然幼儿园到现在也没有一张我们一家三口的合影，但是孩子也会跟他的同学、小朋友、老师们骄傲地说："我的爸爸是一名工程师，在埃塞俄比亚工作，可远了，在非洲呢！他们是设计铁路的，到时要跑火车，'呜呜呜'的那种大火车！"

依稀记得，有4个年头的春节假期，你由于工作值守没能回国和家人团聚。每逢佳节倍思亲，当我们一家人围坐在桌前，看着春节联欢晚会，吃着团圆饭时，最思念的就是你，最牵挂的就是你，我总是把电话放在手边，生怕错过了你从遥远的非洲打来的电话。

每次你在电话中总是给我说今天食堂又做什么好吃的了；你们最近又组织了什么工会活动，大家都很开心；埃塞俄比亚天气很好，身体好得很，电话这边的我虽然坚强，但是心里仍忍不住地担忧。因为我知道，你的身体本来就不好，长期在非洲、在高原、在野外，虽然单位提供了最好的安全保障和后勤服务工作，但是埃塞俄比亚毕竟是一个相对落后的国家，不论是衣食住行还是医疗保障，都远远不如国内……但我最后什么都没说，只是在心里向你送上遥远的祝福。

八年时间，两千多个日夜。

对于一个家、一个妻子、一个孩子，是如此地漫长。

但对于铁路事业，却仅仅是短暂的瞬间。

我不知道你还要在非洲待多久，也不知道孩子和我还要忍受多少思念的煎熬，但我知道，只要信念永存，生活就会永远充满阳光。

■ 作者为中铁二院埃塞项目部现场办公室主任石磊的爱人

塔，我的非洲兄弟

王经权

  Taregen是项目部聘请的当地司机，又高又瘦，虽然肤色黝黑，却有着一颗积极向上、乐观善良的心。他刚入职那会儿，埃塞俄比亚轻轨项目正处于十分繁忙的阶段，恰好车站建筑专业只有我一个人常驻现场。由于时间紧、任务重，我经常白天全线踏勘指导施工，晚上熬夜开展施工图设计工作。Taregen作为司机，常与我一起行动。久而久之，我便与Taregen成了无话不谈的好兄弟，也习惯性地叫他"塔"。

肝胆相照的好兄弟

埃塞轻轨项目车辆段

埃塞轻轨项目全线共设39个车站，包括9座高架、2座半地下车站和1座全地下车站。每次全线踏勘，都要经过鱼龙混杂的Megnaniya汽车站和Makato市场，还有拍照时稍不注意就会被AK-47询问的国防局。

一个人的现场踏勘就像是一场勇敢者的冒险，而塔就成了我的"军师"。每到一个点后，塔都紧跟着我，告诉我什么地方要小心钱包，什么地方要谨慎拍照，哪种情况不应该给乞丐零钱……有时塔也会帮我干一些力所能及的工作，记得在编制《过轨通道研究报告》时，我们买几根烤玉米，坐在路口分时段统计行人数据，一坐就是一下午。他还很得意地告诉朋友们，他现在很牛，在搞科研项目呢！

虽然我们肤色不同，但在两年的相处中，我跟他竟成了肝胆相照的好兄弟。

我知道塔现在生活得非常艰辛，每月工资折合人民币仅三五百块钱，因为没钱所以一直没有结婚。可他依

埃塞轻轨施工现场

埃塞的风景

喜悦的笑脸

然开朗乐观，对生活充满希望，从不抱怨命运不公。

在一次闲聊的时候他告诉我，如果他开的面包车是自己的，收入就能翻10倍，他愿意为了家人每天工作24小时。说这话的时候，我从他眼里看到了对未来美好生活的憧憬，尽管我知道这样的愿望对他来说有多遥远。

时间过得很快，转眼项目已经结束了，我也要回国了。他送我到机场后，我们握手拥抱，互道珍重，我知道"再见"意味着今后可能再也不能相见了。

此后，我给塔打过一次电话，电话那头的他又惊讶又热情。他告诉我，他现在是一名货车司机了，在中国援建的高速公路上跑货运。他让我有机会重回埃塞，请我去首都亚迪斯亚贝巴最好的餐厅吃饭，带我去看我们参与建设的埃塞轻轨。

作为一名海外项目设计人员，我体会到长期在异国他乡不能与家人团聚的煎熬，也知道在国外开展各项工作的艰辛不易，有时候甚至还会面临人身安全问题，但是我和我的同事们坚持下来了。因为我们明白"一带一路"倡议对国家长远发展的重要意义，我们见证了中铁二院设计的亚吉铁路成为带动沿线经济社会发展的"大动脉"，我们亲自参与建设的埃塞轻轨改善了首都亚的斯亚贝巴的城市交通状况，提高了居民出行效率。

当然，我们也相信在不久的将来，便捷的交通会使塔的生活变得更加美好，还会有更多像塔一样有梦想、有干劲的埃塞兄弟能够通过自己的努力，过上幸福的生活。这就是支撑我继续从事海外工作的坚定信念。

我永远都会把塔视作我最亲密的兄弟，我永远都忘不了在埃塞工作期间，当地人用带有当地口音的腔调说过无数遍的那五个字："中国人，您好。"

谭师傅的中国梦

何奕慧

前几日我突然收到一条微信:"嗨,Panda,听新闻说我国总理到中国访问,顺道参观了CREEC公司,我看地点在成都,是否就是你工作的地方呀?""就是我们公司啊!"我骄傲地回复,"最近埃航也开通了亚的斯亚贝巴直飞成都的航班,欢迎来成都玩哦!""嗯!我将来一定会去中国,去成都的!"

发信息的是谭师傅,我们在埃塞俄比亚雇佣的黑人司机。这位谭师傅,有一个美丽的中国梦。

时光回溯到四年前,我为了埃塞轻轨项目第一次降落在遥远的东非高原。还没等我调整好时差,一个极具当地特色的撞肩礼瞬间将我带入了非洲这片古老而神秘的土地。"Welcome to Ethiopia!"一名憨厚的中年黑人男子露出洁白的牙齿正对我笑着说。"这是我们的司机——谭师傅。"同事向我介绍道。"啥子?弹师傅?"早在国内时就听说项目部的人为了方便称呼,给当地员工取了很多好玩的中国名字,诸如"诸葛亮""李小龙"之类。我笑着问:"你们喊他弹师傅,是因为他脑壳有点'弹'么?"

后来我才知道,谭师傅之所以叫谭师傅,是因为他本名叫Tesfay,其实他脑壳一点也不"弹",相反,这位谭师傅非常靠谱。出于安全考虑,我们出入驻地都乘坐项目部租用的车辆。黑人司机们工作节奏慢,也比较随性,往往过了约定用车时间很久才姗姗来迟,加班对于他们更是超出理解范畴的事,一言不合就辞职也是常态。但谭师傅不同,他从不迟到,也不抱怨,甚至多次私下给我说,加班一定要给他打电话,再晚他都能保证随叫随到。因为那样一次可以多赚100比尔(折合人民币约30元)。"为什么?"我很奇怪,他的收入在当地已经算很高了,并不需要这么辛苦。然而他却说,我们付的车费大部分都落入了车行老板的口袋,他的梦想是早日存够钱,拥有一辆自己的车,赚更多的钱。"赚到钱之后呢?"我问他。谭师傅认真地说:"之后我想去中国！"

谭师傅说，他曾和很多非洲人一样，有一个美国梦。他们都渴望去那个传说中全世界最发达的国家。但是随着这些年中国企业到非洲投资建设，仿佛为非洲人民开启了另一道新世界的大门。越来越多的中国面孔带来的不仅是种类繁多的食物，更是成千上万的工作岗位。原本到处开车打零工的他从此有了固定的工作，他的妻子也被介绍来项目部做厨娘，拥有两份收入的家庭一跃过上了当地少有的富足生活。

亚的斯亚贝巴当地小朋友画的埃塞轻轨

为CREEC开车的这段经历使谭师傅深刻地见识到了中国人的勇敢智慧和吃苦耐劳的精神。"从前中国和我们一样穷，"他说，"但你们仅用短短几十年的时间就攀升至世界第二，并将很快成为世界第一！现在有你们的帮助，我们的国家也一定会越来越好！"他无比自信地说，"所以我更想去中国，学习你们的经验和文化，然后让我的家人过上更好的生活。"他这一番话，让我感慨万千。

亚的斯亚贝巴虽贵为非盟总部所在地，城市面积很大，但基础设施建设却非常落后，更没有现代化的公共交通系统。第一条轻轨的建设，其重要意义不言而喻。我所从事的清关工作，其中最关键的环节就是到埃塞各相关单位对修建轻轨所用的进口设备进行申报，以获得免税通关许可。在一个落后的第三世界国家，没有电子数据库，也没有统一的政府办公大楼，一单设备的审批周期往往需要一个月甚至更久。还好我有谭师傅，在那里的数百个日子里，我每天都抱着一堆A4纸飞驰在亚的斯亚贝巴各条没有名字的路上。业主公司、监理办公室、政府部门、机场码头、海关堆场、设备仓库、项目现场……无论在城市郊区的任何角落，甚至连警察都不清楚的地址，谭师傅却总能在神奇的穿街走巷之后把我顺利送到目的地，仿佛整个埃塞就没有他找不到的地方。就这样，在谭师傅的帮助下，我们以创埃塞中资企业纪录的速度完成了轻轨42辆机车和全线34千米的设施设备的清关工作，为轻轨的顺利开通提供了重要保障。在第一辆轻轨列车运抵车辆段时，从来没有见过火车的谭师傅兴奋地带着他的两个孩子，和轻轨车辆留下了一张珍贵的合影。

在我回国之前，谭师傅邀请我去他家做客，他的妻子拿出家里最好的咖啡来招待我，香气很快就溢满了那间20多平方米的屋子。房间不大，但是非常整洁。在靠近窗户边的墙上，有一张汉语拼音学习图引起了我的注意。"这是买来给我儿子的。"谭师傅有些不好意思地说，"我只会开汽车，但我想让他学中文，长大后去中国留学，和那些轻轨司机一样，学成归来之后开火车！"小男孩害羞地躲在父亲身后，眼神里却藏不住对中国的好奇和向往。

埃塞轻轨的开通，彻底改变了这座曾经以毛驴为主要交通工具的城市，让埃塞俄比亚在非洲率先跨入了"现代城市轨道交通"新时代。仿佛一夜之间，中国速度闯入这群似乎被现代文明遗忘在农牧社会的人们，打破了他们原本的生活节奏。清晨6点的亚的斯亚贝巴，睡懒觉的人少了，搭乘轻轨第一班车去干活的人多了起来；夜里10点，车站旁卖烤牛肉的商家还亮着灯，等待最后一趟车上下来的顾客。随着基础设施建设的逐步完善，各行各业也迎来了巨大的商机。埃塞俄比亚，这个被联合国认定为世界上最不发达的国家，如今正搭乘着中国技术，在中国文化的影响下飞速向前。

相知无远近，万里尚为邻。谭师傅的中国梦，只是埃塞人民成千上万个美好愿望中的一个缩影，但这颗中非友谊的种子，将伴随着"一带一路"的引领，伴随着中铁二院的海外事业，散播到更为辽阔的土地，在更多的非洲人民心里生根发芽……

谭师傅带着两个孩子与轻轨车辆合照

我不会忘记

李 欣

有一天,我在西南交通大学里踢球,拼抢时不慎绊倒了一名黑人小伙。在伸手拉他起来的瞬间,我仔细看了看他,突然有一种久违的亲切感。他的肤色呈巧克力色,区别于一般黑人小伙的黝黑,五官形态也有一种特别的熟悉。我莫名念出了一句"萨拉姆喏",用埃塞俄比亚的语言向他问了一句好,他很快也用当地语言回应了我,带着一点点的惊喜。球赛结束后我跟他说,我曾去到他的故土,度过好几年的时光。他给了我一个拥抱,我们道别,相约下次有机会再一起锻炼。

作者在默克莱的生活照

这就好像我和埃塞的故事，初见时我们素昧平生，离别时相约再会。

我不会忘记，第一次到达埃塞时充满期待的心情。那天我有点感冒，到达项目部之后支撑不住又睡了一会儿。梦里不知身是客，一觉醒来，换了天地。这里的面孔，这里的话语，这里的音乐，这里的风俗，有种如梦似幻的新奇趣味。

作者和中铁二院的同事们露宿野外进行勘察

我不会忘记，亚的斯亚贝巴的传奇故事：王后喜欢这个地方，在这里的温泉旁建立了一座房子。国王孟尼利克二世后来迁都于此，并按照妻子意愿命名它为"鲜花盛开之地"。

我不会忘记，默克莱的黄昏。这是一座美好的小城，也曾作为一个王国的首都，街道虽然不宽，但是干净整洁，连步行道都是石板铺就。街道上几乎从来看不到争吵，人们脸上常挂着温和的笑容，当地员工在领薪金的时候从不争多嫌少，只有一声谢谢。一名在这里工作了数年的同胞这样描绘默克莱——"这里任何外国人都可以在夜晚单独出行，不必担心安全问题。"

我不会忘记，阿瓦什的狂野。我们平日的工作需要经常穿越这里的国家自然公园，野鸡、羚羊、狐狸等野生动物随处可见，甚至偶尔还能看见花豹等珍稀动物。只要看到这些可爱的生灵和广袤的草原，工作的压力顿时一扫而空。

我不会忘记，项目部的笑声。有中国厨师为我们保障后勤，有方便的网络可以和国内联系，有丰富多彩的文化活动供我们消遣，尽管乡愁一直存在，但也并非无处疏解。这里有异域的风景、美丽的故事、神奇的传说和友善的朋友，这里的日子简单而充满欢乐。

我依然记得，埃塞俄比亚现场的业余生活没有国内缤纷多彩，聚会应酬也少了很多，但也正因如此，我们拥有了安享读书的宝贵时光。

我依然记得，作为一名地质人员，第一次遇见新不良地质熔岩空腔和地裂缝时的兴奋，白天跟同事一起勘察现场，晚上熬夜画图写报告，丝毫不觉得辛苦，大家相互开着玩笑："忙起来就不想家。"

我依然记得，亚吉铁路开通那天的振奋，就像看着自己含辛茹苦养育的孩子终

亚吉铁路通车庆典现场

于长大成人、有所成就。我依然记得，在全线最难桥梁——阿瓦什河连续梁桥头，中方代表向业主方介绍："This east-west railway bridge bridges Sino-Ethiopian friendship.（一桥飞跨东西，共建中埃友谊。）"我抑制不住的自豪与激动。

埃塞俄比亚是我们曾经奋斗、战斗过的地方；那里有崭新的挑战和我引以为豪的事业。每当夜幕来临的时候，我都会想起那里的山河、那里的草木、那里的朋友以及在那里发生的点点滴滴，这些温暖的回忆成为我生命里宝贵的精神财富，激励我不懈奋斗、勇敢前行！

筑梦非洲

唐 林

第一次接触非洲是在上高中的时候。从一本杂志上，我了解到乌干达的干旱和饥荒，图片上有一骨瘦如柴的黑人小孩趴在地里找着什么，地里一片荒芜，庄稼颗粒无收，他的眼神里充满着绝望和无助。那个时候，我印象中的非洲炎热干旱、贫穷落后。

第二次比较近距离地了解非洲是在大学的校园里。有一个非洲国家的留学生，操着一口并不流利的普通话，经常与他的同班同学愉快地谈论着他对未来美好生活的憧憬，表达着自己将来要学成归国建设国家的愿望。从那时开始，我觉得非洲也是充满希望的，那里的人民也在努力改变现状。

最深入地了解非洲是在参加工作之后。2010年10月，我参加了亚吉铁路勘察设计项目。那时候，我的心情是复杂的：一方面因为女儿刚出生半年，我希望有多一些的时间能陪伴她；另一方面则是工作的需要，中铁二院的海外项目正由"借船出海"向"造船出海"转变，我的内心有一个强烈的声音在说："去看看你印象中的非洲吧，去为那里的发展增添一份动力和希望吧！"

于是，在匆忙整理完行李后，经过长达13个小时的长途飞行，在我走下飞机旋梯踏上非洲土地的那一刻，我的"非洲之旅"开始了。

（一）

埃塞俄比亚是一个高原国家，旱季天气晴好，天空蔚蓝，空气清新，早晚略凉；而到了雨季，一天不知道下几场雨才会收场，很像中国江南的梅雨季节，淅淅沥沥总也下不完。首都亚的斯亚贝巴城市里的房屋普遍是低矮的楼房或铁皮房，很少有十层以上的建筑。城市边缘地带牛羊满街跑，随处可见各种动物粪便，排水沟渠里生活污水乱排

阿达玛（Adama）和城外的英吉拉

乱放。大街上的车辆多是20世纪80年代从其他国家淘汰来的废弃车辆，车辆表面锈迹斑斑，一脚油门下去汽车尾部会喷出一股带有浓烈的刺激性气味的浓烟。

埃塞人仿佛是天生的乐观主义者，他们脸上时刻都洋溢着微笑。他们热情开朗又友好，见到中国人便会说上一句："CHINA，GOOD！"埃塞人对待工作的态度真是特别，对上下班的时间意识特别强。只要一到下班时间，他们都会选择下班，不管给他多少加班工资都不行，即使他口袋里没几个钱。埃塞人懂得休闲，稍微有钱的喜欢约上几个朋友在咖啡馆聊天，一坐或许小半天就过去了；没钱的埃塞人也可以找个马路边儿，几个人或坐或站地晒着太阳，谈论着家长里短，饿了花几比尔买上几片面包将就着充饥，便又过了悠闲的一天。

埃塞农村则是另外一幅景象。他们的地里种满了苔麸，雨季时播种，个把月后满山遍野绿油油的，就像大草原一样，到了旱季便是满地金黄，等待收割。埃塞农村没有中国式的农家小院，只有一间约20平方米的浅圆桶状的茅屋，一家老小都住在那里面。他们还会养上几只羊或者毛驴，毛驴是他们的主要劳动力。埃塞人不善肩挑背扛，主要靠毛驴来帮他们驮重物。埃塞人从来不吃毛驴肉，他们认为毛驴是上帝派来帮助他们的，岂敢违背上帝旨意？

埃塞虽然号称东非水塔，但是在首都及埃塞东部仍然非常缺水。农村妇女一天最主要的工作就是赶着毛驴到几千米外的水井去排队取水，基本上一整天的时间都耗在了这上面。埃塞农村的交通工具还非常原始，道路也多是泥土路面，雨季一到便泥泞不堪，马车已经是这里最"豪华"的配置，可以适应全地形。

（二）

埃塞俄比亚是非洲大陆政局较为稳定的国家，没有战争，安全状况较好，但是国民持枪合法，一般多为牧民持枪，主要为保护自己的牲畜免受野兽袭击。而在埃塞东南部的索马里州一带，存在反政府武装组织索马里青年党，他们长期与政府对抗。在我们项目开展前夕，中石油在索马里州的一个项目就遭遇了索马里青年党的破坏。有鉴于此，亚吉铁路项目部高度重视员工的人身安全，并聘请国防军为野外勘察工作提供安全协助。

有一次，在集团公司副总工带队赴现场踏勘回程之时，在阿姆哈拉州与奥罗米亚州交接处的一个村庄边上，几个埃塞男孩把衣服放在马路边，站在路中间挥舞着手臂，想要把我们最后的一辆车拦下来。司机减速开到他们旁边，男孩本能地向侧面让了一下，就是这一减速和一让身，让司机看清楚了这几个人的身份，说时迟那时快，司机狠狠地踩了一脚油门让车迅速驶离了他们，我们从车后窗玻璃看到这几个人跑到地上掀开路边的衣服，拿起枪对着我们汽车尾部，幸好这时车速已起来了，不一会儿便远离了这几个歹徒。要不是司机抓住这一瞬间的机会，后果不堪设想！

初测阶段的地勘工作让我对亚吉铁路现场的安全状况有了最真实的了解。这里野兽出没，充满非洲高原的狂野，我们在工作中曾与野狗、鳄鱼、狮子、猎豹等野兽相遇，危险随时存在。

有一次，在阿达玛城附近的一个钻探现场，夜幕降临，野狗们开始活跃起来，到处寻找食物。一群野狗来到钻机工人的帐篷前发出嗷嗷的叫声，那声音在寂静的夜里弥漫着一股浸入骨髓的恐怖，帐篷内的人全都屏气凝神，生怕这群野狗会把帐篷撕咬

我有护卫相伴　　何惧鳄鱼横行

开。万幸的是，野狗们最终离开了帐篷。为安全起见，项目部及时调整了驻地工作方式，改为就地宾馆居住。

还有一次，在阿瓦什国家森林公园一带勘察时，我们和当地安保军人一起去放孔。到了丛林深处，突然一阵阵狮吼声从不远处传来，大家都感觉毛骨悚然，空气仿佛都凝固了，本地安保赶紧催促我们离开此地，在完成现场工作后我们迅速撤离了现场。除此之外，工人们在野外测量作业时还远远地看见过狮子在漫步，感觉危险随时都在我们周围，我们的工作成了游击战，工作的同时还需要提防野兽的突然袭击。此外，火山湖和阿瓦什河中的鳄鱼以及偏远地区的猎豹等，都是野外工作中常见的客人。好在大家以礼相待，人与自然和谐共生，最终顺利地完成了野外勘察作业。

（三）

勘察现场的工作比起首都的生活要枯燥乏味得多。在阿达玛租住的宾馆内，由于中国技术人员和工人较多，房间严重不足，我们就把从国内运送过来的简易单人床放在房间内，这样一个房间就可以住上4~5人。然而在经过一天劳累之后，晚上房间里经常鼾声四起，像我这种易惊醒的人，每天晚上都不知道要数多少只羊才能入睡。

驻点现场的伙食基本上都是每天四大样：西红柿炒蛋、四季豆、土豆烧牛肉和莲白菜。只有到了中国传统节日的时候，我们才能加上点"好菜"，比如猪肉、鱼肉和羊肉等，毕竟驻地的食物种类有限，再加上烹饪调料的短缺，做出来的菜品可算是"减肥绝佳套餐"。

在阿瓦什勘察驻点，我们必须克服中午超过40℃的高温，这里虽说是宾馆，但却没有空调，而且经常停水停电。一旦停水，宾馆工作人员便想方设法到附近的军营从阿瓦什河里抽上一车水拉到宾馆来使用。阿瓦什河里的水比较浑浊，用桶接满一桶水静置一段时间后，桶底便是一层厚厚的泥，只能用上面稍微清澈一点儿的水去洗脸刷牙。想要洗一次酣畅淋漓的热水澡那是不可能的，能在不断水的条件下洗一次凉水澡已是相当幸福之事。平时更多的就是用毛巾打湿水拧干后擦拭一下身体，以让自己仍然能保持一个讲卫生的绅士形象。

在国外待久了，难免会想家。项目部从国内带来了一部网络电话，充上一些费用后利用埃塞本地网络建立起与国内的联系，以解决国际长途昂贵的费用问题。埃塞与中国有5个小时的时差，于是早上的时间便是网络电话使用的高峰期。虽然通话质量不好，还时不时地断线，但是只要能知道家人一切安好的消息，便是我们最大的欣慰，一天的工作也便充满了干劲。

为埃塞经济的腾飞插上翅膀

（四）

  亚吉铁路是埃塞人民的一条希望之路、致富之路，是当地经济的腾飞之路。它将弥补埃塞作为内陆国家没有港口的先天缺陷，与规划中的埃塞—苏丹铁路一起作为埃塞东西向的经济大动脉，为埃塞经济的发展提供源源不断的动力。这条铁路承载着埃塞人民的希望与梦想，是中埃友谊的又一次升华，更是"一带一路"倡议早期的重要示范性工程，其重要意义不言而喻。而我们的工作就是要铸造优秀工程，严格把控质量关，在平常工作中消灭掉所有的质量安全隐患。

  在Asebot的一个铁路桥梁施工现场，由于钻探设备的限制，在取芯时岩芯采取率比起国内同等条件下差了不少，取芯率得不到保障，地层中所夹卵石便"多"了起来，以致于造成了定名的误差，致使桥梁墩台地质条件"变好"。到了施工时，施工方通知我去现场验基，看到旋挖钻提取出来的土样与设计差别很大，我判定桥梁设计桩长严重不足，存在极大的安全隐患。而这时，施工方告知我此墩在通知我验基前已有两根桩完成灌注，如果再增加桩长，势必会造成工作量的报废。在勒令施工方停止施工后，我们会同桥梁专业及时修改了变更设计文件，及时采取措施避免可能发生的质量问题。

  亚吉铁路项目建设的五年时间，是见证中埃友谊之路延伸的五年，也是我们挥洒汗水、奉献青春的五年，是讲述中铁二院人舍小家为大家、奋勇开拓海外事业的五年。我们相信，亚吉铁路的全线通车，必将为埃塞经济的腾飞插上强有力的翅膀！

我的"黑色记忆"

甄大勇

一提到黑色,我们通常会联想到恐怖与痛苦,而我的"黑色记忆"是一段愉快的、难以忘记的美好回忆。因为故事发生在代表黑色皮肤的遥远非洲,发生在埃塞俄比亚首都亚的斯亚贝巴至吉布提铁路(亚吉铁路)穿越的黑土地上,所以我用黑色来记忆那段时光。

兴奋的第一次

没想到人生第一次出国是因公,更没想到是去遥远的、令无数人向往的非洲。谈到非洲,首先浮现在脑海中的是赵忠祥老师那极富感染力的磁性嗓音,把我们带到东非大裂谷一望无际的草原上,看着无数的野生动物奔跑跳跃着。接着给人的印象就是原始、荒凉的自然环境;贫穷、饥饿的生存环境;病毒、暴力的社会环境。因为工作必须得去,因为向往必须要去。经过紧张而有序的准备后,2010年11月初,我所在的地勘院物探所一行10人,带着保证按时完成任务的决心,怀着对神秘非洲的向往,踏上了这片"原始"的土地。

非洲初印象

人生第一次出国,兴奋之情始终贯穿整个行程。虽然在北京和迪拜两次转机,从白天飞到黑夜,再从黑夜飞到天明,但大家都好奇于航空公司的地域特色,惊叹于迪拜机场的奢华,全然忘记了长途飞行的疲惫。走出机场,前往项目部的路上,车窗外的画面像放映电影一样向后飞驰,这应该是对埃塞俄比亚首都亚的斯亚贝巴的最初的直观印象:低矮的建筑、破旧的房屋、呛鼻的尾气、玩耍的儿童……算不上视觉的冲击,因为在出国之前已经从亚吉铁路项目的其他人员那里拷贝了照片和相关资料，在脑海中有了最初的烙印，只是当现实如此贴合同事们的描述的时候，还是不免产生了一些失落。有人喜欢拿年代做比喻，说埃塞俄比亚的现状和20世纪70、80年代的中国差不多。在等待仪器报关的那几天，我们进城采购工作需要的电缆、电池等配件，再次加深了我对这个国家落后的印象。作为非洲联盟总部所在地，没有多少现代化的建筑，更不要说高楼大厦了；悠闲的人群或躺或趴在草地上、空地上，享受阳光；街道上行驶着旧日系汽车，真是印证了那句著名的广告词"有路就有丰田车"；空气中弥漫着刺鼻的尾气和浓烈的尿臊味；路边上成群结队的儿童一起玩耍……看得出来，天真活泼的孩子们是快乐的，而我对于非洲的最初印象却不那么美好。

零距离接触埃塞俄比亚

埃塞俄比亚联邦民主共和国，简称埃塞俄比亚或埃塞，位于非洲东北部，东与吉布提、索马里毗邻，西同苏丹、南苏丹交界，南与肯尼亚接壤，北接厄立特里亚，高原占全国面积的2/3，平均海拔3 000米，素有"非洲屋脊"之称，首都是亚的斯亚贝巴。埃塞俄比亚具有三千年文明史，官方语言为阿姆哈拉语。

物探先行

亚吉铁路起于埃塞俄比亚首都亚的斯亚贝巴，止于吉布提，线路穿越大量灌木林和无人区。按照传统的地勘模式，要先进行地质调绘，然后布置大量的钻探和物探进行验证。但是由于埃塞国内缺少性能优越的钻机，哪怕是普通的钻机都很难找，国内运过来的钻机满足不了大量钻探工作量的需求，加之沿线多为无人区，如果钻探人员长期驻守在野外，需要完备的后勤保障，同时存在野生动物攻击和可能遭遇抢劫等安全隐患。因此，项目部决定采取物探工作先行的勘探思路，充分利用物探方法效率高、速度快、成本低、机动灵活的特点，在物探工作发现地下构造发育的地方再施以钻探进行验证。物探所在国内接到亚吉铁路勘探任务之初，单位领导高度重视，精心选拔、科学组织，选调10人成立亚吉铁路物探勘探小组，携带多种仪器设备，可开展电法、地震、管线探测、测井等方法进行物探。到达现场后，经过初期大量的对比实验和参数调整，最终确定了以对称四极直流电测深法为主，地震折射波法为辅的物探工作模式，该模式在亚吉铁路地勘工作中发挥了极大的效能，创造了极高的经济效益，也为以后的国外项目地勘工作起到了示范作用。

物探——为埃塞地质情况做"CT扫描"

  物探属于外业工作，需要在野外采集数据，室内进行分析和处理，我们有时间和机会近距离接触和了解当地的文化及风土人情。交流是最好的沟通和学习过程。埃塞俄比亚官方语言为阿姆哈拉语，但工作中通用的语言却是英语，但只有受过良好教育的人才会使用。项目部的翻译有中国人和当地人，中国翻译主要负责对公业务的中英文翻译，当地人主要是负责外业小组的现场翻译，他们懂一些中文和英文。说实话，当地人的翻译除了几位曾在中国留学、后在当地孔子学院教书的老师外，其他人的翻译水平很一般。物探工作中需要聘请一些村民搬运电缆线和埋设电极，基本上都是不懂英语的当地人，为了能够与他们简单地交流，提高工作效率，物探小组购买了阿姆哈拉语教材，从最简单也是电法勘探中用得最多的数字开始学习，到工作中常用的高频词，最后到生活常用语。大家利用空余时间学习，抓住工作时间练习，到最后工作结束的时候，不仅工作上的用词，连简单的购物、就餐都可以用阿姆哈拉语来交流，时隔九年，我至今仍记着大量的阿姆哈拉语词汇，例如buna（咖啡）、wuha（水）、hisabo（结账）、na（招呼女生过来）……

  我理解了不同文化背景下人们的生活和消费习惯，非洲人民追求自由，乐观，坚强。当你看到各种野生动物漫步在辽阔的大草原，你会发现人和自然可以如此和谐；当你看到信徒亲吻一切和神灵有关的物品，抑或是经过教堂时在胸口画十字，你会发现信仰的力量是那样的强大；当你在野外工作，看到背枪的牧民走过来的时候，你主动向他微笑，他也会善意地向你微笑；当你看到马路边或者山路上不停奔跑着的运动员时，你发现长跑优异成绩的取得，其实是艰苦环境下刻苦训练的结果；当你看到星期天很多商店关门、礼拜仪式过后亲朋好友一起聚会的时候，你会发现受西方思想影响的人民特别懂得享受生活；当你看到有足球比赛或者长跑比赛的直播时，酒吧挤满欢庆的人群的时候，你会发现体育在他们的生活中那样的重要；而当你坐在咖啡馆，手捧咖啡，静下心来，你会感受到贫困的非洲，也在接受新事物、新思想，努力发展自己的经济，所以才有了亚吉铁路、亚的斯亚贝巴轻轨、北部铁路和糖厂公路等基础设施建设项目的启动。

中埃友谊绵远流长

两次埃塞俄比亚的工作经历让我结识了很多新朋友，有两位非常值得感谢。一位是当地翻译，他有个非常好听的中国名字叫无双，之前在天津留学，后回到埃塞俄比亚孔子学院当老师，兼职翻译。因为他会熟练地讲英语和汉语，在工作上非常专业和敬业。工作之余，他耐心地教我学习阿姆哈拉语。正是通过与无双的深入交流，我才对埃塞俄比亚有了更全面和细致的了解，才有兴趣去认识和探索这个国家。另一位朋友是司机丹尼尔，个子不高，黝黑的皮肤却有着意大利混血的特征，棱角分明的脸庞，大大的眼睛，长翘的睫毛，言语并不多。因为是司机，和我们在一起的时间也会比较长。中国人的胃还是更习惯消化中餐，有时外出一起吃中国菜，他只要一份菜，很有礼貌地坐在旁边餐桌吃，看着他别扭地握着筷子，半天夹不起来；吃到带辣椒的菜品时，吐着舌头不停地喊"HOT、HOT"，我们都忍俊不禁。有一次野外工作时，我和另外一个同事在前面找里程桩，需要经过一个小村子，他便主动陪我们找，顺便充当翻译。就在我们靠近村庄时，一只大狗冲了过来，开始三个人都在极力地跺脚吓唬它，可是这狗一点也不示弱，继续狂吠着奔过来，我和同事感觉不妙，转身就跑。这时丹尼尔并没有跑，他挡在那里，张开双臂，用声音和动作驱赶着狗，不幸的是丹尼尔为了保护我们而被狗咬到了小腿，后来在送医院治疗的时候我还问他为什么不跑，他说我们平时对他很好，我们是朋友，所以他要保护我们。谢谢你，丹尼尔！

2010年12月，我们在亚的斯亚贝巴举办了中铁二院埃塞俄比亚项目部2011年新年晚会，我很荣幸地担任了晚会的主持人，亲眼见证了共同为亚吉铁路工作的中埃两国员工的互动交流和彼此之间的友谊，也祝中埃两国友谊地久天长。

中铁二院埃塞俄比亚项目部2011年新年晚会

"一带一路"深得民心

  两次埃塞之行，前后历时半年多，走进非洲，近距离接触埃塞，感触颇多，收获颇丰。我迷上了浓郁的咖啡香，并不断地学习咖啡文化；习惯了像当地人一样用右手抓起一块主食"英吉拉"裹着食物送入口中，时常怀念微酸的"英吉拉"味道；我对学习外语产生了浓厚的兴趣，目前我负责老挝项目，空余时间学习老挝语也让我更深入了解老挝文化，更有利于项目管理；我对出国旅游产生了浓烈的兴趣，所谓百闻不如一见，只有自己的所见所闻所感最真实；我对专业学习有了更强劲的动力，物探工作在亚吉铁路建设中发挥了重要作用，在当前中国"一带一路"倡议下，更多国家需要基础设施尤其是铁路建设，我们将有更多的机会去发挥专业优势，建功"一带一路"。

  2016年10月5日上午9时，由中铁二院承担主要规划设计的非洲第一条跨境现代电气化铁路——亚的斯亚贝巴至吉布提铁路正式建成通车。这条被誉为"新时期的坦赞铁路"和"通向未来的生命线"的铁路，是中非优势产能合作的示范项目，也是中非"三网一化"合作的早期收获，更是"一带一路"倡议的标志性成果。作为亚吉铁路建设的亲历者、参与者，我倍感荣幸，为中铁二院"走出去"取得成功而骄傲，为人类命运共同体和"一带一路"倡议而自豪。

我与阿牛的故事

孙大力

"狗镇"其实并不叫狗镇，它是距埃塞俄比亚首都亚的斯亚贝巴550千米的一个小镇，Gilgel Beles，我们亲切地称之为"狗镇"。当我们坐了将近15个小时的汽车从亚的斯亚贝巴赶到这里，拖着疲惫的身躯和行李下车的时候，我们便开始了埃塞项目建设的漫长征途。

漫长征途的起点——"狗镇"

"狗镇"的生活平静而单调，白天镇上几乎看不到几个人，有时停水停电可达几周之久，手机网络信号全无，真正的与世隔绝。但当地人并不觉得乏味，可能他们习惯了祖祖辈辈住在这里，他们的梦想就是能到距离"狗镇"大概40千米的名叫Chagne（沙泥）的小镇生活。每当天气很好的时候，我们总会结伴而行，爬上一个不知名的小山坡，俯瞰小镇全貌，欣赏美丽的晚霞。金色的阳光洒落在我们身上，犹如上帝恩赐的金光一样，我们就这样静静地沐浴在温和的阳光下，褪去一天工作后的疲惫，闭着眼睛，呼吸着夹带泥土芳香的空气，享受着内心的宁静。

阿牛，19岁，埃塞俄比亚人，"狗镇"的师范学院地理专业大一的学生，长得黑黑瘦瘦的，黑得让你甚至看不出他害羞时的脸红。阿牛在我们住的旅店兼职门卫、保洁、修理工、服务生等。阿牛原本不叫阿牛，至于他叫什么，他老板叫他曼纽，他自己介绍叫Amanuel，根据谐音，我们叫他阿牛。他的梦想是毕业后能找到一份教师的职业，拿一个月1 000比尔（约合人民币250元）的薪酬，而现在，他一个月的零工也不过只有300比尔的收入。

　　阿牛熟悉当地风土人情和采买渠道，我们总是请阿牛为我们购买所需物资，他也总能找到地方，买到我们需要的物品，偶尔我们也会把找回来的零钱给他作为小费。晚上夜谈的时候，阿牛专注地听着，偶尔也默记着一些词语，但对于当时的他来说，也许仅仅是好奇罢了，就像我们每到一个国家去旅游，也会学点当地的一些方言俗语一样，并不是为了交流，仅仅是为了好玩罢了。未曾想到，阿牛的这一无心之举，对他的人生产生了深远的影响。

　　随着时间的推移，阿牛也慢慢能听懂我们说的几个比较简单的词语，由最初的"你好"到"我能为你做什么""你需要什么帮助"。与此同时，在我们夜谈的时候，阿牛也会在我们说话间歇来点"啊""对""是的""好的"等应和的词，总有那么几个附和能在节奏上跟得准，让我们觉得他好像听懂了似的，引得我们纷纷为他点赞。但让阿牛真正下决心认真学习汉语是在某日夜谈，我们无意中聊起了Waggari的故事。Waggari是我们项目部的一位翻译，他精通汉语、英语和阿姆哈拉语（Amharic language，埃塞俄比亚官方语言），因此很受中资企业的青睐，当然他的薪水自然高了，毕竟"物以稀为贵"。Waggari算是"当地人中的高级白领"，阿牛说他很羡慕Waggari的薪水。为了激励阿牛，我告诉他："If you could learn Chinese, you can also get a job as him and earn as much money as his. You can also walk out the village, go to Addis Abeba and see the other side of the hill."从此以后，阿牛更加热爱汉语学习，不再把学习当成一项游戏，而是一个能实现的梦想。为了更好地与当地人沟通，我也萌发了学习阿姆哈拉语的热情，毕竟语言是沟通的桥梁，掌握了当地语言才能更好地和埃塞俄比亚官方进行沟通，更好地促进项目推进。

宁静的"狗镇"清晨

为了学语言，我和阿牛较上了劲儿，先从最简单的单词学起，诸如"你好、再见、谢谢、不用谢"等。我还花"重金"（100比尔）购入了3本阿姆哈拉语学习辅导教材，颇有不达目的誓不休之势。阿牛也不甘示弱，专门为了汉语学习买了一个本子，随时都记录着和我们的谈话内容。

对于语言，最好的学习方法就是融入环境里面，最好的老师就是本地人。于是乎，关于阿姆哈拉语，阿牛当仁不让地当起了我的语言老师。每天晚上，互为师徒的我和阿牛就边念边写，互帮互助，还时不时传出爽朗的笑声。学习语言为我在埃塞项目辛苦而枯燥的生活增添了一些鲜活的乐趣。

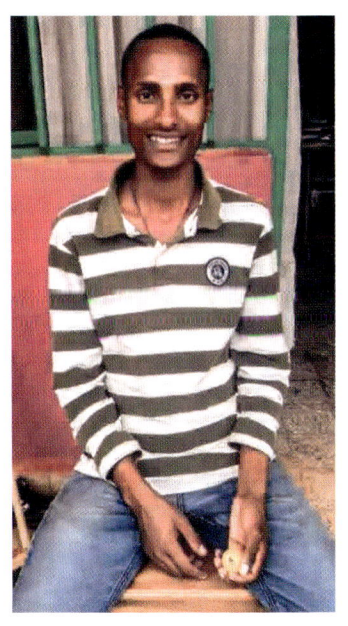

阿牛

日复一日，掌握的单词和语句也越来越多。每天清晨7点钟左右，我就操着大嗓门在走廊上开始练习语言，那种感觉仿佛又回到了十年前的晨读，回到了逐渐褪色的青春回忆之中。

后来，我教阿牛汉语歌曲，还专门给他手机里拷贝了这首歌曲。为此，阿牛经常在干活的时候，嘴里哼哼有词。大家还曾经一度怀疑这是不是他特有的碎碎念。直到在其中一位同事离开"狗镇"回国之前的欢送会上，阿牛说要给同事一个饯行礼物。随着音乐节奏，阿牛字正腔圆的歌声响起，还伴着埃塞人与生俱来优雅的舞姿。音毕，随之而来的就是大家热烈的掌声和惊讶的欢呼声！这也许对于同事来说是最有意义的一次"狗镇"欢送会吧。

随着项目的临近尾声，驻守现场的人员也日益减少，阿牛的汉语水平也突飞猛进，日常对话、生活用语已可以直接用普通话甚至四川话进行交流。至于发送短信，也由最初的英文变成了拼音。在离开"狗镇"之前，我们为阿牛做的最后一件事情就是帮助他注册了QQ和微信，以方便今后的联系。后来，每每在中国传统新年佳节之际，我们都会收到来自那遥远的非洲大陆、来自我们的非洲兄弟阿牛的问候，让我们不甚惊喜。

再见阿牛，已经是在两年以后的沃勒德亚至默克莱（Weldia—Mekelle）铁路项目，而地点也从那个小小的村落"狗镇"变成了埃塞俄比亚第二大城市默克莱。阿牛从师范学院毕业成为中交建设集团的一名埃塞方施工组组长，薪水也由他曾经盼望的每月1 000比尔增加到以前想都不敢想的6 000比尔。而当时埃塞俄比亚最好的一所大学，亚的斯亚贝巴大学应届毕业生的平均月薪在3 000比尔左右。阿牛也因为自己的努力而一跃成了"狗镇"的"高富帅",正如他的中文名字一样,勤恳憨厚、厉害如牛。在寒暄期间,除了谈谈家长里短,阿牛还无数次发自内心地感谢能在"狗镇"遇见我们,让他知道外面的世界是多么美好,感谢我们教会了他汉语,从而彻底改变了他的生活状态。阿牛还告诉我们,他的下一个梦想就是到中国北京看看,到成都尝尝火锅,去领略一下"山的彼端,海的彼岸"。

"狗镇"这段岁月,给我们每一位曾经在这里奋斗过的年轻工程师留下了难以磨灭的深刻记忆。并不仅仅是认识了阿牛,更重要的是,能在这样艰苦的条件下,大家情同兄弟,苦中作乐,这不仅仅是一种行为,更是一种心态。在"一带一路"建设非洲铁路项目的过程中,我们与当地人进行了深度的语言、文化的交流与融合,我们在建设铁路的同时也建立起了我们与埃塞的友谊,我们所带去的不仅仅是钢筋水泥的铁轨,更是对美好生活的期许。

就像偶尔,当我们仰望星空,思绪飘逸的时候,内心深处呐喊的声音一样:"我为能在这样的团队感到幸运,因为我们都有着一颗年轻的心,一颗追逐梦想的心,一颗充满友爱的心。"

项目启动仪式

埃塞送图记

王晓江

我偶尔会回忆起那段在埃塞俄比亚参与亚吉铁路建设工作的往事,在那片热土开心地工作和生活,特别是野外勘察和下雨天与同事一起抓草龟、打野鸭野兔、围捉珍珠鸡的点点滴滴,至今依然历历在目。有时候我还会不经意间就想起与项目部同事、埃塞当地员工下班后一起去默克莱酒吧喝酒的夜晚,忘不了在那片贫瘠荒芜的沙漠上体验像三毛《撒哈拉的故事》里写的那段原始的单纯的生活。

那是2010年9月下旬的一天,我正准备利用年假时间去埃及旅游,签证都办好了,院领导突然说亚吉铁路目前工作非常紧张,希望我能从国内运送两大箱图纸到埃塞俄比亚首都亚的斯亚贝巴。

接到任务后,我开始有些失落,毕竟埃及之旅策划了那么久、等待了那么久,家人早就已经开始憧憬那个古老的文明古国,如今一切的计划就被打乱了。但工作永远是第一位,我开始着手办理签证等各项手续。9月23日,我带着两箱重达70千克的图纸赶往机场,一路上我都忐忑不安,一个弱女子,带着这么重的东西,我能对付得了吗?果不其然,刚到机场我就遇到麻烦。因行李严重超重,根据限重规定,每超重1千克得多交100多元,那是一个巨额数字。我正在踌躇之间,站在我后面的一位小伙子对我说:"你是去埃塞吗?我也是。我的行李很少,可以帮你带一部分。"我听完后内心十分感激。后来在交谈中我才知道他是中交集团的一位员工,恰好此时到埃塞出差。他帮我托运了一部分行李,为公司节约了3 000多元。

几经折腾,我终于登上了前往亚的斯亚贝巴的飞机,向着广袤的非洲大陆进发。

飞机在飞行中,窗外渐渐暗了下来,人们逐渐进入梦乡。不知过了多久,机舱突然颠簸起来,很多乘客惊恐失色,相互安慰。我也有几分惊惧,对未知的旅程充满了不安。好在几分钟后,飞机在飞行员的驾驭下最终趋于平稳,大家虚惊一场,又再次进入了梦乡。

经过10多个小时的飞行,天已蒙蒙亮,窗外云端渐渐泛红,非洲大陆依稀可见!随着太阳的升起,飞机缓缓下降,黑色的土地、墨绿色的丛林、细长的道路、零星的房屋映入眼帘,这就是雨季中的埃塞俄比亚!

当飞机降落在亚的斯亚贝巴博莱国际机场时,已是9月24日5点35分,我第一次踏上了非洲的土地!下飞机填写入境卡时,机场的工作人员居然用生硬的汉语说:"你好!"虽然只是简简单单的两个字,却让我感觉很亲切、很温暖,在地球的另一端听到汉语,那种感觉无以言喻,也就在那一瞬间,我突然意识到汉语才是这个星球上最动听的语言,因此我也礼貌地回了一句:"你好!"

在走出机场的那一刻,我看到的是蓝天白云、青山绿水,置身其中,心旷神怡。

出了机场门口,看见接机的同事举着一块硕大的牌子,上面写着我的名字,那一刻,我才真正放松下来。埃塞司机Jimen帮我把行李和图纸搬上车,大约半个小时的车程后我们抵达了项目部驻地,图纸终于安全交到他们手中,10几个小时的旅途劳顿和紧张焦虑此刻也烟消云散了……

国际培训之光 点亮"一带一路"

燕菲菲 陈 永

2013年，第一次到埃塞俄比亚时，作为非洲唯一一个没有被殖民过的国家，民众强大的民族自尊心、国家自豪感和浓厚的历史宗教氛围，是我对这个国家最深刻的印象。四年之后，我重返此地，埃塞俄比亚俨然呈现出一幅"东非小中国"的模样，处处彰显着"中国印象"：位于首都亚的斯亚贝巴的非盟总部大楼；从阿达玛到亚的斯亚贝巴的埃塞首条高速公路；横穿首都的埃塞乃至非洲大陆第一条城市轻轨；非洲第一条全线采用中国电气化铁路标准建设的现代电气化铁路亚吉铁路……这些由中国全方位参与的大型工程，无不折射出中国在助推当地经济社会发展方面付出的努力。

被外界喻为"中国通"的埃塞前总统穆拉图·特肖梅，在接受中国媒体记者联合采访时曾说："中国在埃塞的投资涵盖了制造业、建筑业、农业、服装、汽车组装等多个领域。如今，在包括基础设施、能源和电信等关系埃塞国计民生的几乎所有重大项目中，都能看到中国公司的影子。"互相信任、互相理解、互相尊重，是中埃双边关系的基础，科技合作与人才交流是两国深度合作的桥梁和纽带。从事国际教育培训多年，我有幸看到"一带一路"倡议给埃塞带来的机遇，"中国印象"不仅体现在基础设施上，也停留在人们心中。

特肖米·艾西特·贝德鲁现任埃塞亚吉铁路公司的首席运营总监，也是中铁二院的老朋友。2014年，他第一次来到中铁二院，参加"非洲英语国家综合交通管理研修班"，那时亚吉铁路正在如火如荼的建设中。特肖米深知学习的机会不易，不论在上课还是参观考察时，都结合工作中遇到的难题，与授课老师们深入沟通，寻求解决方案。培训回国之后，特肖米立即投身于亚吉铁路建设，将所学的知识切实运用于工作实践。在中铁二院的培训经历不仅让特肖米在铁路建设和运营管理方面收获了新的知识，也让他的职务有了快速的晋升。2018年，应中铁二院邀请，特肖米参加"铁路建设技术国际培训班"。第二次来到二院，特肖米感到熟悉而亲切。培训期间，他参与了

《中国城轨》纪录片的拍摄。"亚的斯亚贝巴轻轨项目对我们的改变是无法用言语形容的,它让我们进入了'现代城市轨道交通'新时代,感谢亚的斯亚贝巴轻轨项目的设计者——中铁二院。"特肖米在纪录片摄制组接受采访时,难掩心中的激动:"感谢中国政府,中埃亲如兄弟一家,目前埃塞俄比亚正处于快速发展阶段,如果没有中国政府的帮助,就没有埃塞俄比亚的今天。"

作者与斯勒西·卡萨·则纳贝在埃塞俄比亚重逢

在中铁二院参加过培训的众多埃塞官员中,还有一位令我尤其印象深刻。斯勒西·卡萨·则纳贝是"2017年铁路建设国际培训班"的一位学员,那时他是埃塞铁路公司在建铁路项目经理。斯勒西非常乐观开朗,脸上总是洋溢着满足的笑容。他在培训班进行理论学习的同时,还到成都东客站、成渝高铁、中车资阳公司、中铁轨道交通产业园和中铁二院数字化制图实验室等地现场考察学习,并与现场的技术人员进行交流。乘坐在速度300千米/小时的高铁上,斯勒西兴奋地立起了硬币,他边说边指给我们看:"这是中国高铁发展的速度,也是中国现代化发展速度,希望这一天在我们国家可以尽快到来。"在理念、技术、实践等全方位的教授中,斯勒西和其他学员们系统地了解了中国经济社会发展情况,尤其是铁路建设技术方面的巨大成就,接受学术大师的前沿理念,对提高他们的铁路建设能力和水平起到了重要的促进作用。回国之后,斯勒西很快被任命为埃塞铁路公司CEO助理,他是众多通过在二院参加培训,运用所学知识推动工作并助力自己国家铁路发展的学员之一。这些难得的培训经历,在参训学员身上都留下了弥足珍贵的"中国印象"。

在过去的十年中,通过大力推进适合本国特色的工业化进程,埃塞成为世界上经济增长速度最快的国家之一,年经济增长速度超过10%。目前埃塞90%以上的铁路和城市轻轨、公路、全国的通信网络以及重要的水电站、工业园等,均由中国企业承建或参建。在铁路建设方面,埃塞迫切需要大量铁路规划设计及运营维护方面的管理和技术人才,由于埃塞目前没有专门面向铁路的职业培训学院,建设一所铁道学院不仅可为其培养专业化人才,还可为非洲大陆的其他国家提供铁路运营、管理等多方面智力支撑。为此,援埃塞铁道学院项目应运而生,它是中国援助埃塞俄比亚的成套项目,是中国政府帮助埃塞建立铁路人才培养体系的重要载体。该项目最初由中铁二院结合埃塞铁路现状及发展规划提出建议，同时由中铁二院负责铁道学院初步设计和施工阶段的项目管理工作。

如果说，将埃塞官员"请进来"参加培训，是建立埃塞与中国铁路合作的纽带，那么建立埃塞铁道学院，则是带领中国先进经验"走出去"，是由点及面，为埃塞综合交通基础设施规划建设和人才培养体系建立贡献力量，全面推动埃塞轨道交通工程发展。

参与援埃塞铁道学院项目，是我2017年再次赴埃的主要工作。行走在亚的斯亚贝巴的大街小巷，时不时就能听到当地人友善地用汉语打招呼说"你好"，随处可以买到《中国日报》，接收到中国中央电视台的节目，特别是在博莱国际机场附近的中国人聚居区，中国人、中国超市和中国品牌更是随处可见。无处不在的中国元素映射出近年来中埃密切交流与合作的成效日益显现。

在商谈援埃塞铁道学院项目的过程中，我见到了代表埃塞铁路公司向中铁二院发来感谢信的副总裁阿比·格塔丘。他亲切地表示，从2012年至今，中铁二院连续六年为埃塞培养了大批技术骨干和管理精英，为埃塞铁路人才建设和铁路发展做出了突出贡献。他感慨地说："中国有句谚语是'授人以鱼不如授人以渔'，中国提出的'一带一路'倡议包括援埃塞铁道学院项目，都是遵循着这条古老谚语的精神。它提供给我们工具、方法，而不仅仅是金钱和短期的利益，我们将从中获得长远的益处。"

作者与埃塞俄比亚铁路公司副总裁阿比·格塔丘

在埃塞，我们还回访了部分在中铁二院参训过的学员，受到了他们的热情接待，他们业已成为当地铁路建设和运营管理领域的中坚力量。我非常开心并有幸看到，埃塞友人们通过培训学习到中国先进实用的铁路技术，并见证这些技术被付诸实践，惠及埃塞的铁路及社会发展。他们当中有的在学习汉语，有的在为中国技术、中国标准"代言"，不管通过怎样的方式，相信中国的种子已根植于他们心中。埃塞俄比亚拥有三千年未间断的历史，一直沿用自己独特的历法、语言和文字，面对历史上数次汹涌的殖民主义和侵略浪潮，他们始终保持着民族独立。在如此充满民族自豪感的国民心中，能够表现出对中国的深切信赖与认可，足以说明中埃双边关系和两国人民友好感情已凝聚升华，坚不可摧。

作者与埃塞俄比亚参培官员们相聚

"设计未来 创造历史"是中铁二院的企业文化定位；"授人以渔 服务全球"是中铁二院延伸主业、践行国际培训的理念和追求。在不胜枚举的国际培训事例中，埃塞故事只是其中的一个缩影。作为一名企业员工，每当我看到二院将经年累积的铁路建设成果和经验无私地与其他国家交流分享，为当地轨道交通做出实实在在的贡献时，我就会感到无比的骄傲与自豪，也更加坚定了投身于国际教育培训事业的信心和决心。

基础设施互联互通是"一带一路"建设的优先领域。依托"中国高铁"这张中国制造新名片开展国际培训，尤其是作为中国对外援助重要组成部分的援外培训，我们不仅重视推动产品、技术出海，推动"中国标准"走出去，更加注重帮助兄弟国家培训培养急需人才，助力其经济社会的发展。以埃塞俄比亚为典范，中铁二院通过国际培训培养了一大批熟悉、精通"中国标准"的海外用户，最终推进我国与"一带一路"共建国家的基础设施合作，让"中国印象"为世界各国的发展增光添色，让共同繁荣、共同发展的美好愿景化为现实，照亮远方……

2012 年的春天

王雪颖

"有句中国谚语说'授人以鱼不如授人以渔',所以我认为学会'钓鱼'对于埃塞俄比亚的工程师来说非常重要。我们感谢中国工程师的慷慨。我们热爱你们,因为你们毫不吝啬、毫不藏私地传授技术。"埃塞俄比亚时任总理海尔马里亚姆于2017年5月访问中铁二院时动情地说。这是中埃两国友谊的最好诠释,是对中铁二院品牌形象的高度认可,更是对中铁二院国际教育培训工作的由衷赞誉。

当然,作为埃塞俄比亚国际教育培训项目组的一员,能够得到外国元首的肯定和赞美,也是对我们辛勤付出的回报和激励。

岁月的指针拨回到2012年,那是一个春天。来自埃塞俄比亚铁路公司、埃塞俄比亚教育部和亚的斯亚贝巴大学的27名留学生作为埃塞俄比亚铁路高层次来华留学生培训班的学员,顺利抵达成都,开启为期一年的培训学习生活。该项目由中铁二院和西南交通大学联合实施,西南交通大学负责学员的理论课程培训,中铁二院负责埃塞学员的实习实训、参观考察、日常起居、管理协调和安全保障。

当时,中铁二院国际教育培训中心刚刚成立,这次培训项目也成为培训中心的头号项目,受到了各方面的广泛关注。

王凯是培训中心为数不多的"老同志",他主动承担了项目负责人的工作:"初生牛犊不怕虎,我一定会干得漂漂亮亮的。"这位"老同志"虽然面露喜色,却难掩内心的紧张焦虑。在接到任务的当天晚上,他说他失眠了。

第二天一大早,他就赶到办公室开始撰写工作计划、流程和注意事项。"以前搞地质跋山涉水填断面都没这么紧张过。"他笑着说道。确实,这个项目是中铁二院历史上第一次大规模长时间执行的外部人员培训项目,语言关是个障碍,项目组人手又十分紧缺,而且安全方面更是出不得半点差池。此后的一年时间里,为了让埃塞学员学有所得,让培训效果和质量得到有效提升,王凯和埃塞培训班的班长泽盖(Tsegaye)协商

埃塞学员暑期实训

学员在都江堰合影留念

后确定了周例会制度，每周五下午与埃塞学员沟通教学方法、课程安排以及日常生活等问题，并记录整理形成书面材料提交西南交通大学国际处落实解决，他俨然成了学员与学校之间的"连心桥"。

到了2012年夏天，烈日当空。埃塞学员放暑假了，理论学习告一段落，这意味着王凯负责的实习实训、参观考察活动开始了。他的背包就像百宝箱一样，鼓鼓囊囊地装着学员护照以及藿香正气水、人丹、云南白药等应急药品，手机也成了"热线电话"，经常响个不停，"有事找王凯"成了埃塞学员的口头禅。实训期间，王凯又变成了"活地图"，成绵乐工地、成灌铁路、成都地铁、成都北编组站、绵阳牵引变电所、成都动车所、资阳机车厂、青城山都江堰……这一路都留下了他们的足迹和汗水。

尽管脸上写满疲惫，但是王凯心头的那根安全弦一直紧绷着。可是意外总会不期而至，来自埃塞俄比亚铁路公司（ERC）的学员玛斯瑞肖（Masreshaw）生病住院了，因为中国的医疗及付费制度与埃塞俄比亚不同，中国保险公司的医疗理赔规定需要当事人先行垫付医疗费用，玛斯瑞肖向王凯表达了他的困惑与不满，王凯二话不说，立即垫付了两千元住院预付金。接下来的时间，他与学校、医院、保险公司多方沟通协调，费用终于报了下来，学员也康复出院，他这才长吁了一口气。玛斯瑞肖紧紧握着王凯的手，连说了好几次"Thank you very much！"这段小插曲也意外开启了玛斯瑞肖和王凯长达六年的友谊，他们至今还保持着联络。

落叶纷纷，那是2012年的秋天。在埃塞俄比亚学员来蓉学习的这段时间，恰逢中铁二院举办建院60周年庆典，王凯灵光一现，"如果在院庆晚会上请他们跳一支民族舞该有多好啊！"在与埃塞学员沟通后，他们欣然接受了这个提议。经过认真练舞、彩排、购置服装，这支具有异域风情的舞蹈作为压轴戏，呈现在观众面前，为整场晚会添上了浓墨重彩的一笔。当学员们手持"我爱中国，我爱二院"这几个字出现的时候，会场响起了雷鸣般的掌声，这支舞蹈强有力地展现了中铁二院海外发展战略的成果。

光阴似箭，转眼就是冬天。这批埃塞学员顺利毕业，即将学成归国。班长泽盖在北京国际机场与前来送机的王凯紧紧拥抱，动情地说："You are a very good man！"这句话，王凯现在还时常想起，心里总是美滋滋的。

埃塞学员在中铁二院院庆60周年庆典晚会上载歌载舞

2015年9月，习近平主席在访问联合国总部时宣布，在未来五年，中国将向其他发展中国家提供12万个来华培训和15万个奖学金名额，并培养50万名职业技术人员。至此，中铁二院国际教育培训的大门越开越大，前来参培的学员数量也越来越多。慢慢地，有些记忆被时光淹没，交还给了岁月；有些故事被季节遗忘，预支给了流年。虽然桃李芬芳满天下，但埃塞学员的成都往事，任凭时间的流淌，在王凯心里始终是如此的鲜活和清晰。

2017年，中铁二院采用中国标准设计的非洲第一条跨境现代电气化铁路——亚吉铁路正式建成通车。活动现场，沃多法·萨姆森·贝克勒（Wordofa Samson Bekele）、阿法拉萨·塞拉莱姆·他得赛（Afrasa Zelalem Tadesse）、科贝德·科夫亚卢·贝莱斯特（Kebede Kefyalew Belesti）……一张张熟悉的面孔，让王凯感慨万千。

六年后的今天，中铁二院国际教育培训硕果累累，培训学员已基本覆盖共建"一带一路"国家和地区。培训中心的荣誉墙上，珍藏着历年来所有培训班学员的合照，每张照片背后都有一段珍贵的独家记忆，每一段记忆里，王凯和外籍学员的成都往事还在不断上演。

正因为有一大批像王凯一样的"老同志"，秉承中铁二院"勇于跨越、追求卓越"的企业精神，在各条战线上勤耕耘、甘奉献，在平凡的工作岗位上迎难而上、默默付出，用泪水和汗水为广大青年职工树立了榜样，将"不畏艰难、无私奉献"的工作态度和敬业精神传承了下来。他们的故事是历史的佐证、是前进的动力，更是无数后来者最宝贵的精神财富。

我们，将继续接棒前行！

中埃友谊之树亭亭如盖

魏春予

习近平主席指出："国之交在于民相亲，民相亲在于心相通。""一带一路"要行稳致远，离不开"民心相通"的支撑和保障，更需要实施好"增进民心相通"这项基础性工程。

自"一带一路"倡议提出以来，围绕增进民心相通这一目标，中国与"一带一路"共建国家开展了领域广泛、内容丰富、形式多样的人文交流与合作。通过一系列项目和活动的实施，"一带一路"共建国家民众增进了了解、深化了友谊，也更加理解和支持"一带一路"建设。中铁二院创造性地开展国际教育培训，正是与此深度契合。

（一）

非洲，这片地球上最野性的土地上，演绎了人类与自然共生共融的独特魅力，而位于非洲东北部的埃塞俄比亚更是如此。

"我们是非洲唯一一个没有被殖民过的国家，这就是我们感到自豪的原因。你一定要到埃塞来看看，一定要来找我。"结业典礼上，亚的斯亚贝巴道路管理局主管本特雷姆·海卢·雷加萨这样对我说。

这是我第一次深入接触埃塞俄比亚的官员，到现在我还记得她眼里绽放的光芒，那是发自内心的自豪。

研修班的课时通常只有3周，我们的相处也只有短短21天。但在这21天里，他们每个人都化身为行走的埃塞俄比亚博物馆，我们也扮演着中国百科知识全书的角色，大家尽力展现中埃两国厚重的文化积淀，希望对彼此的国家有更多的了解。

最好的外交不是刻板地展示文化、宣扬利益，而是真正让每个人都能丰富情感、体会人文。很难相信，我会通过这样一种最活灵活现、最触动人心的方式了解一个国家。当然，这是一个漫长且需要耐心的过程，而国际教育培训恰恰为这样的交流提供了足够的时间和空间。

（二）

2017年5月20日是个难忘的日子。这一天，埃塞俄比亚时任总理海尔马里亚姆亲临中铁二院参观访问。培训中心的青年员工王越作为代表，为总理献上了代表中埃友谊的鲜花。

那天王越早早地来到了中铁二院北广场，与当天参加迎宾活动的同事一起进行全流程演练。这是她第一次参加如此高规格的外事接待，心情非常激动，但更多的是责任和压力。

献花环节虽然在迎宾仪式中只占不到一分钟的时间，但需要准备的礼宾步骤却有颇多讲究，不容半点差池。

在做好充分准备后，海尔马里亚姆总理及夫人的座驾准时到达了迎宾区。伴随着热烈的欢呼声，王越跟随中国中铁股份有限公司董事长李长进的步伐走向了这位最尊贵的客人。中国中铁党委书记、董事长李长进迎上前去与总理握手，互致问候。按照外交礼仪，王越缓步上前，一边将鲜花送到总理手中，一边热情地说："Welcome to CREEC！"总理阁下笑盈盈地接过鲜花后，非常绅士并礼貌地点头致谢。

在随后的友好会谈中，海尔马里亚姆专门对中铁二院为埃塞俄比亚所做的教育培训工作表示感谢。他说："我们感谢中国工程师的慷慨。我们热爱你们，因为你们毫不吝啬、毫不藏私地传授技术！"

（三）

俗话说："万丈高楼平地起。"培训中心自成立之初就与埃塞结缘。2012年，埃塞俄比亚铁路高层次来华留学生培训班在成都举办，27名学员来华参加了为期一年的培训。期间，大家一起交流学习，传授技术，可谓亦师亦友。在中铁二院建院60周年庆典晚会上，埃塞学员与二院青年共同表演了一场具有埃塞民族特色的舞蹈，表达了"我爱中国，我爱二院"的真情实感。

时至今日，中铁二院与埃塞俄比亚的联系从未间断。2014年非洲英语国家综合交通管理研修班、2015年中国铁路建设技术国际培训班、2016年铁路建设技术国际培训班、2017年非洲英语国家综合交通管理官员研修班、2018年非洲英语国家综合交通管理官员研修班……每年都有很多埃塞俄比亚学员的身影出现在中铁二院。

自"一带一路"倡议全面实施以来，伴随着中国高端装备制造企业"走出去"、国际产能合作以及沿线国家大量基础设施建设，中国高铁作为中国最靓丽的外交名片，服务于"互联互通"，沿着古丝绸之路驶向世界。中铁二院作为设计咨询行业领军企业，在抓好勘察设计主业"走出去"的同时，开创性地在工程类国际教育援外培训领域进行了大胆尝试和有益探索。中铁二院依托商务部和科技部官员研修班，大力开展国际援外培训，从而搭建从政府部门到学术机构、从公司企业到员工个人的沟通桥梁，同时增进不同国家学员之间的友谊，进而在培训中孵化项目，在项目中学习技术，从"以人为本"的角度助推中国企业"走出去"，做到真正的"民心相通"。

2018年9月3日，非洲班全体学员在中铁二院总部花园里种下了一棵象征友谊的红叶李。仪式结束后，埃塞俄比亚官员特意来到当时海尔马里亚姆总理种下的桂树前合影留念，笑着说等回国以后要把这张照片分享给大家看，"这可是总理种下的树！"

是啊！庭有桂花树，今已亭亭如盖矣。正如中埃友谊，枝繁叶茂，四季常青！

第四章 你好，中国

I also believe every man, every enterprise, even every country, if want to achieve greater success, diligence, hard-working, dedication, selflessness are some basic elements to hold. In my eye, CREEC is a good example which moves in the right track. Wish a good and prosperous future for CREEC.

And long live the Sino- Ethiopian Friendship.

—— Kebede Abera

同时我相信，每一个人、每一个企业、甚至每一个国家，如果想要获得更大成功，那么勤奋、努力、奉献、无私都是应具备的基本要素。在我眼里，中铁二院就是一个极好的例子。祝愿中铁二院前景美好！

并祝愿中埃两国友谊长存！

—— 凯贝德·阿贝拉

CREEC in My Eye

Consul General of The Federal Democratic Republic of Ethiopia in Chongqing
Kebede Abera

    CREEC, an outstanding engineering design institute, whenever I see or think of the name of CREEC, from the bottom of my heart, come the sincere recognition and appreciation toward CREEC. To southwest china, CREEC serves as a bridge between Ethiopia and Southwest Cooperation. Indode Industrial and Logistic City designed by CREEC could be a project which improves the whole national manufacturing composition, elevating Ethiopia's econmoy to a new level. On the other hand, to me, CREEC is more like a reliable old friend, whenever our consulate office or myself is in need of any help, CREEC always serves as the first one to offer assistance.

    Before I came to China, CREEC is already a well-known infrastructure design institute in Ethiopia. The first electrified high speed rail in East Africa, Addis-Djibouti was under construction while I was working in the Ministry of Foreign Affairs. Since this railway serves as our economy lifeline, the design and construction attracted tremendous media coverage. CREEC, the designer of Addis-Djibouti was at that time coming to public also to me. We knew from TVs, Radios, Newspaper, what great job CREEC has done to make a gorgeous project. Especially how they make changes to original design and lower the operation speed from 160 km/h to 120km/h with reasonable construction cost.

    If the Addis-Djibouti is at national strategy level, then the Addis City Light Rail is more approachable for ordinary people. Addis is a city with more than 5 million people. In the past, public transportation system overwhelmingly lies on minibus. With the expansion of city and development of economy, it has been difficult for ordinary people to travel from one corner of the city to other parts especially during the rush hour. The completion of light rail not only introduced to Addis the modern transportation but also greatly alter the life style of capital residents. More and more people prefer to use light rail to get to recreational bars, shopping centers in late afternoon or even in the evening. It is the light rail which injects new vitality to the Addis city.

    My attachment with CREEC is enhanced for Indode projects after I came to China. Over the past 3 and half years' service as consul general, Indode Logistic and Industrial City has always been my primary work target. It is the most wonderful experience for me to witness the development of Indode from concept paper to a feasible project proposal which

我眼中的"中铁二院"

埃塞俄比亚联邦民主共和国驻重庆总领事
凯贝德·阿贝拉

中铁二院,一家优秀的工程设计单位。每当我看到亦或是想到"中铁二院"这个名字的时候,便油然生出起对这家企业的认可和赞许之情。中铁二院是中国西南部与埃塞俄比亚合作的桥梁。由中铁二院设计的因多德工业物流园区项目优化了全国制造业的整体结构,使埃塞俄比亚的经济发展上升到一个全新的高度。而另一方面,于我而言,中铁二院更像是一位可靠的老朋友,每当我们的领事馆或我本人需要帮助,中铁二院总是第一个站出来帮忙。

在我来中国之前,中铁二院已经是埃塞俄比亚境内一家知名的基础设施设计单位。我在外交部工作时,东非第一条电气化高速铁路——亚的斯亚贝巴—吉布提铁路正在建设中。由于是我国的经济命脉,这条铁路线从设计到施工都吸引了大量媒体报道。中铁二院就是在那个时候作为设计方走进公众和我的视野。我们通过电视、收音机,报纸了解到中铁二院为了打造一个出色的工程所付出的巨大努力。尤其是如何变更原来的设计,以及在造价合理的基础上将运行速度从160千米/小时降低到120千米/小时。

如果对普通大众来说,亚的斯亚贝巴—吉布提铁路处于国家战略层面,那么亚的斯亚贝巴轻轨则更亲民。亚的斯亚贝巴人口超过500万。过去,公共运输系统主要依赖小型公共汽车。随着城市扩张和经济发展,人们已经很难从城市的一个角落穿行到其他地方,特别是在交通高峰期。轻轨的建成不仅为亚的斯亚贝巴带来了现代交通方式,还极大地改变了首都居民的生活方式。越来越多的人喜欢在下午晚些时候甚至夜晚乘坐轻轨前往娱乐酒吧或购物中心。是轻轨,为这座城市注入了新的活力。

来到中国后,由于因多德项目,我与中铁二院的联系得以加强。在过去三年半里,作为总领事,因多德物流工业园项目始终是我的主要工作目标。我见证了因多德项目的发展,从概念性文件到一份已经被一些埃塞俄比亚官员认可的可行性项目建议提案,

is already accepted by some Ethiopian officials. As a core coordinator between CREEC and Ethiopian government, I remembered how many times, by joint efforts, we discussed and improved the project blueprint, how many times we received high level officials include ex-PM, H.E. Hailemariam, ex- Ambassordors, H.E Seyoum, H.E Berhane to explain the conception of Indode, how many times we made international call to follow the status or even to push local Ethiopian officials. At this stage, Indode is already the a new city development proposal covering an area of 140 square km, with more than 80 million people living in , offering jobs to 1.2 million people. Whenever I work for Indode related affairs, I could not help myself thinking how great changes it will bring to Ethiopia. I believe once Indode was implemented, it will function as the manufacturing engine for the whole country. The whole images of Ethiopian industry will also be elevated to a new phase.

My life was already closed attached with Indode, with CREEC, no matter in future I work in Ethiopia or somewhere else, I'd like to continue to offer restless endeavor to contribute to this magnificent project. CREEC is not only active in infrastructure design and related work. After years of working in Ethiopia, based on accumulated understanding of our country, CREEC is trying to contribute to Ethiopian development from various aspects. The railway academy is a great showcase. After the completion of Addis-Djibouti railway, Ethiopia needs to have their owner technical staff for later operation and maintenance. However, previously, there do not exist any dedicated institute who could offer systematic railway engineering training. It is by CREEC who for first time propose to our government the construction of Ethiopia Railway Academy. This project could contain more than 1 000 students, 150 teaching staff, equipped with practicing railway line, bridges, tunnles. With a high starting level, I could say this railway proposal laid a solid foundation for our railway industry.

Two Lakes One Mountain is another innovative project developed by CREEC based on local condition. As known to all, Ethiopia is a beautiful country with rich tourist resources. The site of Two Mountains One Lake by its self is a beautiful place, but before no one would think of taking a tour visit or imagine one day it could turn into a tourist attraction, for lack of tourism infrastructure and systematic tourist planning. Because of the different insight of CREEC which see through the great potential of Two Mountain One Lake, this place could have a chance to become a world –class recreational site. By cooperation with CREEC on this project, I believe Ethiopian tourism authority would gain precious tourism development experience also.

Finally I'd like to express my heartfelt thanks to my old friends in CREEC, Mr Zhu Ying, Mr Jin Xuhui, Mr Zeng Deli, Mr Shi Lei, Mr Yang Tongqing etc. They are the most reliable work partners and at the same time true friends I met during my stay in China. Every time when I made communication with them I could feel they are really thinking about how to contribute to the renaissance of Ethiopia. It is a kind of great love far beyond the pursuit of profit. I also believe every man, every enterprise, even every country, if want to achieve greater success, diligence, hard-working, dedication, selflessness are some basic elements to hold. In my eye, CREEC is a good example which moves in the right track. Wish a good and prosperous future for CREEC.

And long live the Sino- Ethiopian Friendship.

这个经历对我来说特别美妙。作为中铁二院和埃塞俄比亚政府之间的核心协调人，我记得我们多次共同努力，探讨和完善项目蓝图；多次收到来自包括前总理海尔马里亚姆、前大使塞尤姆和贝尔哈恩在内的高级官员对因多德概念的解释说明；以及我们多次通过跨国通话对项目情况进行追踪，甚至敦促埃塞俄比亚当地官员推动项目进展。现阶段，因多德项目已经是一个新城市规划方案，占地140平方千米，拥有超过8 000万居住人口，并提供120万个就业岗位。每当我接触到与因多德项目有关的事务时，我都禁不住想象它将给埃塞俄比亚带来多么巨大的变化。我相信，一旦项目实施，它将成为整个国家的制造引擎。埃塞俄比亚工业的整体形象也将提升至一个新的阶段。我的生活已经与因多德项目、与中铁二院紧密相连。无论将来我是在埃塞俄比亚或其他地方工作，我都将继续为这个宏伟项目全力以赴。

中铁二院积极从事的不仅仅是基础设施设计和有关的业务。中铁二院在埃塞俄比亚工作数年，基于对我国所积累的了解，正尝试从各个方面为埃塞俄比亚发展做出贡献。铁路学院就是一个极好的示例。亚的斯亚贝巴—吉布提铁路项目竣工后，埃塞俄比亚需要有自己的技术人员，以便日后运营和维护。然而，在此之前，埃方并没有任何专门机构可以提供系统的铁路工程培训。还是中铁二院首次向我国政府提议建设埃塞俄比亚铁路学院。该项目包含1 000多名学生，150名教员，并配备实践铁路线、桥梁、隧道等。可以说，这个高起点铁路提案为我国的铁路行业奠定了坚实的基础。

"两湖一山"是由中铁二院因地制宜开发的另一个创新项目。世人皆知，埃塞俄比亚是一个旅游资源丰富的美丽国度。两湖一山遗址本是一个美丽的地方，但此前由于缺乏旅游基础设施和系统的旅游规划，没有人想过到那里去旅游，或是想象有一天那里会变成一个旅游景点。多亏了中铁二院与众不同的见解，透过两湖一山的巨大潜力，发现这个地方有机会变成世界一流的休闲场所。我相信，通过与中铁二院的合作，埃塞俄比亚旅游局也将从中获得宝贵的旅游发展经验。

最后，我想借此对中铁二院的朱颖先生、金旭炜先生、曾德礼先生、石磊先生、杨同庆先生等老朋友表达衷心的感谢。他们是我在华期间最可靠的工作伙伴，同时也是我真正的朋友。每次同他们交谈，我都能感受到他们是真的在思考如何为埃塞俄比亚的复兴努力。这种伟大情谊远超过对利润的追求。同时我相信，每一个人、每一个企业、甚至每一个国家，如果想要获得更大成功，那么勤奋、努力、奉献、无私都是应具备的基本要素。在我眼里，中铁二院就是一个极好的例子。祝愿中铁二院前景美好！

并祝愿中埃两国友谊长存！

The 8 Years We Spent Together

Deputy CEO of Ethiopian Railways Corporation
Mandela

As the design team for Addis Abeba–Djibouti Railway, CREEC arrived in Ethiopia in 2010 when I, an ordinary employee of Ethiopian Railways Corporation (ERC), started dealing with CREEC designers about the railway construction. Since then, I have grown from an employee and Project Manager of ERC into its Deputy CEO. Your team and I together witnessed the survey, design, construction and operation of this railway during more than eight years.

The 752.7km long Addis Abeba–Djibouti Railway is the longest cross-border electrified railway on the African continent. Its opening cuts the land transport time from Ethiopia to Djibouti to over ten hours from one week, greatly facilitating the transport of passengers and goods. Since becoming operational, the railway has not only transported large amounts of goods and passengers, but also special and vital chemical fertilizers, disaster relief provisions and refugees.

During the survey and design of Addis Abeba–Djibouti Railway, the design team from CREEC brought China's high-level railway design philosophy and methods to support the project advancement through proper design. In addition to the design team's design capacity, its dedication to work, frequent overtime and good communication skills impressed me more. What I admire most is the team's hard work and bravery. In order to select the optimal proposal for the railway, they often went into "no man's land" where even the locals were unwilling to go.

As the design team, CREEC not only finished design tasks with high quality, but trained a number of high-level technical and management personnel. Many of my current colleagues received advanced training at CREEC, Chengdu, China. These colleagues are already backbones of ERC and will be, I believe, vital to future development of Ethiopian railways.

Guided by the idea of leveraging the Addis Abeba-Djibouti Railway and developing a better rail network of Ethiopia, CREEC is working with ERC to advance a host of projects, including adjustment to planned Ethiopian rail network, planning of INDODE international logistics city and planning of tourist area along the railway. This gives me more confidence in the future development of Ethiopian railways.

I look forward to deeper cooperation in more areas between CREEC and ERC.

我们一起走过的八年

埃塞俄比亚铁路公司副总裁
曼德拉

2010年，中铁二院作为埃塞俄比亚至吉布提铁路的设计团队来到了埃塞，我作为埃塞铁路公司一名普通员工就开始围绕亚吉铁路的建成与中铁二院设计师们打交道。我个人也从埃塞俄比亚铁路公司的员工、项目经理，成长为埃塞俄比亚铁路公司的副总裁，我和你们的团队共同见证了亚吉铁路从勘察设计到建设和运营的八年变迁。

亚吉铁路全长752.7千米，是非洲大陆距离最长的跨国电气化铁路，它的开通让埃塞俄比亚至吉布提的陆路交通运输时间从原来的一周缩短到十几个小时，为旅客出行和货物运输提供了极大便利。运营以来，亚吉铁路不仅承担了大量的货物运输和旅客运输任务，更承担了化肥、援助救灾粮、人员流动等特殊且重要的运输任务。

来自中铁二院的设计团队，在亚吉铁路的勘察设计过程中，为我们带来了中国高水平的铁路设计理念和设计方法，通过科学合理的设计，为亚吉铁路项目提供了推进的保障。除了设计能力，给我印象更深的是设计团队的工作精神、经常性的加班、良好的沟通能力。让我最敬佩的是设计团队不辞辛劳，更不怕危险的勇气，为了给亚吉铁路选择更好的设计方案，团队经常深入连埃塞本地人都不愿进入的"无人区"。

中铁二院作为设计团队，不仅高质量地完成了设计任务，更为我们培训了一批高水平的技术、管理人才，现在我的很多同事都曾经在中国、在成都、在中铁二院进修过。这一批同事，现在已经是埃塞俄比亚铁路公司的骨干，我相信他们更是埃塞俄比亚铁路事业发展的未来。

为了更好地发挥亚吉铁路的作用，推进未来埃塞俄比亚铁路网建设，中铁二院目前正在与埃塞俄比亚铁路公司开展"埃塞俄比亚铁路网规划调整""因多德国际物流工业新城规划""沿铁路两湖一山旅游区规划"和能力建设等多个项目的合作和推进，我对埃塞俄比亚未来的发展更有信心。

期待中铁二院未来与埃塞俄比亚铁路公司有更多、更深层次的合作。

Railways Contribute to Ethiopia's Economic Rise

Chief Officer Of Business Development Department Ethiopian Railways Corporation
Shewangizaw Kifle

Only for few years have I worked with personnel of CREEC though, the friendship between China and Ethiopia has been struck up in the African Independence Movements 50 years ago. Zhou Enlai, then Chinese premier, visited several African countries including Ethiopia with a delegation. Today, the long-tested bound between China and Ethiopia is growing stronger.

As the economic and political center of Africa, Ethiopia is undoubtedly a priority region for investment and construction. In all investment projects, railways are seen as an engine vital to economic development by the Ethiopian government and people.

Relying on the railway system of China that is known for their advanced development experience and higher level of construction, China's take-off in just a few decades has been witnessed by the world. It is hoped by the people in Ethiopia to learn from China's experience in economic development and put infrastructure construction in the top of the agenda for economic development.

The construction of the Addis Abeba – Djibouti Railway has provided an important lifeline for Ethiopia to connect Addis Abeba and Djibouti, it also provides the necessary conditions for reducing logistics costs and developing industries along the railway. I can even predict that there is an economic take-off ahead for Ethiopia. More importantly, my colleagues and I learned a lot from China's advanced technology and experience during the construction of the Addis Abeba–Djibouti Railway. Here, I would like to express my gratitude to everyone who is willing to impart these skills and experience selflessly.

In addition to the Addis Abeba–Djibouti Railway, China and Africa have also cooperated in a number of railway projects. The completion of these railway projects will perfect the structure and layout of the African railway network, and propel Africa's industrialization process, which will allow the children a better learning environment, and create more employment opportunities for the people, eventually bringing a qualitative leap to the economy of Africa.

铁路为埃塞的经济崛起做出贡献

埃塞俄比亚铁路公司商务发展部负责人
夏瓦吉奥·凯佛

虽然我只与中铁二院人一起工作了短短几年，但是中埃两国的友谊却可以追溯到五十年前的非洲独立运动时期。当时的中国总理周恩来率团访问包括埃塞俄比亚在内的数个非洲国家。到如今，历经了时间考验的中埃友谊越来越深厚。

不断延伸的轨道

作为非洲的一个经济和政治中心，埃塞俄比亚无疑是最被看好的国家之一。而在所有投资项目中，铁路则被埃塞俄比亚政府和民众视作经济发展的重要引擎。

中国铁路有着先进的发展经验和较高的建设水平，整个世界都见证了中国在短短几十年间依托发达的铁路系统腾飞的过程。埃塞俄比亚人民也希望能借鉴中国经济发展的经验，把基础设施建设搞好，把经济发展搞好。

亚吉铁路的建设，帮助埃塞俄比亚连接贯通首都亚的斯亚贝巴至吉布提的重要生命线，为缩减物流成本，发展铁路沿线工业和产业提供了必要的条件。我甚至可以预测，埃塞俄比亚经济将会面临一次腾飞。更重要的是，在建设亚吉铁路期间，我和我的同事学到了很多中国的先进技术和经验。在此，我非常感谢每一位愿意无私传授这些技术和经验的中国人。

除了亚吉铁路，中非还合作了很多铁路项目。这些铁路项目的建成将完善非洲铁路网的构建和布局，推动非洲工业化的进程，能为孩子提供更好的学习环境，为人民提供更多的就业机会，为整个非洲的经济带来质的变化和飞跃。

The Importance of Cooperation Between China and Ethiopia

Consultant of The Chief Executive Officer Ethiopian Railways Corporation
Manaye Ewunetu

During the construction of the Addis Abeba - Djibouti Railway, a profound friendship between my colleagues from CREEC and I has been forged. Through continuous exchange opinions and discussion in the process of the on-site geological survey, the design and planning of drawings, and the group sessions, I have learned a lot of advanced railway technologies and experience from China, which also makes me having a brand new understanding of the railway system. Railway is not just a means of transport, the industrial development along the line and the layout of industries brought about by railway is the most important purpose of the construction.

In addition to railway, the investments and assistances in Ethiopia's infrastructure construction from China not only has laid a solid foundation for Ethiopia's future economic development, but also has promoted today's double-digit annual economic growth in Ethiopia and created more than one million employment opportunities for the Ethiopian, which made an important contribution to poverty eradication.

As the model project of China-Africa cooperation, the project of Addis Abeba - Djibouti Railway provides Ethiopia and even the whole Africa with a transportation network, which can effectively promote regional cooperation and economic development and lay a solid foundation for Africa's Industrialization, urbanization and regional integration in the future.

With multiple years of working experience in Ethiopian railway system, I greatly admire the spirit and perseverance of the railway builders from China who fear neither hardship nor tired. China's model of success is precisely what Ethiopia needs to learn most now, and industrialization and regional integration are also a process that Ethiopia must go through.

I hope that the railway will promote Ethiopia's economic development at a higher level in the next decade and improve the building of a mutually beneficial partnership.

中埃合作的重要性

埃塞俄比亚铁路公司总经理顾问
曼拉耶·埃吴那图

在亚吉铁路建设过程中,我与中铁二院的同事结下了深厚的友谊。在现场地勘测量的过程中,在图纸的设计规划中,在不断的小组会谈中,通过不断的交流和讨论,我学习到了很多来自中国的先进铁路技术和经验,也让我对铁路系统有了一个新的认识。铁路不仅仅是运输的一种工具,更重要的是,由铁路带来的沿线工业开发、产业布局才是铁路建设最重要的目的。

除铁路以外,中国对埃塞俄比亚基础设施领域的投资与援建,不仅为埃塞俄比亚未来经济发展打下了坚实的基础,也成就了今天埃塞俄比亚每年超过两位数的经济增长,还为埃塞俄比亚人民创造了百万个就业机会,对脱贫工作做出了重要贡献。

亚吉铁路便是中非合作项目中的一个典范,这样的工程为埃塞俄比亚甚至整个非洲提供了一个能有效促进地区合作和经济发展的交通网络,为以后的非洲工业化城市化进程和区域一体化打下了坚实的基础。

作为一位在埃塞俄比亚铁路系统工作多年的人,我非常敬佩中国铁路人不怕苦不怕累的精神与勇于创新的品质。中国的成功模式正是埃塞俄比亚现在最需要借鉴的,工业化和区域一体化也是埃塞俄比亚必须经历的一个过程。

我希望,通过铁路能推动埃塞俄比亚未来十年更高层次的经济发展,完善互利互惠伙伴关系的建设。

My Brief Diary from Addis Abeba Light Rail Transit (LRT) Project

Chief Office, Engineering Procurement Department of Ethiopian Railways Corporation

Behailu Sintayehu Gebrie

Preamble

Ethiopia is one of the ancient countries in the world that has never been colonized. Most of nations in the world celebrate their independence days while Ethiopians celebrate their victory day of ADWA. And hence, one might find the characteristics of the Ethiopian citizens uniquely proud and self-respect.

The political and economic capital city, Addis Abeba, located with in the tropical zone enjoying full year of sunshine, is also the home of the Headquarters of the African Union and several diplomatic offices next to New York and Brussels. As it is the second largest nation in Africa and the biggest country in east Africa, either the political or the economic activities going in the country has a ripple effect throughout the region and across the continent as well.

The Ethiopian Railways Corporation (ERC) is a state owned company established back in 2007 missioned to build and operate railway lines in cities and across the country. It is a very young corporation and is composed of young engineers and professionals of most with MSc and above.

ERC and me

I have never heard of neither ERC nor new Railway projects in Ethiopia until it happens to me start looking for a new job back in august 2011. I applied in CREC head quarter at Addis Abeba for the post that they had announced on local newspaper and took an interview. I was working 400 km away from Addis in that time. The gentleman, who had interviewed me, had asked me several questions, his name was Li, and he told me they would call me soon after the top manager is informed and my results got approval from the boss.

In the meantime, The Ethiopian railways corporation had advertised four vacant posts including the post of the deputy project manager of the Addis Abeba LRT Project, which I

亚的斯亚贝巴轻轨交通亲历记

埃塞俄比亚铁路公司工程采购部办公室主任
比海卢·辛塔耶胡·盖布里

引 言

埃塞俄比亚是未曾被殖民过的世界文明古国。世界上大多数国家庆祝独立日，而埃塞却庆祝阿杜瓦（ADWA）大捷纪念日。从中可以看出埃塞国民自豪、自尊的性格特征。

首都亚的斯亚贝巴地处热带，长年日照充足，是全国政治和经济中心。同时，该市也是非盟总部和若干外交办事处所在地，在所驻国际组织总部数量上仅次于纽约和布鲁塞尔。由于埃塞是非洲第二大国和东非第一大国，国内政治或经济活动均会在整个地区和广大非洲大陆产生涟漪效应。

比海卢·辛塔耶胡·盖布里

埃塞俄比亚铁路公司（"埃塞铁路公司"）成立于2007年，是国有企业，以在国内各大城市和各地建设和运营铁路线为使命。公司非常年轻，员工也多为年轻工程师和专业人士，大多有着硕士及以上学历。

公司和我

在2011年秋，我开始寻找新工作之前，我从未听说过埃塞俄比亚铁路公司，也从未听闻过新的铁路项目。在当地报纸上看到中国中铁的招聘消息后，我到该公司位于亚的斯亚贝巴的总部应聘、面试。当时，我住的地方距离亚的斯亚贝巴400千米远。那位姓李的面试官先生问了我几个问题，然后告诉我，在知会高层经理和总经理批准聘用后，会尽快打电话通知我。

与此同时，埃塞铁路公司也发布广告招聘四个岗位，其中一个职位是亚的斯亚贝巴轻轨交通项目副经理，而我从未听过这个项目。在回工作地的途中，我申请了这个

have never heard of before. In my way back to my place of work, I had applied for the post and headed back to my work. In couple of days I received a call from a very decent lady saying through the phone that I had been selected as a shortlist to be interviewed for the post just on the next day of her call. I would only have less than a day to get back to Addis, 400km away, and attend the interview with out having a sleep since I am going to arrive at Addis exactly the next morning. It was something that I have to decide critically weather to take this opportunity heading to Addis over the night or leaving away the invitation and stayed at my place and wait until other convenient one is coming.

After half an hour, I decided to take the risk and take commode trucks, which are usually moving to Addis over the nighttime. It was nearly 4:00pm in the afternoon when we started to Addis with the truck driver telling him I don't have to miss the interview the next morning at 8:30 at Addis Abeba, letting him that I will not be happy if he plans to have a rest somewhere in the middle of the trip and make me delayed or miss the time targeted. He understood my eagerness and he was more than cooperative to drive even faster to help me have some more time for preparation or rest just before the interview time and after we arrive at Addis.

We have arrived around 6:00am at Addis and received by a very bright sunrise morning vibe. I quickly took a taxi to my cousin's home to take a shower and dress up and then rich to the ERC headquarter located at bole. Doing that all straight, I have arrived just few minutes before the beginning of the interview. A queue of Interviewees was along the corridors in front of the meeting hall at the first floor. I saw managers who seem much older and senior than me; most of them look confident and familiar with the procedures of the organization. I asked my self who does know that I came from 400 km to attend this interview and had not any sleep over the night? But I feel that I will get this job and become the first younger project manager of the Light Rail Project one of a kind in sub Saharan Africa!

I was called at a second raw as my name starts with letter "B". When my turn reaches, I got in to the hall and did the interview well. I reaffirm that my gut feeling was right that this job belongs to me regardless of the compotators situation.

Then at 12:00am, I got back to my cousin's home and have a rest to get back to my work place the next morning again. Just few minutes when I arrive at my work place the next day the same lady who had invited me for the interview told me that I have been selected to Join ERC as a deputy project manager for the LRT if I can report back in 48 hours and otherwise the second person will be contacted instead of me. Here comes the same trip process once again. Anyways I did it and joined ERC.

My Brief Story in AALRT

Before getting in to the details of the LRT project, let me tell you a coincidence. The Chinese guy who had interviewed me for recruitment, Li, came to attend a meeting in ERC and he was confused where he saw me before. During the self introduction, I introduced my self as a deputy project manager, he remains curious where did he meet me before. One of

职位，然后回去工作。几天后，我接到一个电话，来电者是一位非常庄重的女士，她说，我进入了初选名单，请我次日到公司接受面试。也即是说，在不到一天的时间里，我得赶到远在400千米外的亚的斯亚贝巴参加面试。我不眠不休才能在第二天早上赶到市里。我面临一个关键抉择：是抓住这个机会连夜赶到亚的斯亚贝巴，还是忽略这个面试邀请、留在原地等待别的合适工作机会？

建设现场

斟酌一小时后，我决定冒险一试，乘坐通常夜间前往亚的斯亚贝巴的斗柜式卡车。我们出发前往亚的斯亚贝巴时已经接近下午4点。司机告诉我，我不用担心错过亚的斯亚贝巴次日早上8:30的面试。他说，中途会停下休息，让我不要担心会耽搁我的时间导致迟到。司机明白我很心急，非常配合，提高了驾驶速度，希望尽快到达，这样在抵达市里后、面试之前，我能够有更多时间准备或休息。

我们大约在早上6点到达亚的斯亚贝巴，迎接我们是阳光灿烂的清晨气息。我快速乘出租车到我表亲家里洗澡梳妆，然后再前往埃塞铁路公司位于Bole的总部。匆忙赶到后，不到几分钟面试便开始了。在一楼会议厅前的走廊上，一长队面试者排队等候。我见到一些年纪和资历均远高于我的管理人员，他们大多显得自信十足，熟稔公司程序。我心里想着，谁知道我赶了400千米路过来面试，一夜没睡呢？但是，我有预感，我会拿下这份工作，成为撒哈拉以南非洲第一个轻轨项目的第一位年轻项目经理！

我是第二个被叫到的，因为我的名字首字母是"B"。轮到我时，我走进会议厅，漂亮地完成了面试。我确信，我的直觉是对的，这份工作会是我的，我会打败其他应聘者。

中午12:00，我回到表亲家里休息，然后隔天早上又回到我的工作地。第二天上班后几分钟，通知我面试的女士再次来电，告诉我应聘成功，我将成为埃塞铁路公司亚的斯轻轨的项目副经理，但前提是我要在48个小时内去公司报到，否则他们会转而联系第二候选人。于是，我又重复前往亚的斯亚贝巴的奔波之旅。终于，我成功进入了埃塞铁路公司。

亚的斯亚贝巴轻轨项目工作概述

在细说轻轨项目之前，容我先讲一件巧合的事。应聘时面试我的中国人李先生来

the agendas of the meeting was to arrange an office and furniture for all new ERC staffs in the CREC head quarters. So The CREC team had agreed to arrange an office at their head quarters near British embassy in Addis Abeba. When we are out of the meeting and exchanged our numbers I told him that he had interviewed me but didn't call me back again and then I become his boss. It was fun; we laughed out loud and were a point for the start of a good friend ship and cooperation since then.

In the new office set up for us in the CERC head quarters, I started studying all documents related to the LRT Project and I also do research and reading regarding the urban railway design, construction and project management aspects. I also approach the Chinese staffs of CREC to learn a lot from their experience and exposure in this area. Nearly After three months, I mastered what does this LRT mean and how should we implement it in to the ground. I wanted to be the figure of this project and I deeply wanted it to be successful in terms of effective completion time, effective budget utilization and best quality and user-friendly construction product.

At that time the project was not officially commenced. However, the contract agreement was signed between ERC and CREC back in September 2009. Feasibility studies, conceptual and preliminary designs were also part of the contract agreement. I leaned that there have to be a great deal of work in creating common platforms for introduction and integration of this project with other wider range of stockholders and utility and federal government offices of various interests.

I begin to plan the stockholders management, as that is going to be the biggest task of my team, for such an EPC contract the major responsibilities of producing the design, procuring the materials and building and the structures and other installations belongs to the contractor.

So, on January 31st 2012, the project was officially commenced following the signing of the loan agreement between the two countries. Since then, we just rushed to get lands for camp sites, quarry sites, disposal and borrow pit sites in one hand and we started fast engagement with major stockholders like the city administration offices Addis Abeba Roads Authority, Addis Abeba water and sewage authority, the master plan office etc. on the other hand. When we begin, it was very very tough to get cooperation from those and other offices as they think that Railway would take at least 15 and 20 years or even not possible to built up in our nation or in sub Saharan Africa. Many think that it is a huge project and is not realistic with the level of technology and capital available in Addis.

Nonetheless, we, restlessly, introduced what we know from the documents available such as the routs, the stations, the benefits and how possible it would be if they could cooperate at least what they can do at that point in time. We had also resistances that the Chinese would not do a quality job as a general misperception and expectation.

We could secure lands and right of way for the project day after day. There had also been tremendous supports from the mayor of the city and the federal government. By the way, we had a steering committee for the LRT project implementation chaired by the mayor

埃塞铁路公司开会，看到我后，他琢磨着以前是不是在哪里见过我。在自我介绍时，我介绍自己的身份是项目副经理，不过，他仍然很好奇以前在哪里见过我。会议议程的其中一项是在中国中铁总部为全体埃塞铁路公司新员

车站站台

工安排办公室和办公家具。于是，中铁团队同意在他们邻近英国驻埃塞大使馆的总部为我们安排办公场地。会后，在交换电话号码时，我告诉李先生，我到中铁面试时，他是面试官，但后来没再接到他的电话，现在我成了他的上司。机缘真是妙不可言。我们相视大笑，一段良好的友谊与合作关系由此开启。

在中国中铁总部为我们安排的新办公室里，我开始研读轻轨项目相关的全部文件，同时还研究和学习城市铁路设计、建设和项目管理等方面的知识。工作中，我与中国中铁的中方员工密切接触，从他们身上学到了很多这个领域的知识经验。大约三个月后，我掌握了这个轻轨项目的意义，也琢磨出我们应该怎样落实这个项目。我想成为这个项目的带头人，我深切地想要成功确保按时竣工、有效管理预算以及打造优质好用的建筑精品。

当时，项目尚未正式开工。但是，埃塞铁路公司和中国中铁早在2009年9月签订了协议。可行性分析、概念设计和初步设计等均已纳入合同。我了解到，这个项目有许多工作要做。我们需要搭建一个共享平台，方便项目介绍和统筹整合，因为该项目涉及其他股东、公用事业公司和联邦政府机构等利益相关方。

我开始计划股东管理工作，这是我们团队最大的任务。对于这样一个EPC合同，设计采购、材料采购、构筑物建造以及其他安装工程等主要职责落在承包商身上。

所以，2012年1月31日，双方签署贷款协议后，项目正式开工。在那以后，我们抓紧时间购置土地，开辟和搭建营地、采石场、处置与取土场等。另一方面，我们开始快速接触大股东，包括亚的斯亚贝巴道路管理局、亚的斯亚贝巴供水排污管理局、总体规划办等城市管理机构。刚开始的时候，与这些机构和其他政府机关合作异常艰难，因为他们认为，这条铁路至少花15到20年才能建成，甚至认为在本国或撒哈拉以南非洲地区根本不可能建成这样的项目。很多人认为，以亚的斯的技术水平和财力，要建设这样一个庞大工程是不切实际的妄想。

尽管困难重重，但我们不停地介绍从路线、站点、效益等文件中知悉的情况，并且努力说服他们，如果在当时给予配合、至少做到各自能做的事情，会有怎样的可

of the city on average every bi weekly. There was also a technical committee composed of all stockholders experts for preparation of proposals for decisions of the steering committee if not able to agree and solve issues at the technical committee office.

Few Months later, the contractor had established a project office at the very east end of the East west corridor that composes office of the ERC AALRT project office (mine and my teams offices), CREC main project office and the Employers Representative's office.

It was a very beautiful, properly furnished and standardized very economical office. In fact, I love to work in that office. I had thousands off meetings and passed thousands of decisions unilaterally, bilaterally, trilaterally and multilaterally as well.

The Project Team and Me

In the AALRTP, the major parties were my project team (including ERC), the CREC project teams and the Employers representatives' engineers. Working with Chinese was really fun and interesting. It was not only work but it was also exposure to a new and an amazing culture, friendship, performance and determination. I had the chance to closely work and be intimate with the top managers of the Chinese staff and also with site and skilled labors of them at the site level. They are all good people and hard working ones. And, if they know you are the boss, trust me you will get every of your words in real terms as soon as possible.

We generally have language problems as far as communication is concerned. However, you will join them to do acting to explain your idea or instruction and you should be cleaver in understanding their acts to demonstrate for you what they were supposed to speak if you both had known a common language. I used to enjoy this scenario when issues are not really serious or in times of having entertainment and informal discussions. But it might make you nervous when you want to pass important, critical and urgent massage and information and vise versa.

We used to have tough weekly project evaluation meetings with the consultant and the contractor. Sometimes, those meetings may get tense and seem everyone is passing under pressure. In such cases, I wonder how the Chinese try to approach and handle the situation. They usually don't like to proceed with such tense situations and they propose small circle discussions of the respective experts from all parties of top managers of all parties. By the way, this works very effectively in many of the situations we had been through during the project implantation. In other cases, when it get very tense and rough between some of the officials or experts, they would arrange a quick dinner in their camp just few meters behind our office and try to smoothen the relationships and let everyone comeback to his mood and motivation by taking time to see the difference in friendship and work matter.

On the other had, Sweroad, our representative was from Sweden, Europe. the experts are composed of several citizens. I remember some of them were from India, Sweden, Ukraine, USA and of course from Ethiopia. For me, managing all these cultural differences was a live

能。另外，鉴于对中国的普遍误解和预期，有人认为中国造不出优质工程，这也构成一大阻力。

我们可以一天天地努力拿到项目所需的土地和通行权。同时，市长和联邦政府给予了慷慨支持。顺便提一句，我们设有一个轻轨项目实施指导委员会，该委员会由市长担任主席，平均每两周举行一次会议。还设有一个由全体股东专家组成的技术委员会，负责提案编制（若无法达成一致，提交指导委员会决策）和在技术委员会办公室就地解决问题。

数月后，承包商在东西向走廊的最东端设立起项目办公室，包括埃塞铁路公司亚的斯亚贝巴轻轨交通项目办公室（我所带团队的办公场所）、中国中铁主项目办和业主代表办公室。

作者在建筑工地

这是一个非常漂亮、设施齐全、非常经济节约的标准化办公空间。我真的非常喜欢在那儿工作。在那里，我参加了几千次会议，拍板了数千项单边、双边、三边和多边决策。

项目小组和我

亚的斯亚贝巴轻轨交通项目的主要参与方包括我的项目小组（包括埃塞铁路公司）、中国中铁项目小组和业主代表的工程师。与中方共事其乐无穷。这种乐趣不仅来自于工作，还在于接触一种全新而迷人的文化、友谊、工作表现和决心。我有幸与中方员工的高层管理人员密切共事、建立亲近关系，也与工地的技术工人接触。他们都是很好的人，非常勤奋刻苦。而且，若让他们知道你是老板，相信我，你说的每句话立刻会被当真。

沟通方面，普遍存在语言问题。但是，你可以和他们一样比划，尝试解释你的想法或传达你的指示。而且，如果双方都会一种共同语言，那么你应该会游刃有余，轻松了解他们通过动作比划向你传达的意思。当问题不那么严肃时，或者在文娱和进行非正式讨论时，我常常很享受这个过程。但是，当你想要传达重要、关键和紧急的消息和信息时，这种沟通会让人着急，反之亦然。

我们经常与咨询机构和承包商举行艰难的项目评估周会。有时候，会议气氛可能会变得紧张，似乎每个人都在承受压力。在这种情况下，我好奇中方会怎样对待和处理。他们通常不喜欢在这样紧张的气氛下继续会议，他们会提议各方专家和高管进行小

experience.

During the project implementation process, we had to integrate all utilities and master plan requirements with the LRT project design and construction. Therefore, we had to approach all utility companies day after day and closely work with them from grass level up to the macro level of integration accordingly.

Since this is also an EPC type contract delivery, the construction is commenced parallel to the design production. That by itself has a challenge in convincing and creating trust among stockholders, as they are conventionally accustomed to admeasurement type of contracts.

I remember every biweekly, when the AALRTP steering committee meeting held at the mayor office, stockholders managers and experts used to call to me and my engineers if there is any thing that concerns their office to get ready before it was presented to the mayor. I always do presentations regarding the progress of the project; the status of the issues decided in previous meetings and the new challenges faced the project for the mayor and his committee member's support and decision. By the way, I also do several presentations for several bodies from different areas in and out of the country. Some of them include students, the parlama members, ministers, African union leaders, visitors from various international organizations, civic societies, journalists etc.

Regarding hosting journalists and addressing the media, it became one of the amazing experiences I had as a project manager of the AALRT project. I almost gave frequent interviews and live press conferences with all the national Radio, all Local FM radios and almost all TV stations and print media. I also had the exposure to speak through international media including The BBC (Focus on Africa), The CNN (Future Cities), Aljazeera English, CGTN (several times), Press TV, and France 24, Africa TV and others to mention but a few.

I also want to mention the time that His Excellency Mr. Li Keqiang, the Chinese premier had payed a visit to our project along with his counter part His Excellency Ato Hailemariam Desalegn, our Ex Prime Minister. It was an interesting moment meeting him and shaking his hand as he just throw a quick question to me that "How are the chines working with you?". I replied, "They are wonderful". We then attended a symbolic track laying action of both the leaders on the curve bridge at Meskel Square. The other funny part of this occasion was that my picture was viral across QQ of the Chinese social media, as Chinese colleagues told me, and when we were back to the camp the next day, many of our Chinese friends asked me to shake their hands saying that getting the chance of shaking hands with the Chinese premium is really the ultimatum for them. We had a huge fun out of that and I shake many of my Chinese friends.

I used to get under pressure when the progress of the project is slow and the traffic jam in the city especially along the LRT construction site corridor is congested. I used to drive across the site every early morning and late evening to check how bad the traffic jam would be during the peak hours of the day, especially in the city central business district area. The CREC LRT project manager and the Chief Designer of the project very understood gentlemen.

圈子讨论。在项目实施过程中，这种处理方式屡屡产生奇效。在其他情况下，部分官员或专家之间的讨论气氛紧绷而不愉快时，中方会安排在我们办公室后面仅几米远的营地快速就餐，尝试缓解各方关系，让人家花一点时间看到各方在友谊和工作处事方面的差异，等大家冷静下来，回归正常情绪和动机。

建筑工地的中埃员工

另一方面，我方代表Sweroad来自欧洲瑞典，而各方专家的公民身份也不尽相同，具体国籍包括印度、瑞典、乌克兰、美国和埃塞（本国专家当然少不了）等。对我而言，管理种种文化差异是一场生动的体验。

在项目实施过程中，我们必须要将各种公用事业设施和总体规划要求融入轻轨项目的设计与建设中。因此，我们得一天又一天地接触所有公用事业公司，下至基层，上至宏观层面，在整个整合过程中与他们密切合作。

由于这些工程也是EPC合同模式，施工与设计生产过程并行。这本身就构成一大挑战，必须要说服各位股东建立彼此信任，因为他们已经习惯于配给类合同。

我记得，每每在市长办公室举行两周一次的轻轨项目指导委员会会议时，一遇到任何关乎各自办公室的事情，股东的管理人员和专家就会打电话给我和我们的工程师，做好相关准备，然后再呈报市长。总是由我来汇报项目进展、上次会议决定事项的落实情况和项目面临的新挑战等，以供市长和他的委员会成员给予支持或做出决策。同时，我还要向国内外各地的若干机构汇报工作。这些机构的成员包括学生、议员、部长、非盟领导、各大国际组织访客、公民社会和新闻工作者等。

至于接待记者和应付媒体，这是我担任轻轨项目经理期间收获的一段最精彩体验。我频繁地接受全部国家广播电台、各地方FM广播电台、几乎所有电视台和平媒的访谈，面向他们召开现场新闻发布会。我还接受国际媒体访谈，包括BBC（《聚焦非洲》节目）、CNN（《未来城市》节目）、半岛电视台英文台、中国国际电视台（数次访谈）、伊朗英语新闻电视台Press TV、法国24电视台、非洲电视台及其他媒体等。

我在此特别想谈谈中国总理李克强先生与我国前任总理海尔马里亚姆·德萨莱尼先生参观考察我们项目的经历。与李克强总理见面、握手是挺有意思的一刻，他直接向我抛出了一个小问题："你和中方人员相处得怎么样？"我答："他们很好

they were always supportive and tried to be part of this pressure and takes every possible measures to relief the traffic jam sometimes by narrowing the working space for the site workers and other times by re scheduling to work over the night to open the space for the traffic during the day time. And, also to deliver designs and work methodology as soon as possible.

Also the role of the consultant and other staffs on this matter is huge and admirable, as they really witnessed the problem by themselves as dewless of Addis Abeba. The patience and the cooperation of the city dwellers was also undeniable as their business was affected due to the road blockades and the travel time in the city was prolonged and was also not convenient for the pedestrian walking through dust and mud detours. There was also some tell, actually, the real one that the beautiful ladies of Addis Abeba had two types of shoes to use one in the areas near our sites and the other one for the rest of the city.

For me, as managing all internal local and international stockholders, I would expect various challenges. But challenges of securing the Right-of-Way for the project was a breath taking one. I understand the way we had managed to free the right of way for the permanent constructions were one of the success keys of the project. It was a war every day with the land administration of the city, the city roads authority and the rest of the utility companies including the heritages authority and the environmental protection agency. It was like a blood shede we fought with such organizations to get a 600mm diameter pipe stretched for nearly for 8 km along the middle of the AALRT corridor, getting all the houses demolished across the biggest open market_Merkato, getting enough land for building road-rail interchanges at megenagna, hayahulet, mexico and lideta areas, getting the ancient hero of the pope's monument St. Abune petros removed temporarily and relocated back to its original location after building the LRT underpass tunnel were all huge.

As AALRT Project was the first of a kind in sub Saharan Africa, we usually enjoy each and every milestones of the project. We celebrate with all stockholders and invited officials to get support from them and to brig up our teams and project parties motivation. In my opinion, everyone learns from each and every challenge faced across the project implementation. Moreover, there were several students coming for apparent ships and research works concerning the LRT project planning design, construction, materials, and budget and project management schemes. I recall researchers from local universities and foreign universities at bachelor, masters and Phd levels. The project had contributed a lot in creating a platform for research and experience gaining.

I had the chance to get copies of some of the research findings. I share some of the findings from my own studies and realities specially related to the planning of the project since it was done at least earlier than two years from its commencement. Some of the practical realities after the construction is completed needs further harmonization like the pedestrian crossings, headway time, fare collection systems, situations for sharp curve wheel-rail relationships and other minor aspects.

Me and other colleagues from ERC also had a visit to china to see couple of such similar

相处。"然后我们陪同两位领导在梅斯克尔广场的弯桥上出席了一个象征性的铺轨仪式。这个场合还有另一件趣事,我的照片在中国社交媒体QQ上被疯传。这还是中国同事告诉我的。我们第二天回到营地后,许多中国朋友让我跟他们握手,说算是和李总理间接握手了。这事给大家带来许多乐趣,我同许多中国朋友一一握手。

当项目进度缓慢、市内交通拥堵厉害(特别是轻轨施工路段)的时候,我觉得压力很大。我曾经在清晨和夜晚时开车从工地穿过,查看一天早晚高峰的交通拥堵有多严重,特别是首都中心商务区一片。中国中铁轻轨交通项目经理和项目总设计帅非常绅士。他们总是很支持我们的工作,尝试分担我们的压力,尽力采取一切措施缓解交通拥堵,包括收窄现场工人的工作区域、重新安排时间夜间施工来保障白天交通通道的畅通等。另外,他们还努力尽快交付设计图纸、给出工作方法。

在这方面,咨询师和其他人员发挥的作用非常大、值得赞赏,因为他们就居住在这座城市,是交通拥堵问题的亲历见证者。城市居民的耐心和配合也是不容否认的,封路施工、市内出行时间延长等必然影响他们的日常事务,尘土飞扬的绕行也给行人带来不便。据说,事实上,亚的斯亚贝巴有些漂亮女士准备了两种鞋子,经过我们工地时穿一种,前往市内其他区域时穿另一种。

于我而言,在管理全部内部地方和国际股东方面,我预料到各种挑战。其中,获取项目通行权过程中遇到的挑战尤其令人窒息。我很清楚,最终成功拿到永久性建筑物的通行权是项目成功的一个关键因素。与市土地管理局、市道路管理局和其他公用事业公司(包括遗产管理局和环境保护局)打交道的每一天都跟上战场一样。而我们与这些机构"浴血奋战",最终让轻轨交通走廊中段一条近8千米长、直径600毫米的管道建成,让最大的露天市场Merkato一带的全部住房拆迁,拿到在Megenagna、Hayahulet、Mexico和Lideta等区域修建公路铁路换乘站需要占用的土地,将阿布恩·佩特罗斯纪念馆的古代英雄暂时迁出、在轻轨下穿隧道建成之后再迁回原来位置等等。这些都是艰巨的任务。

亚的斯亚贝巴轻轨交通项目是撒哈拉以南非洲地区的首个轻轨工程,我们通常会分享项目取得的每个里程碑。我们与全部股东和受邀官员一道庆祝,从他们身上获得支持、振作我们团队和各项目参与方的士气。在我看来,从整个项目实施过程中面临的每项挑战中,大家都学到很多。另外,还有几名学生在项目上实习,从事轻轨项目规划设计、施工、材料、预算和项目管理方案等方面的研究工作。我还记得一些来自国内外高校的研究人员,本科、硕士和博士学历皆有。这个项目搭建了一个研究和实践体验平台,为学研事业做出了重大贡献。

我有机会拿到了部分研究报告。同时,我也分享了一些自己的研究发现和项目规

projects. The level of integration with other infrastructure design and constructions seem to be much better. Therefore, integration should be taken seriously all the time. By the way, I had a visit to some provinces and cities of china. I have been in USA before I wen to china. I can compare better. I like the buildings, the facilities the roads and infrastructure in china. It is very interesting to learn how Chinese built up their country well and maintain their indigenous cultures accordingly. One of my attractions to visit china apart from work matters was the food. I love the food variety in china. I am orthodox Christian and will not eat all of Chinese foods but the soups and the hot pot is my favorites. I am crazy about the Sichuan hot pot and the Beijing's roasted duck.

I also went to Chinese language schools here in Addis including the Confucius school during the project implementation period but couldn't make it beyond the beginners level by now due to a tight project work and busy time. I am sure I will be a fluent Chinese language speaker soon.

It was a wonderful experience and exposure to lead such a huge project and be able to manage managers, high level experts and suppliers of different experience, age, citizenship, culture and professional background. I had learned a lot from the seniors, the juniors and others but yet remain their boss until the completion of the project. The first inauguration of the trial operation was really an interesting one but it would not be more than the time of seeing the time that the citizens Addis were taking the ride after a long and challenging project implementation.

So, at the middle I found that all my life was attached to the LRT project and I had no time to visit my parents, to have coffee with my friends and I cannot even attend some funerals and wedding occasions due to a very thigh schedule in the 24/7 of the day and the week work. I believe that makes me among the rear or the only project manager who could accomplish such a mega and very complicated project from its project commencement up to its operation commencement. No such manager is available in ERC other than me. I hope this is a rear achievement. Most of the mega projects face frequent changes of project managers anywhere in the world.

Finally, there are a lot to be told as far as the AALRT Project is concerned. However, this might be enough for this time. The relationship among the Chinese and other citizen staffs with us is really like a family this time we communicate through wechat with the chins and other medias with the others. We tell each others about our family, children and career developments. I generally conclude that it is good working with china for the development of Africa not only in the since of finance and technology but also in the aspects of mutual understanding of the paths that the African countries are passing through as china had been too. This should not be undermined; it gives a huge hope, motivation and a real example for the success of each and ever developing country. I am also much attracted to the Chinese global projects of the one belt and one road initiative. This would for sure change the business landscape of the world in the near future. All developing countries should study and use this opportunity properly. As Ethiopia is the gate to Africa, I hope it will take the maximum of that

划（至少在项目开工两年前即已完成）相关的现实情况。竣工后的一些现实问题需要协调，比如人行横道、行车间隔时间、收费系统、急转弯轮轨设计和其他小问题等。

我和埃塞铁路公司其他同事也到中国参观访问了几个类似项目。这些项目与其他基础设施设计和建设之间的整合水平似乎好得多。因此，始终应该重视整合。顺带提一句，我游访了一些中国省份和城市。在去中国之前我已经去过美国，所以能够更好地比较两国。我喜欢中国的建筑、公共设施、道路和基础设施。了解中国怎样建设自己的国家、同时保持自己的本土文化是一件值得深思的事情。在工作之外，中国行期间最吸引我的一样东西是美食。中国的食物种类繁多，我很欣赏这一点。虽然我是正统的基督教徒，无法品尝有些中国美食，但我最爱吃各种汤羹和火锅。我大爱四川火锅和北京烤鸭。

在项目实施期间，我在亚的斯亚贝巴有上中文学校，包括孔子学院，但是项目时间吃紧忙不过来，到现在还停留在入门水平。我相信，自己很快能够说流利的汉语。

牵头这样一个庞大工程和管理一众资历、年龄、国籍、文化和专业背景

轻轨站台

等迥异的管理人员、高水平专家和供应商是一段美好难忘的体验和历练。我从新老人员身上学到很多，但直至项目竣工仍然是他们的上司。第一次试运行仪式真的值得一书。但是，最令人激动的莫过于看到亚的斯亚贝巴人民第一次乘坐轻轨线，大家等待很长时间、历经重重困难才迎来这一刻。

所以，我中途发现自己的生活全部被轻轨项目占据。我没有时间去看父母，没有时间和朋友咖啡叙话，甚至没有时间参加丧葬婚礼等。项目时间安排非常紧迫，几乎是一周7天、每天24个小时轮轴转。我想，这样豁出去的干劲让我成为难得一见的或者说独一无二的项目经理，得以从项目开工坚持到投运，完成这样一个大型、复杂的工程。在埃塞铁路公司，没有其他经理能够做到我这个份上。我希望，这是一项罕见的成就。毕竟，放眼世界各地，多数大型工程的项目经理频繁换人。

最后，亚的斯亚贝巴轻轨项目有很多值得大书特书的地方，但是，这篇文章或许谈不了那么多。在这个项目中，中方和他国人员与我们的关系真的像一个大家庭。我们通过微信和中方朋友沟通交流，通过其他媒介与别国人员通信。我们会在一起聊家庭、子女和职业生涯发展。总的来说，我认为，与中方的合作有利于非洲发展，不仅在资金和技术层面上，还有彼此对非洲国家正在走的道路与中国一路走过的道路的认

as much as possible. I will also see my self in the big picture of the one belt one road initiative project in the future. Xie Xie ni! Thank you! Selam!

埃塞轻轨钻探现场

识。我们不应低估这个项目。它为每个发展中国家带来了巨大希望和动力,是一个真正的成功范例。同时,我也非常关注中国在"一带一路"倡议下的全球项目。在不远的将来,"一带一路"必然会改变世界商业格局。所有发展中国家都应该妥善研判和利用这个难得的机会。埃塞俄比亚是非洲门户,我希望自己的国家最大限度地利用这个机会。而且,我也将自己融入未来"一带一路"项目的大格局之中。感谢大家!

穿过城市的埃塞轻轨

Addis Abeba Light Rail, The Stature of China Africa Strategic Development Amalgamation Emblem

AALRT General Manager
Gizaw Muluken Assefa

Railway transport is a mature industry in the developed world, which is experiencing a remarkable comeback after a period of decline. The rediscovered allure of railways is underpinned by its capacity to move huge volumes of freight or passengers in an energy-efficient and environmentally friendly way. Nevertheless, in many countries railways are still struggling to transform themselves from subsidy dependent legacy companies to more efficient commercial undertakings. With a few exceptions (mainly in the RSA and Northern Africa), African railways clearly lag behind those of most other regions in the world. Rail transport has faced the same constraints and challenges as elsewhere. But, poor economic, technological and institutional conditions have further aggravated the situation in Africa. The result is outdated infrastructure, sometimes approaching a point of no return. The operations are clearly below international standards.

It is undeniable that the transport sector can accelerate and intensify trade in Africa. Rail transport in particular, as a result of its energy efficiency, reduced greenhouse gas emissions and lower cost per ton kilometer, is expected to play an increasingly important role in the conveyance of freight and passenger over long distances. In comparison to other means of transportation, railways are particularly useful in mass transit systems for both inter-city and urban settings. Research by the World Bank in many African countries has indicated that the lack of mobility has devastating consequences. It is not only limiting economic growth in the continent, but also is an alarming challenge that may get worse with the population in Africa is expected to double by 2040 to about 1 billion people. Ethiopia too is not immune from such a trying scenario.

The ever increasing population of the capital, Addis Abeba, has been posing an ever increasing demand for transport services and this in turn demanded efficient traffic management system. As more and more people are squeezing in to the capital looking for employment. The hustle and bustle especially during rush hours was characterized by congested traffic and time consuming commuting in almost all corners of the capital. Despite the city administration's zeal to fill the gap via various schemes the situation has

亚的斯亚贝巴轻轨
——中非战略性发展合作的标志性项目

原亚的斯亚贝巴轻轨项目总经理
穆鲁肯·阿塞法·吉若

铁路交通在发达世界是一个成熟行业，在经历衰落期后，如今正在华丽回归，魅力重现。原因何在？因为铁路交通运量大，能够以节能环保的方式实现大规模货运或客运。尽管如此，许多国家的铁路运营商仍然身陷困境，挣扎着实现从依赖补贴的老旧公司向高效商业公司的转型。除了少数特例（主要是南非共和国和北非），非洲铁路显然落后于大多数其他地区。非洲铁路交通与其他地区面临同样的约束条件和挑战。但是，相对较差的经济、技术和制度环境进一步加剧了非洲的处境，导致基础设施老旧过时，有时甚至到了无可挽回的地步。铁路运营水平也明显低于国际水准。

穆鲁肯·阿塞法·吉若

交通行业无疑可以加快和促进非洲贸易发展。特别是铁路交通，作为一种节能的交通方式，它可以减少温室气体排放、降低每千米运输成本，有望在长途货运和客运方面发挥越来越重要的作用。与其他运输方式相比，铁路在城际和市内公共交通系统中的作用尤其突出。世界银行针对多个非洲国家的研究表明，交通出行不便会产生严重后果，不仅会阻碍非洲大陆经济增长，还会构成一项令人担忧的挑战——非洲人口预计到2040年会翻倍，增加10亿人左右，届时交通运输状况可能会恶化。埃塞俄比亚也无法幸免于这项严峻挑战。

埃塞首都亚的斯亚贝巴人口越来越多，相应地提出日益增长的交通运输服务需求，进而需要高效的交通管理系统。随着越来越多人口挤进首都谋生，首都的熙攘从几乎各个角落的交通拥堵和耗时通勤中可见一斑，早晚高峰时段尤甚。尽管城市管理机构积极出台各种方案填补缺口、弥补缺陷，但状况几乎毫无改善。亚的斯亚贝巴轻轨交通项目即是首都交通问题解决方案的一个主要构成部分。这个轻轨项目全长34千米，2015年

remained almost unabated. The Addis Abeba Light Railway Transport (AALRT) is one of the main components of the scheme to address transport woes in Addis. The 34 Kilometers long project that commenced its service in 2015 is the first of its kind in Sub-Saharan Africa. There was a high elation with its inception as the dwellers hoped that it will get them rid of transportation problems that they faced for years. The light rail undertaking, though expensive initial investment, is also necessary for cities like Addis where there is an ever growing need for mobility. Since the brand-new light rail system was christened in the capital three years ago, on average, about 130,000 commuters are being transported daily.

The 34 kilometers long railway with 39 stations for passengers to board and take off, has now escalators, lifts and stairs that are easily accessible for people with disabilities, old age and other limitations. It has also maintenance depot situated at Ayat and Kality, areas in the outskirts of the capital where the railway traverses. The maintenance center is responsible to ensure sound functioning of all components of the AALRT and the maintenance of rolling stocks, track infrastructure, traction power supply system, and signaling and communication equipment, ensure normal operation of automation and network equipment. In order to capacitate the technical skill for the local staff the role of CREEC technicians and engineers with the management contractor is momentous.

The light railway is already playing a role in the development of areas far from the center of capital not only by easing mobility but also by fostering trade and other economic exchanges between the center and the periphery. These and other positive roles played by the AALRT, coupled with the expansion of railway lines that have the potential to interconnect other areas of the country and with other neighboring countries, have made Ethiopia become one of the centers for Africans from where knowledge, experience and skill needed for the commencement of similar projects can be taken. Taking advantage of its expanding hydropower and other renewable energy capacity, Ethiopia is building an extensive system of electric railways to ease urban traffic congestion and reduce carbon emissions and pollution. The government says that without the new railways, overall carbon dioxide emissions from transport would grow by 800 percent to 40 tons a year by 2030. The country's new overall rail capacity will reduce road traffic enough to cut expected annual greenhouse gas emissions from transport to just under 9 tons by 2030. These and other aspirations of Ethiopia to develop climate resilient green economy have attracted other Africans longing for the same.

The trams that have been traversing the city from 6:00 a.m in the morning to 10:00 p.m in the evening are getting high demand due mainly to affordable costs and their accessibility to dwellers in the outskirts of the city. There is the cheapest ticket for 2:00 birr, the equivalent of 6-euro cents, who makes it even affordable to low income workers who live in areas far away from the center of the city due to expensive rent payments for housing. Many commuters from the middle class also use the trams to travel anytime to places that the rail transport service passes through.

Some commuters whom the customer service approached for comments on the service say that the opening of the light rail system has improved mobility in the city in two main

投入运营，是撒哈拉以南非洲第一个轻轨交通工程。首都居民迫切希望能够摆脱长年面临的交通问题，所以该项目从一开始便赢得一片欢呼、倍受期待。对亚的斯亚贝巴这样的城市来

轻轨在市区穿梭

说，轻轨交通尽管初始投资成本高昂，但却是满足日益增长的交通需求所亟需的。自首都这一全新轻轨交通系统三年前通车以来，平均每天运量达到13万人次左右。

这个轻轨项目全程34千米、沿线39个换乘车站，如今还设有供老弱病残通行的扶梯、电梯和楼梯等无障碍设施。另外，在铁路途经的首都郊区Ayat和Kality两地设有维修站。维修中心负责确保亚的斯亚贝巴轻轨各个组件的良好运行以及轨道车辆、轨道基础设施、牵引供电系统、信号通信设备等的维修保养，以保障自动化和网络设备的正常运行。为使当地员工具备合格技能，管理承包商聘请的中铁二院技术人员和工程师发挥的作用至关重要。

该项目还在远离首都中心的其他区域的发展中发挥着重要作用，不仅能够缓解交通出行状况，还可促进市中心与边缘地区的贸易和其他经济交流。再加上亚的斯亚贝巴轻轨发挥的其他积极作用、铁路线路扩张（有望实现国内其他区域与邻近国家的互联互通），在种种因素的作用下，埃塞俄比亚成为非洲的铁路交通知识、经验与技能中心之一，为类似项目提供借鉴经验。埃塞正在利用不断扩充的水电和其他可再生能源产能打造一个庞大的电气化铁路交通系统，以缓解交通拥堵、减少碳排和污染。政府表示，若不新建铁路，到2030年，年均交通二氧化碳排放总量将增加800%，达40吨。埃塞的新增总体铁路运力将减少道路交通，足以实现预期的年度交通温室气体减排目标——到2030年减至9吨以下。在发展具有气候韧性的绿色经济方面，埃塞俄比亚的诸多抱负也在吸引其他非洲人民抱以同样的期待。

穿城而过的有轨电车从清晨6:00运行到晚上10:00，票价经济实惠、方便居民往返市郊，需求日盛。最低票价是2比尔，即约6欧分，甚至因为负担不起高昂房租而住在远离市中心之地的低收入工人也买得起。许多中产阶级通勤族也乘坐有轨电车，可以随时前往铁路交通线途经的地点。

在接到客服部请求评价交通服务时，有的通勤族表示，轻轨交通系统的通车改善了市内出行，这主要体现在两方面。第一，人们如今的出行频率大大提高，出行时间

ways. People are now moving more often to the city with less time span. It is also affecting the job market positively as more people are flocking easily to the city center every morning through the service. "Previously it took me more than five hours to reach Piazza from Kality, but now I can reach within an hour. So it has helped me to arrive for work on time" said Desalegn Gashu, who works with a construction company. "These trams have helped me to ride to my job with affordable cost, which is far lower as compared to the taxis," he added. Mare Shitu, another commuter who often rides the trams to her job, says the trams are arriving with more predictable schedule period as compared to previous times. Many visitors from Africa said that the light railway system in Addis Abeba provides unusual scenery, a unique example of mass public transport in sub-Saharan Africa. Financed by a Chinese loan, constructed by a Chinese company, and operated with China-made trams, the light rail project is truly a symbol of enhanced China-Africa cooperation. Lagos, Nairobi and Lusaka are among the capitals that are planning to implement the same project soon, following the footsteps of Addis Abeba.

Undoubtedly, China has built much-needed transport infrastructure that can increase connectivity within the capital, and which in turn can contribute to a higher level of integration into the national economy. This urban rail has also started to attract investments close to the lines. Apartments, malls, businesses, and condos are being built, changing the landscape and revitalizing entire districts and helping small businesses, as well. This is not surprising as such a major infrastructure project can frequently function as core or pole of development encouraging other sectors to boost. 12 African cities and megacities will have to find a solution to their growing challenges deriving from rapid urbanization. The Addis Abeba light railway case can serve as an example of how such investments can change the outlook of a city. As the first historic metro system in sub-Saharan Africa, it is going to attract more attention from other countries that have a vision to reap the benefits of such infrastructure in the near future.

In a nutshell, the newly opened urban metro has changed the way many people in Ethiopia's capital get to work. One would not imagine having such an infrastructure in a sub-Saharan city like Addis. The tangible positive effects that it has brought on the lives and daily working activities of people and positive other socio-economic impacts witnessed from the outset have compelled many Africans to turn their eyes and draw important lessons helpful to make the same real in their urban centers. With more railway lines on the pipeline to connect more corners of the capital, the seat of the African Union and many other international organizations is going to an exemplary spot for other Africans to follow its footsteps.

大幅缩短。第二，就业市场也从中受益，越来越多的人可以每天乘坐轻轨涌向市中心上班。建筑公司员工德萨勒根·嘎舒说，"以前，从Piazza到Kality至少要花五个小时，但现在，一个小时即可到达。我终于能够按时打卡上班了。乘坐电车上下班价钱实惠，比打出租车要便宜得多。"梅尔·始图是一位经常乘坐电车上下班的通勤族，她说，与以往相比，电车的到站时间要准点很多。许多非洲游客表示，亚的斯亚贝巴的轻轨交通沿线风景很有特色，是撒哈拉以南非洲大众公共交通的独特典范。该项目通过一笔中国贷款筹资、由中资公司建设，运营的电车也由中国制造，是真正意义上的中非合作加强的象征。紧跟亚的斯亚贝巴的步伐，拉各斯（尼日利亚）、内罗毕（肯尼亚）和卢萨卡（色加）等首都也在规划实施轻轨交通项目。

毋庸置疑，中国帮助埃塞首都建设了亟需的交通基础设施，大大改善了市内交通，进而促进国民经济进一步一体化。这条城市轻轨也开始拉动沿线投资。住宅楼、商场、办公楼和共管公寓等纷纷在建设中，改变着首都面貌、振兴所有沿线片区以及推动小企业发展。这在意料之中，这样的大型基础设施项目往往可以成为发展核心或增长极，带动其他行业的发展。非洲有12座城市和大城市正在迅速城镇化，面临着各种日益增长的挑战，它们必须设法应对。而亚的斯亚贝巴轻轨项目即是投资改变城市前景的极佳例证。作为撒哈拉以南非洲的首个历史性轨道交通系统，该项目必将吸引更多关注，值得有志在近期打造基础设施红利的国家镜鉴。

一言以蔽之，这个新投运的城市轨道交通项目改变了埃塞首都许多人的工作通勤方式。在亚的斯这样一座撒哈拉以南城市，人们过去无法想象拥有这样的基础设施。该项目给民众日常生活和工作活动带来的积极效应是真真切切的，而且从一开始便显见的其他社会经济影响也紧紧抓住非洲人民的目光，为他们在自己的市中心建造轻轨交通工程提供宝贵借鉴。随着更多拟建铁路线将埃塞首都亚的斯亚贝巴的各个角落连通起来，这个非洲联盟及其他国际组织总部所在城市势将成为其他非洲人民效仿的典范。

站台上的埃塞乘客

城市中的轻轨站台

I and CREEC

AALRTS Maintenance Center Director
Tamene Shimelis Seifu

My name is Tamene Shimelis Seifu I have been working in the Addis Abeba light rail transit for the past seven years, starting from being site engineer up to now, becoming a maintenance center director for the operation of the AALRTS (Addis Abeba light rail transit service).

As of my knowledge during the construction of the AALRTS, and its operation, it has now become one of the back bones of the current transportation of the city, serving everyone, for their daily transport needs.

The main objective(aim) of the AALRTS, is for fast, timed and smooth delivery of transportation for the public improving the communication and connection among the society, similarly the "one belt and one road" initiative which has now become the focus of the world, which has aimed to connect every continent by one road and a single belt.

During the past seven years of my rail way construction and maintenance work experience, I have got the chance to work with different Chinese and international companies having a common and shared values of ethics, hard work and commitment.

During the whole of my working career I have got enormous experience of sharing working cultures, with different Chinese companies and among them one is CREEC, which is mostly responsible for the delivery of important spare parts of the AALRTS, rolling stock, power supply system, signaling and communication system and construction maintenance tools and spare parts.

Among these companies, CREEC is one of them and still today I am closely working with them with mutual interest for the smooth operation of the AALRTS.

In CREEC,I have got a staff named Dai Zongquan, a brave, talented, disciplined and a successful negotiator who is responsible currently to monitor the delivery of spare parts of rolling stocks and other divisions of the AALRTS. Mr. Dai, has come to Ethiopia before a short time, and has become friends and closer allies with all leaders and ordinary staffs of ERC and AALRTS, thanks for his politeness, commitment and excellent communication skills, which has dramatically improved his company brand and made him an achiever.

我与中铁二院

亚的斯亚贝巴轻轨交通服务公司维保中心总监
塔梅内·希梅利斯·塞弗

我是塔梅内·希梅利斯·塞弗。我已在亚的斯亚贝巴轻轨交通服务公司工作七年,最初是一名现场工程师,现任维保中心总监,负责亚的斯亚贝巴轻轨的运营维护。

一如我在亚的斯亚贝巴轻轨的建设与运营过程中所知,它现已经成为首都交通运输系统的一条主干线,服务全民,满足人们的日常交通需求。

公司的主要宗旨(目标)是向公众提供快捷、准时和畅通的交通服务,促进社会互联互通。这与中国"一带一路"倡议的目标不谋而合——现已成为全球关注焦点的"一带一路"倡议旨在促进各大洲之间的互联互通。

塔梅内·希梅利斯·塞弗

在我过去七年的铁路建设和维护工作生涯中,我有幸与多家中国和外国公司的人员共事。我们有着共同的价值观,比如操守、勤奋和奉献等。

在整个职业生涯中,我与不同的中国公司打交道,从不同的工作文化中收获颇多经验。中铁二院工程集团有限责任公司即是其一。中铁二院主要负责向我司供应重要零部件,包括轨道车辆、供电系统、信号通信系统以及施工维护工具和备件。

我至今仍与中铁二院保持着密切的合作关系,我们双方共同致力于保障亚的斯亚贝巴轻轨的顺畅运营。

在此过程中,我结识了中铁二院的代宗全,一位有勇有才、严于律己的谈判高手,目前负责向我司的轨道车辆等零部件供应的监督工作。代先生不久前刚来埃塞俄比亚,很快与埃塞俄比亚铁路公司和亚的斯亚贝巴轻轨交通服务公司建立起亲密的盟友关

As a leader of the AALRTS maintenance center, I am extremely delighted and excited to have been working with such an excellent, skilled and talented young man, who always strives to solve every problems with immediate solutions. I hope and I am sure that his company will give all the recognition and appreciation he deserves based on our recommendations and factual crediting we have given for him.

CREEC, as a supply and design company, has become one of the most important ally, and supporter of the AALRTS, operation and is now currently, supplying, important spare parts and tools for the smooth operation of the AALRTS, and we hope, the "one belt and one road" initiative will further continue to improve the connection of the world to enhance further development and a better living condition.

埃塞轻轨迎面驶来

系，上至领导层、下至普通员工，都与他相处甚欢。代先生的彬彬有礼、奉献精神和出色的沟通技巧大大提升了二院的品牌形象，同时也助他实干有成。

身为公司维保中心负责人，我非常高兴能与这样一位业务出色、才华横溢的年轻人共事。他总是力求在第一时间解决所有问题。他值得我们由衷的赞美。我希望、也相信中铁二院会给予他应得的肯定与表彰。

作为供应商和设计公司的中铁二院已成为我司最重要的盟友和支持者，目前正向我司供应重要零配件和工具，支持业的斯亚贝巴轻轨的顺畅运营。我们希望，"一带一路"倡议将继续促进全球互联互通，进而推动沿线地区发展、创造更好的生活条件。

等待乘坐轻轨的人们

My Thoughts on Construction of Addis Abeba-Djibouti Railway

Minister of Commerce of Ethiopian Railway Company

Adidas Ralph

The sight of the first train running on the Addis Abeba-Djibouti Railway makes all kinds of feelings well up in my heart.

As a builder of the Addis Abeba-Djibouti Railway, I am honored to witness with our Chinese friends the birth and completion of this railway to friendship and freedom. As far as I am concerned, this railway is not just a way to development and prosperity, but also a journey for self-growth. Before this entirely imaginary railway was planned, I was just an ordinary railway engineer, examining hydro-geological data gathered along the railway and making one technical breakthrough after another with Chinese engineers. Our work demonstrated the feasibility of linking capitals of African countries by rail. However, western experts saw, after field survey, numerous insurmountable obstacles to building a modern electrified railway from Djibouti at 0m above sea level to the Ethiopian Plateau at 2,200m above seal level on average.

During the construction, what impressed me most was the "Chinese speed". In the early survey period, I was appointed Project Manager. Lacking railway basics and management experience, I tended to consider things in the conventional way, going on vacations, going to church or visiting relatives and friends with my family on weekends or during holidays, while the survey and design team for Addis Abeba-Djibouti Railway worked as usual to finish their tasks with concerted efforts. I could not understand why Chinese engineers worked so hard, or how the impossible in my eye would be made possible by the team.

Before being involved in the management of survey and design for Addis Abeba-Djibouti Railway, I had experience in Ethiopian highway management and organized survey and design of some sections of this railway by the Ethiopia Institute of Road Survey and Design. In order to inspect these institutes' work quality and effectiveness, Ethiopian Railways Corporation invited experts from Saint Petersburg State Railway University to take part in work review. The review found Chinese team's document quality and design drawings met the requirements whereas the work of the Ethiopia Institute of Road Survey and Design fell short. This made me more determined to master railway know-how.

亚吉铁路建设有感

埃塞俄比亚铁路公司商务部部长
阿迪拉夫

看到亚吉铁路开行首趟列车,我不禁百感交集。

我曾是一名亚吉铁路的建设者,有幸与中国友人一同见证这条友谊之路、自由之路的从无到有。这条铁路不仅是一条发展之路、繁荣之路,于我个人而言,也是一条自我成长之路。当初在这条铁路还未开始筹划时,我只是一名普通的铁路工程师,与中国工程人员一同"丈量"铁路沿线地质水文资料,攻克一个个技术难关。证明了用铁路连接非洲各国首都的美好梦想是切实可行的,然而当初西方专家实地考察后却认为,从零海拔的吉布提到平均海拔超过2 200米的埃塞高原,建设一条现代电气化铁路有许多克服不了的困难。

在建设期间,最令我印象深刻的就是"中国速度"。勘察初期,我受命担任项目经理一职。由于我方缺乏铁路技术基础知识和管理经验,我总是按照自己的惯性思维考虑问题,到周末或节假日都会与家人一起度假或上教堂、走亲访友,这时的亚吉铁路的勘察设计团队还是会照常工作,团结一致完成他们的任务。我不理解为什么中国工程师这么拼命工作,更不理解为什么许多在我看来不可能完成的事,在他们团队面前最终就变为了现实。

在参加亚吉铁路勘察设计管理工作前,我有埃塞俄比亚公路管理经验,组织埃塞俄比亚公路勘察设计院完成了亚吉铁路部分段落勘察设计工作,为了检查这些勘察设计单位的工作质量和效果,埃塞俄比亚铁路公司请了俄罗斯圣彼得堡铁路大学专家参与了评审。评审证明了中国勘察设计团队文件质量和设计图纸是完全满足要求的,发现了埃塞俄比亚公路设计院在铁路设计中的差距,这更加增强了我要掌握铁路技术知识的决心。

埃塞俄比亚与中国的技术、文化和思维的巨大差别,令我十分担忧,于是我向中国工程师寻求帮助,中方工程师手把手传授技术,很快让我们非洲兄弟也具备了良好的

The vast gap between Ethiopia and China in technology, culture and mindset worried me, prompting me to seek help from Chinese engineers who imparted their know-how kindly and patiently. Before long, their tutoring made our African brothers have a good understanding of railway basics. It is very good that Chinese staff were willing to impart their know-how and placed strict demands on Ethiopian staff. The Chinese motivated their African friends with their own hard work and bravery, making me hopeful about Africa's bright future! With selfless help from the Chinese, the project proceeded smoothly.

After July 2011, I was sent to Russia to receive training on railway technology for 3 years. When I came back to Ethiopia after the training, the Addis Abeba-Djibouti Railway had come into shape. What a surprise! This was a miracle of railway construction I had never seen. Meanwhile, Ethiopian staff gradually forged a bond with Chinese staff as good teachers and helpful friends. Some of them made long-term plans for their life by taking the opportunities at Chinese companies.

The city of Addis Abeba has also changed, with markets open, shopping malls operating, employees working overtime and increasing pedestrians on the street at weekends. The extent of the city is expanding rapidly, with more cars and a stronger commercial atmosphere.

One of my inferiors, Haft, who worked at the Project Department for four years, has been promoted from unskilled worker to senior foreman in charge of 20-30 local workers. In cooperating with the Chinese team, he has mastered loader operating skills and other construction techniques such as cutting and filling. "Such a life is very meaningful. I will continue to follow the Project Team and serve as a bridge for better communication between Chinese and Ethiopians", he said.

With the completion of the Addis Abeba-Djibouti Railway corridor, Ethiopia will better understand China's development experience and cooperate with China in more areas to boost Ethiopia's industrialization.

The Addis Abeba-Djibouti Railway is a testimony to China's support for sustainable development of Ethiopia. It is a "lifeline" for economic growth in Ethiopia, allowing concentration of production factors in a larger scope, boosting industrial, urban and economic development along the railway, profoundly transforming people's life and leading to a bigger world of happiness.

铁路技术的基本知识。中方员工愿意教授技术，且能严格要求埃塞俄比亚员工，这一点很好。他们以自己的勤劳勇敢带动非洲朋友，这让我感到非洲大有希望！有了中方的无私帮助，工程进展得十分顺利。

2011年7月以后，我就被派到俄罗斯参加为期三年的铁路技术学习。在学习完成后，我回到埃塞俄比亚看到亚吉铁路基本成型，这个速度令我惊讶！这真是铁路建设的奇迹。与此同时，埃塞俄比亚员工慢慢与中方员工或结为师徒，或成为好友，有的也开始利用在中企的工作机会为自己的人生做长远规划。

亚的斯亚贝巴这座城市也发生了变化，星期六和星期天也开始出现市场开市、商场营业、员工加班的情形。街上行人增多，城市的范围开始迅速扩大，汽车增多，商业气氛更加浓厚。

我的一名员工哈佛特在项目部工作了四年，已从最初的小工晋升为资深代班，平时管理着20~30人的当地员工。他在与中国团队的合作中熟练掌握了装载机的驾驶，还学习了很多施工技术，比如挖填土方。他表示："这样的人生很有意义，我会继续跟着项目组，做中国与埃塞之间的桥，帮助双方互相沟通。"

亚吉铁路运输通道形成，埃塞俄比亚将更深刻地理解中国的发展经验，在更多方面与中国进行合作，以此推动埃塞俄比亚工业发展。

亚吉铁路就是中国支持埃塞俄比亚可持续发展的见证，亚吉铁路是埃塞俄比亚经济增长的"生命线"，用好这条铁路，可以更大范围地聚集生产要素，促进沿线产业、城市和经济的发展，使国民的生活发生根本的转变，生活范围更广阔，幸福之路必将由此打开。

亚吉铁路建成通车

The Belt and Road Brings A Better Future for Ethiopia

Chief Operation Officer of Addis Abeba-Djibouti Railway
Teshome Eshete Bedlu

The Addis Abeba-Djibouti Railway is the first electrified railway in East Africa that has been built by Chinese companies using Chinese railway standards II. The railway line has a total length of 756 km of which the longest length of 656 km lies in Ethiopia from central- to the eastern part of the country. There are 19 railway stations among which 16 are in the Ethiopian side and 3 are in Djibouti side. It is a mixed traffic system whereby the railway can handle both passenger and freight operations. The railway line officially commenced commercial operations in January 1, 2018 under Ethiopia-Djibouti Railway Share Company /EDR/. EDR is a bi-national company established under the commercial law of Ethiopia as per the bilateral agreement signed between the Federal Democratic Republic of Ethiopia /FDRE/ and the Republic of Djibouti with the purpose of operating and maintaining the newly built Electrified Standard Gauge railway system stretching from Addis Abeba to Djibouti.

The railway line enhances economic ties as well as the people-to-people links between Ethiopia and Djibouti, and it will have significant contribution to the ongoing development efforts of building a new Ethiopia. It is hard to imagine that before the railway start operation, people and cargo need to travel three days, and five days respectively from the Djibouti port to Addis Abeba, and thanks to the Chinese-built railway, now the travel time has been reduced to less than 14 hours, and export commodities can be transported to Djibouti overnight. This pleasant change does not come easy. It is the joint efforts of three countries, Ethiopia, Djibouti and China, and one of the significant fruits of China's Belt and Road Initiative (BRI).

When Chinese president Xi Jinping proposed BRI in 2013, it was a very vague idea to most of African people. And I never thought this initiative would have any relationship with us until 2014. Since BRI gives priority to people-to-people exchanges and connectivity, more and more opportunities were given to Ethiopians to travel to China and receive different trainings. I was lucky enough to be sent by Ethiopian Railway Corporation (ERC) to China in 2014 and attended the Seminar on Comprehensive Transportation Management for African English-Speaking Countries in China.

The seminar was sponsored by the Ministry of Commerce of People's Republic of China

"一带一路"让埃塞变得更好

亚吉铁路首席运营官
特肖米·艾西特·贝德鲁

亚的斯亚贝巴—吉布提铁路是东非第一条使用中国铁路标准建造的电气化铁路。铁路线总长750千米,其中最长的一段从埃塞俄比亚中部绵延到东部,长达656千米。铁路设有19个火车站,其中16个位于埃塞俄比亚,3个位于吉布提。亚吉铁路是一条客货共线铁路,于2018年1月1日正式投入运营,由埃塞俄比亚-吉布提铁路股份公司(EDR)管理。EDR是根据埃塞俄比亚与吉布提签署的双边协议,以及埃塞俄比亚商业法成立的跨国公司,目的是运营和维护新建的电气化标准轨道铁路——亚吉铁路。

亚吉铁路有力促进了埃塞俄比亚与吉布提之间的经济往来和人文交往,并将为持续建设新埃塞做出重大贡献。很难想象在铁路开通运营之前,旅客从吉布提港口到亚的斯亚贝巴需要三天时间,货物运输则需要长达五天。多亏中国建造的亚吉铁路,现在旅行时间已缩短至14小时,埃塞俄比亚的出口商品可以在一夜之间运达吉布提。这一让人欣喜的变化来之不易,这是埃塞俄比亚、吉布提和中国三个国家的共同努力的结果,也是中国"一带一路"倡议的重要成果之一。

当中国国家主席习近平在2013年提出"一带一路"倡议时,大多数非洲人对这一倡议还很陌生。直到2014年,我才意识到它对我们埃塞人的意义。"一带一路"倡议高度重视国与国之间的人文交流和民心相通,因此,越来越多的埃塞人有机会前往中国接受不同的培训。很幸运,我于2014年被埃塞俄比亚铁路公司(ERC)派往中国参加了"2014年非洲英语国家综合交通管理研修班"。

该研修班由中华人民共和国商务部主办,商务部国际商务官员研修学院和中铁二院工程集团有限责任公司(CREEC)联合承办。中铁二院还设计了亚吉铁路和亚的斯亚贝巴第一条城市轻轨。在研修期间,我有机会参加了涵盖综合交通管理各个方面的各种讲座,并获得了高速铁路的新视角。中国铁路的辉煌成就给我留下了深刻印象,我对中国的铁路标准有了更深入的了解。能在培训期间有机会遇见如此友爱的人民,体验丰

and jointly held by Academy for International Business Officials and China Railway Eryuan Engineering Group Co. Ltd. (CREEC), the company which designed the Addis Abeba-Djibouti Railway and the first urban light rail in Addis Abeba. During the seminar, I had the chance to attend a wide variety of lectures covering different aspects of comprehensive transportation management, and gained a new perspective of high-speed railway. Impressed and inspired by the brilliant achievements of Chinese railway, I developed a deeper understanding of China's railway standards. I consider myself fortunate enough to have met with a lot of loving Chinese people and experienced abundant Chinese culture during my training.

During my stay in China, I not only improved my professional skills in the field of railway, but also witnessed with my own eyes the fast development of high-speed railway. The training have bestowed upon me with a great learning and exposure to the industry, particularly railway business and the way it actually works. In Ethiopia, there is little systematic vocational training like this, so I valued this opportunity to improve myself very much. I wish I could bring in the same perfection and expertise of Chinese railway to Ethiopia.

After going back to Ethiopia, I utilized the railway operation and management knowledge and experience I gained in China on my post. And then I went to EDR and become the Chief Operation Officer, in charge of railway operation and marketing.

In July 2018, when I heard there was another chance to receive training in China, I applied again and participated in the International Training Workshop on Railway Engineering Technology of China sponsored by the Ministry of science and technology of China, and held by CREEC. Coming back to China after 4 years, I was amazed to find the achievements and big changes happened in China. As the Chief Operation Officer of Addis Abeba-Djibouti Railway, I came with the clear intention of learning China's successful experience in operating railways. And the experience of operating railways in the country with the largest population in the world is of great reference value to Ethiopia.

Infrastructure cooperation between China and Ethiopia, like the Addis Abeba-Djibouti Railway and the new airport terminal, has witnessed phenomenal growth under the framework of BRI, which aims to propel global connectivity and achieve shared growth among the countries involved. BRI is definitely a major game changer for Ethiopia and Ethiopians like me.

I firmly believe that with the convening of the Second Belt and Road Forum for International Cooperation, more cooperation deals in different aspects will be made between Ethiopia and China, and an increasing number of Ethiopians would have the chance to visit China and receive education and trainings in China. As a responsible big country, China has not only brought positive changes to Ethiopia, but also to Africa and even the world. BRI is a road of peace, prosperity, openness, innovation and civilization, and will also inject a strong impetus into building a community with a shared future for mankind.

富多彩的中国文化，我感到无比荣幸。

在中国期间，我不仅提高了铁路领域的专业技能水平，而且目睹了高速铁路的快速发展。在学习铁路行业先进技术知识的同时，还了解了实际操作和运作方式。在埃塞俄比亚，很少有像这样的系统性职业培训，所以我非常珍惜这个提升自己能力的机会。我希望能把如此完善的中国铁路技术和专业知识引入埃塞俄比亚。

回到埃塞俄比亚后，我把在中国学到的铁路运营管理知识和经验充分应用到工作中。随后，我去了埃塞俄比亚—吉布提铁路公司，并成为运营总监，负责铁路运营和市场营销。

2018年7月，当我听说还有机会去中国接受培训时，我再次申请并参加了由中国科技部主办、中铁二院承办的"2018年铁路建设技术国际培训班"。四年后再到中国，我惊讶地发现中国取得了更加巨大的成就、产生了更加重大的变化。作为亚吉铁路的首席运营官，此行的首要目的是了解中国在铁路运营方面的成功经验，这个世界上人口最多国家的铁路运营管理经验对埃塞俄比亚具有很大的参考价值。

中国和埃塞俄比亚之间的基础设施合作，如亚吉铁路和新机场航站楼，在"一带一路"框架下取得了举世瞩目的成就。"一带一路"倡议旨在推动全球的互联互通，促进参与国的共同繁荣发展。对于埃塞俄比亚和像我这样的埃塞俄比亚人来说，"一带一路"绝对是一个重大的改变机会。

我坚信，第二届"一带一路"国际合作高峰论坛的召开将有力促进埃塞俄比亚和中国在各方面的合作，越来越多的埃塞俄比亚人将有机会访问中国，接受中国的教育和培训。中国作为一个负责任的大国，不仅为埃塞俄比亚带来了创造性的改变，更将成为整个非洲甚至世界的改变者。"一带一路"是一条和平、繁荣、开放、创新、文明之路，也将为构建人类命运共同体注入强劲动力。

The Addis Abeba-Djibouti Railway Contributes to Ethiopia's Economic Development

Professor of Mechanical Engineering School in Addis Abeba University
Berhanu Beshan

As the lifeline of the economic development of Ethiopia and Djibouti, the Addis Abeba - Djibouti Railway closely connects Djibouti, which is located on the main channel of international shipping, and Addis Abeba, the capital of Ethiopia, which owns 100 million people and vigorously develop the manufacturing industry. The total length of Addis Abeba - Djibouti is about 750 km. The economic, industrial and logistics development of these two countries will make significant progress after the full capacity of the railway has been brought into full play.

After the Addis Abeba - Djibouti Railway is opened, the logistics cost will be significantly reduced, with freight times from Djibouti to Addis Abeba reduced from 3-7 days to a dozen hours. More importantly, the construction of the Addis Abeba - Djibouti Railway will drive the development of the supporting economic development along the line, promote the process of industrialization, improve the layout of industries and bring sufficient scale effects, including the construction of industrial parks, the development of manufacturing, handicrafts, processing industry and tourism. The Chinese often say that where there is a railway, there is prosperity. During the construction of the Addis Abeba - Djibouti Railway, a large quantity of cooperative projects between China and Africa have been born continuously, which not only bring employment opportunities for local residents, but also create financial revenue for the local government.

I am very proud to be able to contribute to the construction of the Addis Abeba - Djibouti Railway. China is a country that truly cares about and supports Ethiopia's development, and China is our true and reliable friend.

This is an era of striving. Together with my Chinese friends, we have completed the construction of the Addis Abeba - Djibouti Railway. In the construction of the project, a broader stage has been opened for me. It is believed that through arduous struggle, the people of China and Africa will surely live a happier life.

亚吉铁路助力埃塞俄比亚经济发展

亚的斯亚贝巴大学工程学院教授
贝哈努·贝山

停靠站台的火车

作为埃塞俄比亚和吉布提经济发展的生命线,全长约750千米的亚吉铁路将国际航运主航道上的吉布提和拥有1亿人口并大力发展制造业的埃塞俄比亚首都紧紧连在了一起,待这条铁路的全部运力发挥出来后,将极大带动两国经济、工业和物流的发展。

在亚吉铁路开通后,物流成本大幅降低,从吉布提至亚的斯亚贝巴的货运时间从3至7天缩减为十几个小时。更为重要的是,亚吉铁路的建设带动了铁路沿线经济开发,推进了国家工业化的进程,完善了产业的布局以及带来足够的规模效应,包括建设工业园区,发展制造业、手工业、加工业和旅游业等。中国人常说,铁路修到哪里,哪里就会繁荣。在亚吉铁路的建设过程中,还有很多的中非合作项目不断诞生,不仅为当地居民带来就业机会,还为当地政府带来了财政收入。

能在亚吉铁路的建设中贡献自己的力量,我感到非常自豪。中国是真正关心和支持埃塞俄比亚发展的国家,中国是我们真正可靠的朋友。

这是一个奋斗的时代。我与中国朋友一起努力,完成了亚吉铁路的建设。在建设的工程中,我也拥有了更广阔的舞台。我相信,通过艰苦奋斗,埃塞人民的生活一定会更加幸福。

Friendship with CREEC

Officer of Ministry of Transport of Ethiopia
Yifa Roza Wondatir

My name is Yifa Roza Wondatir, from the Ministry of Transport of Ethiopia.

When I was in college, my teacher, Deresea Taegaye Fileke, once went to Chengdu to attend the 2012 Training Course for High-level International Student of Ethiopia Railway in China. He often said that he had learnt a lot in CREEC, and the training experience had changed his life.

That's true. Mr. Deresea's home was full of pictures of his training in China. And his wife's favorite clothes were silk cheongsams brought back from China. He usually talked about China's railway design concept and standard, considering China's rail transit design capacity has reached the world's advanced level. He always told us, "You should go to China and know the country."

Following graduation from Addis Abeba University, I served at the Ministry of Transport of Ethiopia, and fortunately participated in the construction of Addis Abeba-Djibouti Railway. Due to the adoption of China's rail technology, I got acquaintance with many Chinese. As the attachment enhanced, I yearned for this great country melting with traditional and modern cultures, to learn and know more about it.

At the end of 2016, Addis Abeba-Djibouti Railway was completed. In order to better develop the transport career of Ethiopia, I was given a training opportunity for 2017 Seminar on Integrated Traffic Management for English-Speaking African Countries in China.

The training was joyful and substantial, informative and eye-opening.

We headed to Chongqing and Guangzhou to investigate different kinds of integrated traffic structures of China. At noon of the next day after arriving in Guangzhou, we were guided by the executive to the dining room through busy streets when the investigation was over.

Stores on both sides of the streets were full of various commodities, as well as silk stores, among which, I saw some gorgeous cheongsams. Suddenly an idea flashed on me—Why don't buy a beautiful cheongsam for my teacher's wife as a gift? Then I planned to spend only 3 minutes to the overall inquire, pay and delivery-taking process, and be back soon. So I

我与二院不得不说的情缘

埃塞俄比亚交通部官员
易法·罗萨·万达提尔

我叫易法·罗萨·万达提尔,来自埃塞俄比亚交通部。

在我读大学的时候,我的老师德瑞希·泽盖耶·菲勒克曾经到成都参加过"2012埃塞俄比亚铁路高层次来华留学生培训班"。他常常说,他在中铁二院学会了很多东西,那一次的培训经历改变了他的生活。

是的,德瑞希老师的家里到处放着他在中国培训时的照片,而我的师母最喜欢的衣服是从中国带回来的丝绸旗袍。老师总会向我们提及中国的铁路设计理念和标准,认为中国的轨道交通设计水平已经达到世界先进水平。他常对我们说:"你应该去中国看看,你应该了解中国。"

从亚的斯亚贝巴大学毕业后,我进入埃塞俄比亚交通部工作,非常幸运地参与了亚吉铁路建设。由于铁路采用的是中国技术,我结识了很多中国人。越和他们接触,我越对中国这个融合了传统与现代的国家心生向往,我渴望从中国学到更多的知识,渴望更多地了解中国。

2016年年底,亚吉铁路修建完成。为更好地发展埃塞的交通事业,我获得了一次培训机会,前往中国参加"2017年非洲英语国家综合交通管理官员研修班"。

培训是愉快而又充实的,让我增长见识,大开眼界。

我们到重庆、广州参观考察中国各种类型的综合交通建筑。在到达广州的第二天中午,参观结束后,管理人员带领我们穿过繁华的街道前往就餐地点。

街道两边的商店挂满了琳琅满目的商品,还有不少丝绸店。我看到其中一家店里有非常好看的旗袍,灵机一动,我要给师母买一件漂亮的旗袍作为礼物。我原想只要用三分钟的时间,询价、付钱、收货,就可以买好这件衣服了。于是我离开考察队伍,溜进了商店。

事情远没有我想象中的顺利,由于语言不通,等买好这件衣服已经过去了十几分

left the team and slipped into the store.

However, things were far beyond smooth as expected. Because of language barrier, it took me more than 10 minutes to finish the purchase. When I came out of the store, I could not find my team any more.

Though before departure, the Chinese executive provided everyone a hotel card, I left it on the bus. Walked on the street blindly, without seeing any familiar figure, I was a little flurried.

The only thing I could do was waiting at a crossroad. All of a sudden, I heard someone call my name. I turned around and saw Tanya, a Chinese executive was waving hands at me on the other side of the road. When the red light turned green, Tanya ran towards me immediately. Did not aware of a low cross bar at her feet, she tumbled and could barely stand up for a while.

Jesus! I ran to Tanya to help her up. Her right knee was bruised and bleeding. It must be so aching that her tears could not be wrapped up. However, the girl smiled for finding me.

I felt very guilty, even though Tanya didn't blame me. She gave me another hotel card and staff contact information. I kept the card carefully and explained the reason for absence embarrassedly. She just said "That's OK". Mutual understanding closed us at that moment, and friendship spread around.

I was supposed to know China through the 21-days training. However, the more you know, the more you feel it's not enough, just as peep a leopard through a tube. The colorful culture and exquisite rail transit technology fascinated me. Sincerity and honesty of Chinese people made me feel like dealing with old friends. At the graduation ceremony, we stood up and cheered "Hip Hip Hooray" (Long Live!) in the specific way of Africa. Greetings to all Chinese partners.

The training is terminated. But for me, it's just a beginning. In the future, I will be back to visit China, Chengdu and CREEC again.

钟，当我从商店出来的时候，已经看不见我们的队伍了。

出发前，虽然中方的管理人员给每个人发了酒店名片，可是我把卡片放在了大巴车上。我在街上盲目地走了一会儿，没有看见一个熟悉的身影，心里渐渐有些慌乱起来。

当我在一个十字路口茫然等待的时候，忽然听见有人喊我的名字，转过头去，Tanya（中方管理人员）站在马路对面朝我挥手。等红灯转为绿灯的时候，Tanya朝我跑了过来，由于太着急了，她没看到马路边有一个低低的横栏，结果一个跟斗摔在了地上，半天没爬起来。

天啊，我马上跑过去把Tanya扶起来。她的右膝擦花了一大片，血涌了出来，在夏日的阳光下格外刺眼。我看见她痛得眼里已经快包不住泪水了，但却因为找到我而露出了笑容。

我非常内疚，可Tanya并没有责怪我，只是默默地又给了我一张酒店的名片和工作人员的联系方式。我将名片贴身收藏，不好意思地向她解释我离开的原因，她对我说"That's OK"。相互理解让我俩在那一刻亲近了许多。

我曾期望通过21天的培训能够了解中国，但却如同管中窥豹，了解越多越觉得远远不够，这个国家多姿多彩的文化让我神魂颠倒，先进精湛的轨道交通技术让我如痴如醉，竭诚相待的中国友人让我一见如故。在结业典礼上，我们用非洲特有的方式起立欢呼"Hip Hip Hooray"（万岁！）向全体中方人员致意。

培训结束了，但这仅仅是个开始，在未来的日子我还会再来中国，再来成都，再来二院，再续前缘。

埃塞铁路技术员参观成都东站

Development Strategy for African Economy

Technical Advisor Ethiopian Railways Corporation
Seleshi Kassa

During the past 10 years, Ethiopia's economy has maintained continuous growth, which not only benefits from the overall stable growth of African economy, but also relies on the support of China's Belt and Road Initiative. Looking back on the last 20 years, African economy has grown rapidly above the world average level as a whole and Africa's per capita GDP is also growing. In only 10 years, it has increased from US$ 300 per capita to about US$2 000 per capita.

I am very optimistic about the economic development of Ethiopia and Africa as a whole. In Africa, there are more than 50 countries with rich natural and cultural tourism resources and also a lot of opportunities. However, I believe that most African countries still have the obvious problems about inadequate infrastructure at present. Especially for Ethiopia, a country hoping for long-term and stable development, if it wants to promote economic growth, it must constantly upgrade its infrastructure so as to provide better guarantee for economic development.

I believe that Ethiopia's development strategy should focus on key areas such as industry and logistics. Since Africa is still a relatively small market and lacks capital in terms of economic development, it is imperative to make a difference on the supply and to expand and promote scale effect. For example, the construction of railways on the borders of African countries forms a railway network that connects capitals and different cities of countries and plays a leading role of railway network on economic development.

During the several years when I worked with the CREEC team on the Addis Abeba - Djibouti Railway project, I personally felt the diligence and seriousness of the Chinese, especially the respect and meticulousness of the work, which is exactly where the Ethiopian needs to learn from at this stage. I respect the CREEC team and also appreciate the efforts they have made in Ethiopia's development. I hope there will be more opportunities for cooperation in the future.

非洲经济发展之我见

埃塞俄比亚铁路公司技术顾问
塞勒西·卡萨

在过去的十年中,埃塞俄比亚的经济保持着持续不断的增长,这不仅受益于非洲经济整体稳定的增长,也依托于中方"一带一路"倡议下的帮扶。回顾过去的二十年,非洲经济以高于世界平均水平的速度整体增长迅速,非洲的人均GDP也在不断增长。仅用了短短十年,便从人均300美元增长到了人均约2 000美元。

我对埃塞俄比亚,以及整个非洲的经济发展,持有非常乐观的态度。非洲,有50多个国家,有丰富的自然人文旅游资源,也有非常多的机会。但是,我认为目前非洲大多数国家还存在着明显的基础建设不足的问题。尤其是对于埃塞俄比亚这样一个希望长期稳定发展的国家而言,想要促进经济增长,就必须不断升级基础设施,这样才能为经济发展提供更好的保障。

我认为,埃塞俄比亚的发展战略应该聚焦重点领域,例如工业和物流。因为在经济发展方面,非洲还是一个体量比较小的市场,缺乏资本,所以一定要在供给方面有所作为,扩大规模效应。例如,在非洲国家的边界修建铁路,形成铁路网,连接各个国家的首都和不同城市,发挥铁路网对经济发展的带动作用。

在我与中铁二院团队一同为亚吉铁路项目工作的几年期间,我切身感受到了中国人民的勤劳和认真,尤其是对于工作的尊重与一丝不苟,这正是现阶段埃塞人民需要学习的地方。我很尊重中铁二院这个团队,也很赞赏他们在埃塞发展过程中付出的努力,希望今后我们能有更多的机会一起合作。

Addis Abeba-Djibouti Railway and China in My Eye

Former Minister of Tourism and Culture of Ethiopia

Heiwart

In 2013, I was assigned for the construction of the first electrified railway in East Africa. Since then five years has passed. Over these years, I, full of expectations and hope, worked together with Chinese colleagues to build this fate-changing Addis Abeba-Djibouti Railway.

Five years ago I worked as an engineer to build the railway. Now I am part of the management. Over the five years I and my Chinese friends have made progress together by overcoming difficulties and addressing problems together. Through five years of joint learning, I have acquired more skills and transformed myself from an engineer to a manager while contributing to completion of the railway. These five years are meaningful.

I forged a bond with many new Chinese friends. We sowed the seed of hope. Like a beam of sunshine in the morning, our Chinese friends brought excellent production technology and advanced managerial expertise. Thanks to the opportunity offered by the Addis Abeba-Djibouti Railway Project, I met many Chinese friends who are warm and friendly. No matter how hard the situation was, we worked together to overcome difficulties and press ahead. I express my thanks to their hard work. It is their advanced technology and selfless dedication that made possible this lifeline driving economic development.

Five years ago, I was full of hope when I took part in the railway construction. The Addis Abeba-Djibouti Railway was just like a seed of hope I and my Chinese friends sowed together. Five years later, the completion of the Addis Abeba-Djibouti Railway bridges the gap between Ethiopia and Eurasian transport corridor, significantly shortens the time for goods transport between Ethiopia and Djibouti, speeds up economic cooperation between the two countries and those in Europe and Asia and injects new vigor to the two economies. This railway makes people's life and travel much easier and significantly reduces travel time. Despite great difficulty with its construction and heavy investment, it enables our people to utilize resources from a larger scope, to gain more benefits and to live a happier life in a broader world.

After five years, the common achievement of me and my Chinese friends - Addis Abeba-Djibouti Railway - just like a newborn baby, has given us emotional bond as well as hope. I wish to thank my Chinese friends and this pleasant and rewarding experience. I am convinced that our tomorrow will be even better!

我眼中的亚吉铁路与中国

原埃塞俄比亚旅游文化部部长
黑沃特

2013年，我被安排参加东非第一条电气化铁路的建设。亚吉铁路建设五年，在五年的历程中，我满怀期待与希望，与中方共同努力，共同打造这一条改变很多人命运的亚吉铁路。

五年来，我从一位铁道工程师转变为一位管理者。五年前，身为一名工程师的我同中方一起参加铁路建设。五年来，我同中国朋友共同学习共同进步，有困难一起想办法，有问题一起解决，我们共同学习。五年后，我也完成了自我的转变，我学到了更多的技能，从工程师转变为管理者，我在完成铁路建设的同时，实现了自我的转型，这是充满意义的五年。

我收获了更多的感情，认识了更多的中国朋友，我们共同撒下希望的种子。中国朋友的到来，犹如清晨的朝阳。给我们带来了优秀的生产技术、先进的管理知识。正是因为亚吉铁路建设的这个契机，我认识到了许多的中国朋友，感受到了中国人民的友好和热情。无论条件多么艰苦，我们共渡难关，共同奋进。感谢他们的付出，有了他们先进的技术和无私的奉献精神，我们东非才有了这样一条拉动经济发展的命脉。

五年前，我满怀希望参与铁路建设。亚吉铁路仿佛就是我和中国朋友共同撒下的希望的种子。五年后，亚吉铁路的完工，架起了埃塞俄比亚与欧亚运输通道的桥梁，大大缩短了埃、吉两国之间的货运时间，加快了两国与欧亚各国的经济合作，为两国经济注入了新的动力。有了亚吉铁路，生活变得更加便利了，人们的出行时间大大缩短。虽然亚吉铁路建设艰难、投入巨大，但国民能生活在更广阔的世界中，能利用资源的范围更大，获得感、幸福感也更强了。

五年来，我和中国朋友的共同成果——亚吉铁路，就像新生的孩子一般，给我们带来了希望。感谢中国的朋友们，也感谢这段美好的经历成就了我，相信我们的明天会变得更美好！

What I Have Gained Working for CREEC for the Past Seven Years

Ethiopia Project Foreign Staff of CREEC
Lilay Abegaz

I joined CREEC shortly after graduation from DireDawa University with Bachelors in Science. I joined CREEC in November 2012. When I joined I was a very young naive girl with just ambitions to work hard and make name for myself. I joined as liaison officer in the Adama office of CREEC. Later on due to the fairness in HR recruitment process within CREEC I was transferred to the Addis Abeba office which has opened more doors for me as Addis is the capital city of the Ethiopia.

While on my job when I first joined in Adama, I learned the value of work and how to be respectful to your bosses. So in the first year of working for CREEC I used to work from Sunday to Sunday, and that is when my work ethics changed.

After coming to Addis through internal transfer I was exposed to many lines of work from getting letters approved by Ethiopian Railways Corporation, getting work permit for our expatriate workers from Peoples Republic of China from Ministry of Labour and Social Affairs of Ethiopia, getting Residency ID cards for the same expat workers from FDRE Immigration Agency. I was also exposed to many other lines of work including Managing Insurance for vehicles fleets operated by CREEC throughout Ethiopia and other work items which came to exist.

One of the biggest things I have learned from my bosses is that there is always a way to do things even if birocrats sitting at different tables I was representing CREEC as client said no. Through repeated conversations and discussions, we always managed to find ways to get things done. The other thing I consider as a major experience is loyalty pays, loyalty to company and bosses always pays more than any other thing.

One of the other major events in my career within CREEC is my trip to china from which I have learned a lot how the Chinese economy works, the Chinese history and way of getting things done. We had also gained tremendous experience from the work habit and cleanness and tidiness of workspaces.

我在中铁二院工作七年的感想

中铁二院埃塞项目外籍员工
李莱·阿比加兹

我以科学学士学位毕业于德雷达瓦大学（DireDawa University）。不久后便进入中铁二院工作。2012年11月，我入职中铁二院，担任中铁二院阿达玛办事处的联络员。当时我还只是个年少懵懂的小女孩，一心只想努力做事，出人头地。之后，通过中铁二院内部人力资源招聘，我调转到亚的斯亚贝巴办事处，对我来说，亚的斯亚贝巴是埃塞俄比亚的首都，在这里工作将对我更加有利。

在我最早于阿达玛办事处工作期间，我明白了工作的价值，学会了如何尊重自己的老板。因此头一年，我几乎每天都在上班，也就是在这个阶段，我的工作理念发生了改变。

通过内调到亚的斯亚贝巴办事处后，我接触到各种各样的任务，从到埃塞俄比亚铁路公司取审批函，到从埃塞俄比亚劳工与社会事务部为中国外籍工人取得工作许可，再到从埃塞俄比亚移民局为这些人取得居民身份证。我还接触到其他类型的任务，比如为中铁二院在埃塞俄比亚运营的车辆管理保险业务等。

我从我老板那里学到一个最重要的经验是，当我作为CREEC代表，被业主拒绝，要坚信事情总有解决办法。通过反复协商，我们总能找到办法完成任务。另外一个重要经验是忠诚必定带来益处。对企业忠诚，老板给予你的将远超出你所期望的。

在我就职于中铁二院期间，还有个很重要的事情，就是我在中国停留的这段时间。期间，我学会了很多东西，中国经济是如何运转，中国的历史文化，以及中国人的做事方式。我还积累了大量的工作经验，包括保持良好的工作习惯和工作环境整洁。

China, Splendor Beyond Imagination

Trainee of the 2017 Seminar on Integrated Traffic Management for English-Speaking African Countries
Design Specialist of Ministry of Transport of Ethiopia
Reda Seble Beyene

To be frank, I love Chinese.

I have dealt with many foreigners because of my work. The Japanese are polite yet aloof, the Europeans are polite yet arrogant, the Americans are polite yet oppressive. Only the Chinese are polite also sincere, like my brothers and sisters.

From 2014, I have frequently met with the Chinese since the construction of Addis Abeba-Djibouti Railway. They are funny guys smiling every day, capable of solving all the problems just like superman. No matter it is hot weather in summer, or hard breathing at high altitudes, or lack of water, they are never shied away.

I think maybe this is the Chinese's confidence and power in railway construction.

At the end of 2016, the Addis Abeba-Djibouti Railway was open to service. But this is far from enough. To embrace the railway age of Ethiopia, massive top-down railway trainings from managers to root-grass technicians are needed.

In 2017, at the invitation of the Ministry of Commerce, I set foot on my way to China for 2017 Seminar on Integrated Traffic Management for English-Speaking African Countries undertaken by the planning and design firm of the Addis Abeba-Djibouti Railway: CREEC.

The location of the training is called Chengdu, in southwestern China.

Before my leaving, I was upset and preconceived many difficulties. But all my worries flew away when I arrived in Chengdu after long flight.

Stepping out of the airport, the employee from the CREEC Training Center was waiting for me with big smile and a welcome banner, sweeping away all my helpless and embarrassment. It was 3:00 a.m., but they have no complaints and no urges, but a warm "hello".

The trainee manual has a detailed arrangement for us with clear schedule specific to everyone. To facilitate our discussions, translation software is downloaded on the Chinese executive's mobile phones. The barriers between people are completely moved under this lovely action.

The training in China was splendid beyond imagination.

The Chinese taught me without any reserve. Apart from railway, I also learnt expertise in

中国，超乎想象的精彩

2017年非洲英语国家综合交通管理官员研修班学员
埃塞俄比亚交通部设计专员
雷达·希伯·北彦妮

坦白地说，我喜欢中国人。

因为工作的原因，我接触了很多外国人。日本人礼貌中带着若有若无的疏离，欧洲人礼貌中带着普世价值的高傲，而美国人礼貌中带着山姆大叔的霸道，只有中国人，礼貌中带着真诚友好，更像是我的兄弟和姐妹。

2014年开始，因为亚吉铁路的修建，我就频繁和中国人打起了交道。这是一帮非常有趣的家伙，整天总是乐呵呵地，不管是"沸腾蒸锅"的酷暑天气，让人呼吸困难的高原缺氧，还是缺水缺粮的物质困难，他们都能想着法子解决，就像是无所不能的超人。

我想，这源于中国人在铁路修建方面的自信和实力吧。

2016年底，亚吉铁路建成通车了，但这还远远不够，为了迎接埃塞俄比亚铁路时代的到来，从高层管理人员到基层员工都需要一场大规模的铁道技术培训。

2017年，应中国商务部的邀请，我踏上了去中国的短期培训之路，参加由亚吉铁路规划设计单位中铁二院承办的"2017年非洲英语国家综合交通管理官员研修班"培训。

培训的地方叫成都，位于中国西南部。

出发之前，我预想了种种困难场景，忐忑不安，长时间飞行的疲倦，却在抵达成都机场后倏尔远逝。

踏出机场，远没有我预想的无助和尴尬，培训班管理人员在机场出口处，举着欢迎的接机牌，满含微笑，静静地等待。此时，成都当地的时间是凌晨3点，他们没有抱怨，没有催促，只有一句温暖的"你好"。

学员手册里将我们的日程安排得事无巨细，具体到时间点，落实到个人。为了便于交流，管理人员的手机上都下载了翻译软件，在这样可爱的方式下，人与人之间的隔

highway, urban rail transit, integrated transportation system and hub construction. I visited Chengdu East Railway Station, a well-equipped convenient intermodal station which speaks to local Sanxingdui culture. I ride on Chengdu-Chongqing high-speed rail at a running speed of 300km/h. Due to its state-of-the-art technology, the coin can keep stand on the running train. I experienced the magic Chongqing Light Rail Line 2, which runs through a high building, realizing the perfect combination of rail transit and residential buildings.

The designer of these fantastic masterpieces is CREEC.

When I was at home, I knew CREEC is a leading railway design firm in China, which won many design awards due to its solid technical strength. But I always thought it can not be compared with European and American designs until I see it myself. Their design can definitely match with the western design.

Before returning to my home, I want to say to those have concerns with Chinese technology that the Chinese are great!

阁被完全打破。

在中国的培训超乎想象的精彩。

由于中国人毫不吝啬、毫不藏私的传授，我获得了除铁路以外，包括公路、城市轨道、综合交通运输体系和枢纽建设在内的专业知识；参观了具有中国三星堆文化特色的现代铁路站房代表作——成都东客站，它是一座设施齐全、换乘方便的庞大建构体；乘坐了成都至重庆速度达300千米/小时的高速铁路，由于设计修建技术高超，硬币在高速行进的列车上也能保持直立不倒；体验了神奇的重庆轻轨旅行，重庆轻轨二号线穿楼而过，实现了轨道交通与居民楼完美契合。

这些匪夷所思、脑洞大开的建筑作品的设计者，都是中铁二院。

在国内的时候，我就知道中铁二院是中国一家超一流的铁路设计企业，获得了许多设计大奖，技术实力雄厚。但是在心底我一直认为中国的设计能力与欧美相比还是有一定的差距。可事实胜于雄辩，他们的设计水平完全能与欧美国家媲美，让我完全折服。

培训结束回到国内，我想告诉对中国技术持观望态度的人们，他们很棒！

埃塞俄比亚项目部2011年新年晚会

My Lucky Star—Good-Tempered Near

Trainee of the 2018 Seminar on Integrated Traffic Management for English-Speaking African Countries
Bentelem Hailo Regeasa

When I opened my eyes, all I saw were in white color—white room, white bedclothes, and white wall with strange signs.

Looked aside, I saw a Chinese girl with concerned smile on her face.

"Where I am? Why I'm here?"

It reminded me that on the way to Chengdu Museum, I suddenly felt my stomach getting more and more aching, then everything went black before I lost consciousness.

Then a gentle voice explained, "You just had a miscarriage on the way to museum and fainted. We sent you to the hospital and the doctor treated you. The child was not saved, yet unaffected to your health."

I was shocked at hearing of that. I completely had no idea that I'd been pregnant, even traveled thousands of miles to China to attend the training.

The owner of the gentle voice was always with me, bustling around. Although we were in the air-conditioning room, beads of sweat were still on her forehead, and her clothes were wet because of sweat. I could imagine how busy and nervous she was when I fainted.

The girl's name was Near, who had a quite good temper and amazing voice.

Near, the project leader of the 2018 Seminar on Integrated Traffic Management for English-Speaking African Countries in China, kept providing assistance enthusiastically during our training. Her good temper deeply impressed me. "Near, my friend remits me 1,000 USD from Ethiopia, may I ask him to remit it to your account then you transfer it to me?" "Near, my room is close to the aisle, could you help me change another one?" "Near, the air-conditioning temperature in the meeting room is too high, could you lower it a little?" "Near, I don't like the lunch food, could you supply more steak and salad?" "Near, my eyes are uncomfortable, could you buy me a bottle of eye-drops?" Yes, no matter it was important or tinny, as long as we made a request, she would seriously help to resolve it. Thus, we called her "good-tempered Near" in private.

I stayed in hospital for two days. After the confirmation of nothing serious, I went back to the hotel. On the next day, according to the schedule, we shall go out for a visit. Supposing

好脾气 Near 是我的幸运星

2018 年非洲英语国家综合交通管理官员研修班学员
本特蕾姆·海露·雷加萨

当我睁开眼的时候,眼前是白茫茫的一片,视线慢慢变得清晰,这是一个白色的房间,白色的床单,白色的墙,墙上挂着陌生的字牌。

缓缓偏过头去,看见一张中国人的脸,当看见我睁开眼睛的时候,这张脸露出关切的笑容。

"这是哪儿?我怎么会来到这里?"

想起来了,在参观成都市博物馆的路上,我突然觉得肚子越来越痛,接着眼前一黑便失去了知觉。

有个温柔的声音在我旁边说:"刚刚在博物馆参观的路上你流产昏倒了,我们把你送到了医院,医生已经给你做了处理,孩子没有保住,不过你的身体没有大碍。"

我心头一凛,原来我已怀孕却不自知,还千里迢迢从埃塞来到中国培训。

这个温柔声音的主人一直在我身边陪着我,忙里忙外。虽然在空调房里,可是她的额头还有细密的汗珠,衣服也还被汗水浸湿了,可想当我晕厥时她有多么紧张和忙碌。

这个女孩儿叫Near,是一个脾气超级好的姑娘,有着悦耳动听的声音。

Near是"2018年非洲英语国家综合交通管理官员研修班"的项目负责人,在我们研修学习期间一直热情地为我们提供帮助。她的好脾气给我留下了深刻的印象。Near,我朋友从埃塞给我汇了一千美金,可以汇到你的账户,然后再转给我吗?Near,我住的房间靠近过道,可以帮我换个房间吗?Near,会议室的空调温度太高,可以调低一点吗?Near,我不喜欢中午的菜,能有更多的牛排和沙拉吗?Near,我的眼睛不舒服,能帮我买一瓶眼药水吗?是的,无论事情大小,只要我们提出要求,她都认真帮我们解决。私下里,我们都称她为"好脾气Near"。

在医院住了两天,在确认没有大碍后,我回到了宾馆。回来第二天,按照行程安

my healthy condition was recovered, I asked to go together as well. But good-tempered Near was reluctant this time. She opened her eyes widely, kept saying "No! No!" I was urged to stay in hotel for another two days. She was so stubborn and persistent that reminded me my mum for an instant. When I was young and ill in bed, my mum always strictly supervised me to have pills and rests.

From then on, Near has always taken care of me. At breakfast, she would silently change my ice water into hot coffee or lukewarm boiled water. When studied in classes, she would reserve me a seat avoiding the AC outlet. When it was raining, she would bring me an unexpected umbrella.

Time flies. When it was about to leave, I had forged a deep friendship with Near. At the airport, we took pictures and said goodbye again and again, embraced with tears in eyes, unwilling to part. Also, I invited the Chinese friends to Ethiopia, where I would take them to enjoy the most beautiful sceneries, entertain them with the best food, and help them with my best efforts.

排将要外出参观考察，我觉得自己已恢复如初，便要求一同前往。可是好脾气Near不愿意了，她睁大眼睛一直说："No！No！"并且强烈要求我留在宾馆再休息两天。她执拗而坚持的态度，让我有一瞬间想到了自己的妈妈，小的时候，当我生病躺在床上，她也总是严厉而执着地监督我服药休息。

此后，Near一直贴心地照顾我。早餐时，她会默默把我的冰水换成热咖啡或者温开水；上课时，会特意为我留一个避开空调口的座位；下雨时，会为粗心的我多带一把雨伞……

时光转瞬即逝，等到快要离别的时候，我已经和Near结下了深厚的情谊。我们在机场一次次合影，一次次说再见，含着泪拥抱，舍不得分开。我热情地邀请中国朋友去埃塞，我要带他们去欣赏我们国家最优美的风景，会用最好的食物款待他们，也会尽我最大所能去帮助他们。

第五章 历史的镜头

第五章
历史的镜头 05

夫以铜为镜,可以正衣冠;以古为镜,可以知兴替;以人为镜,可以明得失。

——《旧唐书·魏徵传》

中国中铁：开路先锋

彭 纳

走进吉布提首都吉布提市的纳加德火车站，旅客们正携带着大包小包的行李等候检票进站。这趟由吉布提市开往埃塞俄比亚首都亚的斯亚贝巴列车像往常一样座无虚席。"这是我第三次坐亚吉铁路。之前我去埃塞俄比亚德雷达瓦都是乘坐公共汽车。危险、路况不好，还要坐18个小时。现在乘火车既舒适，时间也只要4小时。"兴奋的吉布提小伙子阿卜杜拉比比划划地说道。

2016年10月5日，亚吉铁路正式通车运营。这条呼啸在东非大裂谷的钢铁巨龙，是首次采用全套中国标准和中国装备建造，并由中国企业负责运营的第一条全产业链"走出去"的铁路。作为最早走出国门的央企之一，从第一次踏上非洲大陆完成迄今为止中国最大援外成套项目之一的坦赞铁路，到如今中国标准、中国装备在非洲落地生根，这条出海的"路"，中国中铁走了近50个年头。

从坦赞开始的破冰之旅

1964年，在非洲民族解放运动的浪潮中，坦桑尼亚和赞比亚相继独立。百废待兴的两个国家有着发展经济的迫切愿望。当他们向中国提出援建坦赞铁路、打通东非交通大动脉的请求时，中国中铁站在了时代的浪尖，成为走出国门的"破冰"者。中铁二院，中铁一局、二局、三局、四局、五局，中铁电化局和中铁建工集团5万余名铁路建设者走进了密不见天的原始森林，开始了一场艰苦卓绝的战斗。

1965—1967年，由中铁二院数十位专家组成的团队先后抵达非洲大陆，并一头扎进了坦桑尼亚和赞比亚的崇山峻岭间。尽管荆棘遍地、疾病肆虐，但还是未能阻挡团队用脚步来丈量这片土地。这群丛林的到访者并不是前来探险的，他们是即将开工建设坦赞铁路的前行军。在他们的足迹中，坦赞铁路全线踏勘报告于1969年完成。

1970年，坦赞铁路正式开工建设。除了变幻莫测的大自然带来的危险，施工机械和设施的极度缺乏、施工条件的艰苦，也考验着每一个走进这片莽原的建设者。在姆马段，地形复杂，现场一片泥泞，施工机械无法进入工地，但铁路的路基又必须经过这个地方，最后只能依靠人工推进的方式：工人们挽起裤腿站在水里，将泥装在筐中运到干的地方，再用小推车将泥推到别处。就是靠着这种"笨"办法，路基才一寸一寸最终成型。

对于那段历史，已经50多岁的周平深有感触。40多年前，还在上小学的他总是见不到父亲，只知道父亲在遥远的非洲，帮助那里的人民建设铁路。父亲说，那时他们修建坦赞铁路的条件非常艰苦。坦桑尼亚天气炎热，再加上交通条件限制，从中国过去要在轮船上漂半个多月。父亲在那里待了5年，中间没有回过一次家。虽然长时间见不到父亲，但作为"援建家属"的自豪感在小周平心里埋下了一粒种子。40年后的今天，在坦赞铁路以北，周平作为新一代的中国中铁人，正驾驶着一辆崭新的列车穿过东非高原凛冽的狂风，穿梭于埃塞俄比亚与吉布提之间。

再战非洲

2016年10月5日，在非洲屋脊的埃塞俄比亚高原上，高亢的汽笛鸣响后，一条钢铁巨龙蜿蜒前行。车厢里，兴奋的乘客纷纷拿出手机，要么以火车为背景照相留念，要么透过车窗拍摄窗外的风景。全长约750千米，设计速度120千米每小时的亚吉铁路，是非洲大陆第一条跨国电气化铁路和最长距离的电气化铁路。这个被誉为"新时期坦赞铁路"的项目，是中国在非洲修建的又一条跨国铁路。这一次，带着技术标准、设备、融资、施工、监理、运营和管理踏上非洲土地的中国中铁，再一次书写了历史。

2009年，中铁二院的铁路勘察设计专家团队率先赴亚吉铁路项目踏勘。此后的7年间，从项目融资、征地拆迁，到技术标准的设定、项目投资预算等，中国建设方、当地政府和民众之间展开了反复艰巨的"拉锯战"。

在东非大裂谷地带修建一条现代化准轨（指标准轨道）铁路，这对非洲来说是一次零的突破。在没有现成的铁路设计规范，没有可供借鉴的相关项目，没有必要的基础设施支撑，甚至没有最基本的基础材料的情况下，中铁二院勘察设计人员要面对的是荒芜的土地、疑惑的面孔和听不懂的语言。

几年的谈判中，中方人员不断耐心地介绍"中国标准"的先进性、科学性、合理性，组织埃方到中国的铁路现场参观考察。与此同时，技术人员在设计方案时也结合埃塞俄比亚发展实际，因地制宜地对"中国标准"进行属地化改良。如今，列车往来穿梭，将吉布提至亚的斯亚贝巴的运输时间从公路运输的7天降至10个小时。中国中铁又一次将"不可能"变成了现实。

目前，担任中铁二局新运公司埃塞铁路工程指挥部副指挥长的周平将40多年前父亲在非洲播撒下的友谊的种子延续了下来。如今，在周平的动员下，他的大儿子也来到埃塞俄比亚，在亚吉铁路工地上操作吊车。

铁轨上的时代变迁

周平一家的"出海"经历正是他们所在企业中国中铁"出海"破冰的缩影。从坦赞铁路这个契机开始，中国中铁不断在海外市场的拓展中大展身手。中国中铁董事长李长进曾经这样总结，中国中铁作为最早一批"走出去"的企业，40年来，始终坚持发展海外市场并逐步做大、做强、做优，实现了从"借船出海"到开路先锋的转变。

1993年，中国中铁取得了对外承包和劳务合作经营权。随后，其在发展中逐步形成了"先小后大，先劳务后承包，先分包后总包，稳步扩大海外市场"的海外经营思路。进入千禧年，改制后的中国中铁获得对外经营自主权，紧紧抓住时代机遇全方位走向国际市场。2003年，中国海外工程总公司以全资子公司身份并入中国铁路工程总公司，实现了外向型窗口企业与技术实力型企业的强强联合和优势互补，成为中国中铁发挥集团优势大力拓展海外市场的第一艘"旗舰"。2013年，在资源优化整合的基础上，中国中铁另一艘海外经营"旗舰"——中铁国际集团成立。

一条条铁轨承载着中国中铁"出海"的万千经历，也是中国发展变迁的时代写照。如今，随着"一带一路"倡议的不断深入推进，中国中铁正依托埃塞俄比亚轻轨、亚吉铁路、中老铁路等几十个国际项目，将中国的轨道交通技术带出国门，并形成了涵盖勘察设计、施工、装备制造、运营维护的完整铁路产业链的技术标准体系。李长进也表示，中国中铁将与共建"一带一路"国家在重大项目建设、设计咨询、高端产品制造、科技创新、融通民心等方面深化合作，实现共赢发展。

截至2017年，中国中铁在境外83个国家设有业务机构，实施项目493个，海外营业收入达到416.8亿元，是2000年开始自主海外经营时的175倍；海外总资产超过500亿元。

■ 本文原载于《一带一路报道》

牢记总理嘱托　建好亚吉铁路

刘羽丰　魏　潘

当地时间2016年10月5日，一条"巨龙"从7 000多名亚的斯亚贝巴市民身边驶过，这条连接埃塞俄比亚首都到吉布提港的铁路通车后，吉布提至亚的斯亚贝巴的运输时间从原公路运输的7天降至10小时，实现了埃塞交通运输的大提速。

在此通车喜庆之时，国务院总理李克强两年前在工地上的嘱托再次浮现在中国建设者们的脑海，"牢记总理嘱托，建好亚吉铁路"的信条已深深镌刻在亚吉铁路建设者们的心中。

殷殷重托：载着中国梦想前行

2013年9月和10月，中国首度提出"一带一路"倡议。

早在20世纪70年代，中铁二院就设计修建了坦赞铁路，从而踏上了非洲大地。2012年，中铁二院积极响应国家号召，进入被称为"鲜花之城"的亚的斯亚贝巴，成为率先践行中国铁路"走出去"的企业，助力非洲铁路建设，先后承担了亚的斯亚贝巴轻轨和亚吉铁路的建设任务。

2014年5月，李克强总理在访非期间，首度提出了"三网一化"的概念，即致力于建设非洲高速铁路、高速公路、区域航空"三大网络"及基础设施工业化。李克强总理坚定地表明了中国政府对非立场。

当月5日下午3时，满怀着对非洲铁路建设的关注和对中国铁路企业的厚望，李克强总理在埃塞俄比亚总理海尔马里亚姆的陪同下，视察了由中国中铁承建的亚的斯亚贝巴轻轨项目。该项目是李克强总理视察的第一个在非中国项目。

李克强总理和海尔马里亚姆总理一起沿着斜坡缓缓走上正在紧张作业的高架桥，一边前行一边询问工程进度、质量管理和吸纳当地就业情况。得知项目从设计、施工到装备、运营都采用"中国技术"时，李克强总理表示肯定并说，要打出中国铁路的品牌，要与非洲共享铁路建设经验，分享中国成熟技术，做好对非洲当地员工的培训，带动更多当地就业。

在视察期间，李克强总理勉励中国企业做中国技术"走出去"的"开拓者、先行者"。李克强总理的一番话是对中国中铁承建埃塞第一条电气化铁路的鞭策，更是对中国建设者们树誉非洲、造福非洲的要求。

自总理鼓励的那时起，"做走出去的开拓者和先行者，打造中国铁路的品牌"便成为建设者们牢记的信条，也成为优质高效修建精品亚吉铁路的不竭动力。

优质精品："鲜花之城"留美名

"打造中国铁路的品牌""做开拓者，先行者"，看似很平常的话语，但在建设者心中却重如千钧，能不能建好亚吉铁路，关系到中国企业的形象，关系到"一带一路"建设大局。怎样建好亚吉铁路，成为压在每一个建设者心中的一块石头。

是压力，也是动力；是困难，也考验着实力。面对亚吉铁路线长面广、环境艰苦、资金紧缺、任务繁重、语言不通、资源匮乏、地域不熟、征拆缓慢等一系列难题，建设者们前期按既定思路紧紧围绕"谋划、筹建、调查、研究"8字方针，精心开展设计，坚持项目稳定、生产有序，稳步推进亚吉铁路的建设。

经过近4年的摸爬滚打，建设者们学会了在设计方案论证阶段如何更好地满足业主需求，学会了在雨季战洪水、保设备，适应了在泥泞道路上艰难跋涉，适应了在"滚滚黄尘"的旱季掀起持续的百日会战，适应了在白天顶着强烈紫外线的辛勤劳作，始终将尽职岗位、按期履约作为唯一追求。

如今，顺利通车的亚吉铁路，一跃成为埃塞俄比亚新的经济主动脉，让这个进出口物资极度依赖吉布提港口的国家，踏上了发展的快车道，大大提升了埃塞当地的运输能力，缓解了公路运输的负担，为埃塞人民带来新的通畅，也将极大地促进埃塞政府"五年经济增长与转型计划"的成功实施。

民生责任：惠风拂遍东非高原

"大道之行也，天下为公。"中国中铁作为不远千里来到异国修筑铁路的企业，始终秉承中国政府提出的中非合作"真、实、亲、诚"的理念，除了优质高效、诚信履约完成铁路施工，还不遗余力地通过各种举措惠及当地民生、造福当地民众，彰显着企业义不容辞的社会责任。

为了促进当地员工就业，参建企业遵循"在坚持核心管理岗位和重要设备操作岗位以中方人员为主的同时，其他管理和操作岗位尽可能多地使用当地雇员"的原则，以"范围广、针对强、多元化"的思路，对当地员工进行培训。

项目中一位名叫Samaon的雇员特别爱学习，总是跟着中国工程师到施工现场，力求将讲解的每一项都弄明白。Samaon不仅全面掌握了路基施工的全部流程和要求，还能在施工现场担任翻译，连续几年被评为亚吉铁路建设的"优秀员工"。Guesses也是一位埃籍翻译，在中国留学两年，他以在中国企业工作而自豪。Samaon和Guesses的进步还带动了一批当地员工迅速成长，帮助了更多员工克服了工作中的难题。

为更好地尊重当地风俗，项目部专门为当地员工开设了"绿色通道"，为埃籍雇员修建住房、餐厅，并提供床上用品和当地主食；每月评定数名埃籍优秀员工，以增加其荣誉感和认同感；允许埃籍雇员提前预支其当月工资；设立"爱心聊天室"、专门租赁中巴车，每天按时将下班后的雇员逐一送回家，以保证其下班途中的安全。

2015年，埃塞遭遇严重干旱，逾1 000万人面临饥荒。由于埃塞当地公路运力有限，国际救灾物资难以及时运达，埃塞政府最终研究制定了通过中国中铁在建亚吉铁路临时运输物资的方案。截至埃塞当地时间2016年7月27日，中国中铁帮助埃塞政府顺利运输救灾物资72 000吨，累计发送列车48次1 200辆，极大地缓解了灾区人民物资匮乏的压力，得到了埃塞俄比亚政府和民众的高度赞赏。

"这里已是我的第二故乡"，一位在亚吉铁路工作了4年多的员工说。这句话流露出这位扎根非洲的建设者对工作的眷恋，更流露出建设者对当地建设的责任感。其实，在埃塞，还有很多这样的员工，他们默默地为当地的发展而奋斗着。

"志合者，不以山海为远"，这就是建设者在埃塞的建设故事，也注定是铁路建设者们筑路人生、满怀骄傲的流金岁月。而在通车的此时，从埃塞人民手中的鼓浪中，广大建设者终于感受到了实现国家和总理嘱托的那份喜悦、激动。

■ 本文原载于《一带一路报道》

建设一条铁路　开启一个时代

——中铁二院亚吉铁路勘察设计工作纪实

郑馥璇

一条铁路，浓缩了一个时代的变迁；

两条钢轨，勾勒出中非合作的未来。

2016年10月5日，埃塞俄比亚亚的斯亚贝巴至吉布提港的铁路正式通车运营。这是非洲大陆上第一条现代电气化铁路，也是中国企业在海外首次采用全套中国标准和中国装备建造，并由中国企业负责运营的铁路。

这条横空出世的钢铁巨龙，从广袤的东非大裂谷呼啸而过，不仅给沿线人民带来新的希望，也标志着"一带一路"倡议在非洲东海岸落地生根，让"中非合作"的新时代大幕徐徐开启！

从坦赞铁路到亚吉铁路

"记住那奔向我们一心向往的峰顶的列车,它满载希望,来到辽阔的幸福境界。多少悲歌,多少呼唤,为了幸福,我们望眼欲穿。"

40年前,非洲诗人穆巴迪亚特的诗歌《阳光》,让世人听到了非洲人民对铁路、对幸福、对未来的深情呼唤。而那个时候,在非洲就有这样一条铁路,它满载着人们的深切期盼,从坦桑尼亚出发,穿越了半个非洲大陆,行进至赞比亚,直抵温暖的印度洋,全长1 860.5千米,那是当时中国最大的援外项目——坦赞铁路。

在坦赞铁路建设期间,中铁二院和兄弟单位一起,承担了大量的勘察设计工作。作为铁路建设的先行者,中铁二院数十位专家1965—1967年先后抵达坦桑尼亚、赞比亚,在极端恶劣的自然环境中进行全线踏勘,并于1969年12月完成了详实的踏勘报告。随后几年,中铁二院的配合施工人员与中国派出的工程技术和管理人员一起,在崇山峻岭之间、遍地荆棘之中、疾病肆虐之下,高质量地完成了筑路任务。在项目收尾阶段,中铁二院顺利移交了全线竣工图,并参与了铁路运营期的管理工作。

作为中国送给非洲人民的一份厚礼,坦赞铁路为坦桑尼亚、赞比亚两国的社会经济发展做出了重大贡献。这条被誉为"非洲自由之路"的铁路,在半个世纪前引领着沿线人民进入追求自由与发展的新时代,也联结起中非之间跨种族、跨世纪的真挚友谊。

时光如驹,与当年的坦赞铁路遥相呼应,今天,众所瞩目的亚的斯至吉布提港铁路也顺利通车运营。同样是东非腹地的入海通道,同样是中国铁路人智慧与汗水的结晶,同样是具有划时代意义的大手笔,亚吉铁路的建设,有着再展雄风的历史宿命,也承载着人们更多的关注与期盼。

亚吉铁路全长752.7千米,沿线连接埃塞俄比亚首都亚的斯亚贝巴,重要城市阿达玛、德雷达瓦,终点是吉布堤港,全线采用中国二级电气化铁路标准施工,设计的速度为120千米/小时,共分布45个车站,总投资约40亿美元,由中国中铁和中国铁建负责施工。该项目是中非优势产能合作的示范性项目,也是中非"三网一化"合作的早期收获,对"一带一路"倡议在非洲东海岸门户区域的落地具有重要意义。

当前,埃塞政府正致力于全面加强基础设施建设,提速经济发展。已建成的亚的斯亚贝巴城市轻轨、高速公路、风电等项目,都体现出基础设施在经济发展中的重要作用。作为一种大能力、便捷、节能、环保、安全的绿色交通运输方式,亚吉铁路是埃塞政府第一个"增长与转型计划"(GTP)中的重点项目。该铁路投入使用后,将成为埃塞的出海大通道,开辟埃塞乃至东非腹地物资、出口通道,成为埃塞中部地区与西部、东部地区的经济、交通中轴,对东非乃至非洲经济的纵深发展都将发挥重要的拉动作用,并为埃塞和吉布提两国沿线地区的社会经济可持续发展带来质的飞跃。

从技术之争到合作之路

今天，亚吉铁路被誉为在海外首次采用"中国标准"建设的跨国电气化铁路。事实上，"中国标准"要被非洲人接受绝非易事。设计之初，受意识形态和思想观念等制约，埃塞人对"中国标准"持怀疑态度。为此，"中国标准"不仅与"欧洲标准""美国标准"展开了外交较量，也与非洲的建设实际进行了漫长的磨合。

2009年，中铁二院的铁路勘察设计专家团队率先赴亚吉铁路项目现场踏勘。在此后的漫长7年，从项目融资、征地拆迁，到技术标准的设定、项目投资预算等，中国建设方、埃塞政府和民众之间展开了反复的、艰巨的"拉锯战"。

在东非大裂谷地带修建一条现代化准轨铁路，这对非洲来说是零的突破。万事开头难，没有现成的铁路设计规范，没有可供借鉴的相关项目，没有必要的基础设施支撑，甚至没有最基本的基础材料。一开始，摆在中铁二院勘察设计人员面前的，只有一片片荒芜的土地、一张张疑惑的面孔、一串串听不懂的语言。

埃塞俄比亚是一个未曾被殖民过的国家，埃塞人骨子里有着与生俱来的自豪感。尽管他们国力并不强盛，但埃塞人尤其是政府高层对本国的发展有着美好且长远的憧憬。地处非洲内陆的埃塞俄比亚，交通闭塞，物资匮乏，生活成本是整个非洲平均水平的4倍之高。埃塞人迫切想要修建铁路，而且要建就建最好的、最快的铁路！

埃塞俄比亚总理、时任埃塞铁路公司董事长的海尔马里亚姆·德萨莱尼，早年到中国考察了京津城际铁路后，就立志要在埃塞建设一条这样的快速铁路。因此在最初的谈判中，埃塞方要求设计的是速度160千米/小时、预留225千米的双线电气化铁路。

殊不知，设计时速每提高一个档次，各专业配套设计和铁路装备都必须跟上，建设投资也将翻番，这与埃塞当前的经济发展水平完全不相适应。再加上沿线特殊的地理条件和气候环境、现有资料的极度匮乏、不同文化间的碰撞和冲突等，都使亚吉铁路的勘察设计难度大大增加。

然而就在当时，埃塞人不仅对"中国标准"不甚了解，而且还要求既严格控制投资，又不能降低铁路建设标准。中铁二院作为亚吉铁路的规划设计单位，只能耐心地向埃塞方介绍"中国标准"的先进性、科学性、合理性，并邀请他们到中铁二院总部开展多层级、多专业、多领域的技术交流和培训，还组织他们到中国的铁路现场参观考察。

与此同时，技术人员在设计方案中也结合埃塞发展实际，因地制宜地对"中国标准"进行了属地化改良。埃塞铁路项目总体设计负责人、中铁二院土建一院线路所副所

"China, good！"

长龙宗明顶着巨大压力，带领中铁二院设计总体组对设计方案做了多次优化变更，并作为技术谈判代表与埃塞铁路公司进行了长达数年的艰难谈判。

技术标准一再修订，设计文件几易其稿，项目合同也屡次更改。在经历了无数次沟通协商之后，埃方最终接受了速度120千米/小时的设计标准。中埃双方最终达成一致，于2011年10月签订了EPC合同，又于2012年11月签订了EPC补充合同。而龙宗明却因此被埃方赐予Mr.Money的绰号，成为项目部的笑谈。

经此一役，中方团队从技术专家到设计人员无不慨叹：中国铁路要"走出去"，强推和照搬"中国标准"是行不通的，关键还要在充分了解所在国国情的基础上，按照当地实际对技术标准进行适当调整，才能最终形成真正适合埃塞发展的、具有埃塞特色的标准体系，也才能建设一条真正能够适应当地发展需求的铁路。正如埃塞铁路项目经理、中铁二院土建一院副总工程师曾德礼所说："亚吉铁路所采用的标准，并不是纯粹的'中国标准'，确切地说应该是'结合埃塞国情的中国标准'，这个标准在非洲以后的铁路设计建设中都将有重大的示范效应和推广价值。"

尽管在勘察设计期间备受"折磨"，但埃塞人富有远见和较真的劲头，也令中国铁路设计师折服。正是在埃塞人的执意坚持下，中方各专业设计人员克服了重重困难，竭力满足埃方业主各种近乎苛刻的要求。

亚吉铁路车站大楼

亚吉铁路与当地人民

如今,非洲第一条电气化铁路诞生了,独一无二的变电所设计在这条线路上完成了,最先进的行车调度指挥系统在该线拉布车站实现了……很多"不可能"都已成为现实。秉持这种切实为非洲人民考虑、完全从当地发展实际情况出发的态度,亚吉铁路的设计方案最终赢得了埃塞业主的认可和好评,也使中国铁路人在非洲逐渐受到当地百姓的欢迎和尊重。

从"阿里巴巴"到 China Good

遥想亚吉铁路勘测之初,这些陌生的中国面孔曾遭到了当地人的普遍抵制。中铁二院的勘测人员到现场开展工作,当地的一些小孩儿们就在他们身后跟着用小石头追打,管中国人叫"阿里巴巴"(强盗的意思)。

也许,这个不友好的称谓还只是带来一些不被理解的委屈,而在勘测外业人员的实际工作中,其实每天都处于危险之中。猛兽、枪战、疾病、抢劫等,任何一项都关乎性命安危。

在水资源极度紧缺的非洲大陆,当地人依水而居,各个部落间有严格的区域划分,为争夺水源而发生的打斗甚至枪战时有发生,中方勘测人员在现场工作时很容易误入其中。有一次,总体组在当地联邦警察的护送下赴现场做水文调查,突然十几个村民提着枪就围过来,"叽里呱啦"地开始嚷嚷……埃塞是一个有着80多个民族的多民族国家,有90多种独立语言,当地的联邦工作语阿姆哈拉语以及通用的英语在很多原住居民中并不盛行,因而语言交流是外业工作中最大的障碍,即使聘请翻译也很难开展工作。而在当时的情势下,气氛愈加紧张。最后经过当地翻译的耐心解释和一番肢体语言的沟通后才得以解围。

埃塞现场钻探场景

埃塞物探现场

　　类似这样一言不合就被持枪围攻的经历还有很多，有时是因为勘测队在一个部落的管辖区域内聘用了另一个部落的小工，有时是村民们逼着我们用勘探的钻机为他们钻出水井……尽管这些"理由"说起来哭笑不得，但在神秘的非洲大漠，在冰冷的枪口之下，这一切足以让人魂飞魄散。

　　与枪战同样可怕的还有各种猛兽。非洲有着得天独厚的野生动物资源，狮子、花豹、野牛、鳄鱼、毒蛇、土狼等凶猛动物时有出没。尤其是在野生动物保护区附近勘测时，时常能听到不远处传来的声声狮吼，那声音着实让人毛骨悚然，勘测人员的人身安全随时都面临着威胁。一天夜里，孤身一人看护钻机的值守人员遭到一群土狼围攻，惊慌失措的他只好爬到钻机顶端，在上面与凶猛饥饿的土狼对峙了整整一夜才躲过一劫。

　　埃塞各地气温冷热不均，气象变化很快。高原地区平均海拔3 000米，在雨季到来时，有些好几个月都呈干旱状的低沟会瞬间涌出巨大的水流。2013年3月27日，中铁二院亚吉铁路站场专业负责人、"80后"青年工程师张鹏，在勘察设计现场工作时遭遇突发洪水，在他还没反应过来是怎么回事的时候，湍急的洪水就已将他整个人吞噬！后来，同事们怀着无比沉痛的心情在距离事发现场10千米之外找到了张鹏的遗体。当时年仅31岁的张鹏刚刚新婚不久，却在异国他乡遭此劫难，成为第一位牺牲在亚吉铁路建设工地上的中国铁路人。

与天气变幻无常的高原相反，在海拔500米以下的平原和地底又是蓓蕾哈带，年均气温在30℃以上，终年酷热干旱。在这样的环境下，勘测人员要靠坚强的意志工作，经受着身体和心理上的双重考验。

在埃塞有种名叫"英吉拉"的传统主食，乍一看是张蜂窝状的灰白色大薄饼，看起来像一块脏兮兮的抹布，实际上它是用特有的苔麸和面粉混合发酵后制成的，略带一股馊掉的酸味，摸上去有种奇特的海绵质感。勘测初期，项目部还没成立，勘测人员每天只能以此充饥，其直接后果就是不停地拉肚子。即使在多年后的今天，提及此事大家仍澎湃不已："那酸爽，简直不摆了！""当时最大的愿望就是吃上一碗简单的蛋炒饭！"所以，经过几年时间的朝夕相处，勘测队当时入驻的旅店大厨居然真的学会了做蛋炒饭。

生病治疗也是一大难题。埃塞医疗条件落后，卫生状况差，药店的药品不足且经常断货。勘测人员每次都要从国内随身携带很多常用药过去。如果药用完了，小病能扛就扛，稍微严重了就只能去大医院或去中国援助的诊所就诊。中铁二院有个技术人员曾经患了急性肠胃炎，住在医院整整一个月都没见好，迫不得已只能回国治疗。回国后，治疗一星期就出院了，但由于项目工期紧张，他又义无反顾地返回埃塞继续工作。

中铁二院员工和当地员工一起联欢

05 第五章 历史的镜头

莫道他国无情谊，最是风雨见真心。在经历了语言的障碍、文化的冲突、生活习惯的差异后，中国的铁路建设者们与非洲民众之间经过长期的接触和相互了解，逐渐建立起深厚的友谊。很多勘测人员经常与当地村民打交道，现在已经学会了一些基本的语言；我们有一位勘测工人甚至在当地认了一

中国技术真棒！

位可爱的黑人干女儿；当地人过传统节日的时候，还会主动邀请我们的工作人员去参加……

而在中铁二院的项目部驻地，中非之间的文化融合更加让人欣慰。为增进项目的本地化进程，项目部聘用了一些埃塞本地人，其中有些是曾在中国留学的学生。工作时，大家相互切磋学习；工作之外，大家也在一起开展一些休闲娱乐活动。这些埃塞人都以自己能够在中国企业工作为荣，因为他们得以有幸参与建设亚吉铁路这项伟大的工程，而且他们的收入在当地也属于高薪。现在，埃塞员工们已经习惯了中国人的工作节奏，爱上了美味的中餐，甚至还学会了打四川麻将。

最重要的是，他们再也不会管中国人叫"阿里巴巴"了。如今，大部分埃塞人见到中国人都会高兴地竖起大拇指说：China good！

从"阿里巴巴"到China good，这只是中非之间文化交融碰撞擦出的零星火花，却折射出中国给非洲带来的点滴变化，印证了中非友谊在新时代的又一次升华。

从设计铁路到设计未来

埃塞俄比亚有个叫Melak（玛卡）的小村庄，坐落在荒芜的戈壁滩上。6年前，中铁二院的勘测队刚刚到来时，这里还是一片萧条，只能偶尔见到一两个人匆匆而过。如今，由于亚吉铁路的德雷达瓦站修建于此，越来越多的人涌入这里，最初的荒漠变成了热闹的集市。每天清晨，当太阳的光晕微微越过地平线，熙熙攘攘的人群便在这里开始了新一天的生活。

在亚吉铁路拉布车站，中铁二院设计总体组在现场踏勘时，有一些当地人好奇地

亚吉铁路一景

跑过来围观，当得知这是中国工程师们在为他们设计修建铁路时，有个人竟高兴得手舞足蹈。这个人是当地的一名银行职员，他无比兴奋地说："埃塞现在所有的生活物资都要靠进口，物价太高了！亚吉铁路通车后，交通运输便捷了，物价就会大大降低，我们的生活质量就会越来越好！"这就是埃塞普通民众对亚吉铁路最质朴的期待。

亚吉铁路，即将深刻地改变这里的人们的生活。该线正式运营后，将极大地提升埃塞到吉布提港之间的运送效率，改变当地客货运输方式，使当地的客货运输从100%依赖公路转变成70%依靠铁路，时间也缩短到7个小时左右。

这些还只是我们目前所能看到的点滴掠影。

当前，埃塞俄比亚正处于工业化发展初期，中铁二院在设计亚吉铁路的同时，也充分考虑了当地的经济社会发展、基础设施建设、工业化布局等综合因素，并由此开展了铁路配套设施建设、铁路网发展规划、公路网发展规划、因多德国际物流综合工业园区规划等一系列相关工作，对沿线的经济开发进行了深远的谋划。

中国人不只是为埃塞设计一条铁路，更要为这条铁路未来的发展负责。有了这些配套建设，亚吉铁路在实际运营中才能既保证运能，又能有力地带动沿线地区工业化发展水平的提高，从而充分发挥其应有的作用。而这，才是我们真正想为整个东非地区设计的更加美好的未来。

如今，放眼整个非洲大陆，在以马里、加纳为代表的西非区域，以埃塞俄比亚、坦桑尼亚为代表的东非区域，以安哥拉为代表的南非区域，中国的铁路建设者在开拓铁路工程核心业务的同时，还广泛涉足地铁、高速公路、房建、矿产资源、物流园区规划等诸多业务领域，为非洲的经济社会发展做出了不可磨灭的贡献。

正如坦桑尼亚前总统尼雷尔所言："历史上外国人在非洲修建铁路，都是为了掠夺非洲的财富，而中国人则相反，是为了真诚地帮助我们发展民族经济。"从坦赞铁路到亚吉铁路，从"友谊"纺织厂到非盟中心，中国长期以来对非洲的援助和建设，早已超越了政治态度和经贸合作，中非之间结成了互利共荣的亲密伙伴关系。

如果说，当年援建坦赞铁路，是百废待兴的中国与贫穷落后的非洲之间"患难之交见真情"的一份"铁证"。那么，如今的亚吉铁路，则是崛起的中国助力非洲经济腾飞的一双强有力的臂膀，它必将成为中非友谊的一座丰碑，在这个美好的时代熠熠生辉！

■ 本文原载于《一带一路报道》

海外浇灌"马蹄莲"

侯文龙

在"非洲屋脊"埃塞俄比亚,仅有一条已废弃的米轨铁路——亚的斯吉布提铁路。近年来,一批黄皮肤、黑眼睛的年轻中国地质队员穿梭于高原裂谷,用足迹为埃塞俄比亚铁路寻觅最佳的"诞生地",用汗水为中埃两国浇灌象征希望友谊的"马蹄莲"。他们就是中国中铁二院工程集团有限责任公司埃塞俄比亚铁路项目部的地勘青年突击队员们。

埃塞俄比亚铁路项目所处的地理位置险峻,自然条件恶劣,社会环境复杂。这里一年四季天气炎热、紫外线强,在雨季开展工作时又经常遭遇暴雨突袭。尤其是位于索马里州的线路,所经地段人烟稀少、交通不便,突击队员们一步一个脚印,踏遍了铁线路上的每一寸土地。从2012年12月至2013年9月,在这300多个日日夜夜,中铁二院突击队员们或坚守现场,或在项目部熬夜填图,对祖国和亲人的思念丝毫没有影响他们的工作热情。

徐正宣是埃塞俄比亚项目部副经理,既要负责项目部的日常管理、对外协调,还要负责技术资料审查、项目进度安排等工作,每年在埃塞俄比亚的驻守时间超过200天。近年来的海外工作经历为徐正宣积累了较为成熟的海外管理经验,同时也建立起了一支实干、和谐、积极的勘察队伍,培养了一批优秀的海外地质勘察人员。2013年,他被授予四川省首届百名"优秀青年工程勘察设计师"称号。

张昆和唐林作为项目专业设计负责人,是最早进入埃塞俄比亚的地质勘察人员。他们攻坚克难,与业主及监理进行沟通,为后续其他项目的开展收集积累了宝贵的经验。

何小军、侯伟龙、曾德建等这批充满活力的年轻力量,是项目中的"奇兵",哪里需要他们,他们就在哪里出现。他们成功地克服了跨语言、跨文化的工作障碍,圆满完成了各项目、各阶段的勘察任务,完成了中铁二院挺进海外市场的特殊使命。

■ 本文原载于《人民铁道报》

亚吉铁路：一条新时期的坦赞铁路

2016年10月5日11时47分，由中国铁建等中国企业承建的"新时期的坦赞铁路"亚吉铁路首趟列车，从埃塞俄比亚首都亚的斯亚贝巴发出。当天，亚吉铁路开通仪式在埃塞俄比亚拉布车站隆重举行。上午8时30分，拉布车站彩旗飞舞，现场民众载歌载舞。中国国家主席特使、国家发展和改革委员会主任徐绍史，埃塞俄比亚总理海尔马里亚姆和吉布提总统盖莱等出席通车仪式并致辞。多哥总统福雷等各界来宾近千人莅临现场。

海尔马里亚姆和盖莱在致辞中均对铁路开通表示祝贺。徐绍史在致辞中讲道："亚吉铁路是三国合作的重要成果，是友谊之路。此次通车，既是中国与埃塞、吉布提合作的里程碑，又是新起点。"

"亚吉铁路不仅是中国企业为非洲国家量身打造的高品质民生工程，更是中国铁路第一次以全产业链的方式'走出去'和'一带一路'建设的标志性成果。它将带动多条产业链发展，形成一条铁路经济带，为非洲国家的可持续发展送上宝贵的'亚吉模式'。"亚吉铁路承包商、中国铁建董事长孟凤朝说。

全产业链"中国化"

亚吉铁路是海外首条集设计标准、投融资、装备材料、施工、监理和运营管理全产业链"中国化"的铁路项目。

2011年年底，中国铁建中土集团等与埃塞铁路公司签署项目合同。2012年1月，中国铁建中土集团与吉布提财政部签署了吉布提段合同。经过4年多的建设，亚吉铁路正式开通。

亚吉铁路横跨非洲两国，西起埃塞首都亚的斯亚贝巴，东到吉布提港，全线长约

750千米,采用中国二级电气化铁路标准建设,设计速度为120千米/小时,总投资约40亿美元(含机车车辆采购)。埃塞段70%的资金和吉布提段85%的资金使用中国进出口银行商业贷款。

亚吉铁路作为"一带一路"倡议的重要支撑,在促进各国互联互通方面意义重大。埃塞属于内陆国家,其工业化正处于起步阶段,进出口货物的主要通道依靠邻国吉布提的港口,铁路的缺位严重影响埃塞的经济发展。吉布提地处红海、亚丁湾中节点,战略价值显著。盖莱总统曾讲道:"将我们的国家建设成为一个地区交通枢纽,是我们的愿望"。

"我们愿与非洲各国分享中国在铁路等基础设施建设和工业化发展方面的成功经验。"孟凤朝在致辞中说。中国铁建将积极主动契合当地发展的实际需要,全方位服务铁路沿线地区经济发展,培育新兴产业,使亚吉铁路成为"繁荣发展之路,合作共赢之路"。

埃塞俄比亚和吉布提曾位列非洲最早拥有铁路的国家。然而,由于年久失修,早在20世纪末,两国间的百年法国米轨就降速到每小时15千米,不少站段甚至废弃。往来两国首都,除了飞机,只能依靠一条常年堵车的两车道公路。埃塞俄比亚作为以农业

"中国标准"让不可能变成可能

为主、依赖进出口贸易的内陆国家,没有一条国际出海大通道,严重影响了埃塞俄比亚的经济发展与民生改善。而仅有2.3万平方千米的吉布提,自给能力极低,却地处红海、亚丁湾中节点,扼国际战略通道——苏伊士运河要冲,因此修建一条运力大、速度快的跨境铁路迫在眉睫。

21世纪之初,埃塞俄比亚交通部向长期深耕非洲市场的中国铁建中土公司抛出橄榄枝,希望其为该国提供铁路规划建设方案。拿到方案后,埃塞政府又特意聘请了瑞士、澳大利亚铁路工程咨询公司进行论证。可专家们一致认为,在基础设施落后、电力输送与基建材料供应掣肘的国家,建设一条电气化铁路是"绝不可能完成的任务"。

"关键时刻,还是'中国智慧'让'不可能'变为'可能'。我们结合两国实际对铁路设计进行了调整,实现了'中国标准'的本土化,能更好地适应当地国情,也能保证工程合理盈利。"亚吉铁路项目设计单位之一、中国铁建第四勘察设计院国际事业部总工程师余兴如是说。

2010年9月,中铁二院亚吉铁路勘察设计项目部正式成立,迄今先后有1 700余人次赴埃塞参与各类工作。为了带动"中国标准"走出去,在项目勘察设计阶段,中铁二院不断向埃塞政府业主讲解"中国标准"和相关技术措施的先进性、科学性、合理性,并分批次邀请埃塞官员、技术骨干、留学生等,参加在中铁二院成都总部举办的"埃塞铁路高级人才培训班""非洲英语国家路桥建设与管理研修班"等。通过各专业技术专家的深入讲解,他们对"中国标准"有了全新的认识。

在中国培训期间,还组织他们参观并乘坐中国已通车运营的铁路,让他们对中国速度有了深切体验。同时,分析埃塞国情和经济发展实际,因地制宜地对"中国标准"进行属地化改良,形成了真正适合埃塞发展的、具有埃塞特色的标准体系。

针对吉布提电力供应困难,"中国方案"提出了接触网取电主用、柴油发电机备用的区间直放站供电模式,大幅缓解了电网运营压力。

针对亚吉铁路的特殊地质条件,特别是斜穿东非大裂谷的100千米火山地貌和断裂带拉张裂缝,中铁二院的勘察设计队伍特别设计了绕避和填埋方案,以保证线路"百年无忧"。

最终,接地气的规划方案打动了业主。全长约750千米、设计速度120千米/小时、总合同金额40亿美元的亚吉铁路正式花落中国企业,从设计、施工、监理、机车车辆等全流程采用"中国标准",由中国中铁和中国铁建中土集团分段实施EPC总承包。

亚吉铁路从规划到顺利建成,仅用了6年。这种建设速度,即使在中国国内也是非常快的。

横贯东非高原，直抵曼德海峡

从世界地图上看东非，在阿拉伯半岛西南端与非洲大陆之间，有一条连接欧、亚、非三大洲的"水上走廊"——曼德海峡。它在地质构造体系上属东非大裂谷的东支北端，最窄处仅有25千米。

这样的地理位置，使曼德海峡自古以来就是沟通印度洋、亚丁湾和红海的繁忙商路，如今每年都有20 000多艘船只通过。

非洲一端，是吉布提共和国，比邻厄立特里亚、埃塞俄比亚，和索马里接壤，东北隔曼德海峡和也门相望。

亚吉铁路，正是从埃塞俄比亚首都亚的斯亚贝巴，一路东行，从海拔2 400米，直抵零海拔的吉布提。

一边是非盟所在地，一边是曼德海峡非洲一侧的现代化港口。

亚吉铁路的重要意义不言而喻，这让吉布提的区位优势更加凸显。中国铁建旗下中国土木工程集团董事长袁立回忆道："早在2012年1月4日，在听取中国企业对亚吉铁路项目情况汇报时，吉布提总统盖莱就表示，未来的吉布提将建设发展成为地区物流中心，成为非洲迪拜或新加坡，新建一条铁路与埃塞俄比亚连接十分必要。"

而位于内陆的埃塞俄比亚，对亚吉铁路的盼望更是迫切，中国铁建吉布提公司经理杨健说，"为使亚吉铁路两段同时通车，埃塞俄比亚政府甚至将原定60个月的施工工期压缩至25个月"。

埃塞俄比亚总理海尔马里亚姆说，这条铁路将促进埃塞俄比亚和吉布提之间的经贸关系发展。

亚吉铁路的建设运营，激发了沿线城市、港口、机场的资源活力。在吉布提老港口旁，一片更大更新的多功能码头正在兴建。届时，港口吞吐量将成倍增加，而埃塞向外运输的产品也将呈现数倍的增长。据测算，亚吉铁路的开通有望将埃塞俄比亚的经济增速再提高2个百分点，成为名副其实的"黄金之路"。

亚吉铁路如期通车，也使埃塞政府看到了发展工业化、建设非洲制造业大国的希望，提振了投资商到埃塞发展工业项目的信心。据中国铁建中土埃塞公司副总经理陆海强回忆，德雷瓦尔当地原本没有一间现代企业，随着2012年亚吉铁路开工，埃塞俄比亚当地，以及印度、土耳其等投资商都嗅到了商机，当地的第一家水泥厂、汽车制造厂、纺织厂纷纷启动投资。而参建亚吉铁路的中国企业，早已受到当地政府邀请，先人一步进行了当地工业园、房地产项目的开发，探索出铁路出海的"1+N"模式。

亚吉铁路阿布站

火车穿梭在东非高原

"亚吉铁路通车,标志着埃塞俄比亚进入工业化社会,而吉布提将向地区物流中心迈进。抓住机遇,中国企业正以铁路建设为平台,不断延伸产业链,深耕地区市场",中国铁建中土埃塞公司党委书记郑军说。

亚吉铁路的示范意义已经引起周边国家的注意,南苏丹、加纳、乌干达、卢旺达等国代表纷纷前来考察,对中国标准表示出浓厚的兴趣,纷纷表示,希望能将中国标准铁路引进自己国家。

"如果铁路是一条丝线,那么围绕铁路开发的港口、物流、地产、旅游等板块就是一颗颗珍珠。铁路未来还将串起更多互利互赢的故事,将福祉送往索马里、南苏丹、厄立特里亚……为'一带一路'建设培育更多硕果。"

■ 本文原载于《一带一路报道》

全产业链"中国标准"为非洲发展提速：
亚吉铁路正式通车

陆娅楠　李志伟

2016年10月5日，亚的斯亚贝巴至吉布提铁路建成通车仪式在埃塞俄比亚首都亚的斯亚贝巴举行。中国国家主席习近平特使、国家发展改革委主任徐绍史，埃塞俄比亚总理海尔马里亚姆，吉布提总统盖莱，多哥总统福雷，共同出席通车仪式。

亚吉铁路是非洲大陆第一条跨国电气化铁路和最长距离的电气化铁路，也是中国在非洲建设的第一条集技术标准、设备、融资、施工、监理、运营和管理于一体的全产业链"中国标准"电气化铁路。亚吉铁路建成通车是埃塞俄比亚和吉布提发展史上的一个重要里程碑，也是落实习近平主席在去年（2015年）中非合作论坛约翰内斯堡峰会提出的中非"十大合作"计划的重要早期收获，是中非"三网一化"合作和中非产能合作的标志性工程。该铁路建成通车，将有力促进产业园区和重大项目在铁路沿线的布局，打造重要的经济带，为埃吉两国的经济社会发展注入强大动力。

亚吉铁路全长约750千米，设计速度为120千米/小时，使吉布提至亚的斯亚贝巴的运输时间从公路运输的7天降至10个小时。亚吉铁路总合同金额约40亿美元，由中国中铁和中国铁建中土集团分段实施EPC总承包。施工期间，亚吉铁路为当地创造就业岗位约4.8万个，同时带动4亿多美元的中国机械设备、通信及"四电设备"、建筑施工材料走进海外市场。

■ 本文原载于《人民日报》

亚吉铁路正式建成通车

——中铁二院为埃塞经济插上腾飞的翅膀

孟美辰　谷　峰

当地时间（2016年）10月5日上午9时，埃塞俄比亚首都亚的斯亚贝巴市拉布车站广场前，中国、埃塞俄比亚、吉布提三国国旗迎风招展，2 000多名各界人士身着盛装相聚于此，共同见证由中国中铁二院承担主要规划设计的非洲第一条跨境现代电气化铁路——亚的斯亚贝巴至吉布提铁路（以下简称"亚吉铁路"）正式建成通车。

中铁二院总经理朱颖，副总经理、总工程师许佑顶参加仪式，并试乘亚吉铁路首发列车。

亚吉铁路起自埃塞俄比亚首都亚的斯亚贝巴，连接重要城市阿达玛、德雷达瓦，终点位于东非最大的现代化港口之一——吉布提港。线路全长752.7千米，采用中国二级电气化铁路标准施工，设计速度为120千米/小时，共分布45个车站，总投资约40亿美元。该项目是中国企业在海外首次采用全套中国标准和中国装备建造，并由中国企业负责运营的铁路。

徐绍史在通车仪式上致辞中说，亚吉铁路建成通车是埃塞俄比亚和吉布提发展史上的一个重要里程碑，是习近平主席在中非合作论坛约翰内斯堡峰会上宣布的中非"十大合作计划"实施的重要早期收获项目，也是中非产能合作和中非"三网一化"合作的标志性工程，有力促进产业园区和重大项目在铁路沿线的布局，打造重要的经济带，为埃吉两国的经济社会发展注入强大动力，对于深化中国与埃塞俄比亚和吉布提长期战略合作具有重要意义。面向未来，中方愿与埃塞俄比亚和吉布提进一步深化双边关系，扩大互利合作，扩展合作空间。

埃塞俄比亚总理海尔马里亚姆表示，亚吉铁路充分展示了中国中铁等中国企业的技术实力。这条铁路将会促进埃塞俄比亚和吉布提之间的经贸关系发展。他赞扬中国政府和人民为亚吉铁路的成功建设提供了合作与支持。

吉布提总统盖莱在致辞中对中国真诚地支持并有力推动非洲基础设施建设发展

亚吉铁路的埃塞建设者

表示感谢,他指出,亚吉铁路带给非洲充满机遇的未来,这是三国通力合作的丰硕成果。亚吉铁路的建成表明,只要各国团结协作,战胜挑战,就能够在非洲大陆建设优质的基础设施。

李长进在致辞中指出,亚吉铁路是中非优势产能合作的示范性项目,也是中非"三网一化"合作的早期收获。从此红海不再遥远,项目建成后,对东非乃至非洲经济纵深发展发挥着重要拉动作用。下一步,中国中铁将继续发挥技术、管理和资源优势,积极履行社会责任,不断拓展与埃塞俄比亚、吉布提两国的合作深广度,以亚吉铁路开通为契机,积极参与非洲其他国家基础设施建设。

随后,与会来宾共同为铁路通车剪彩,并登上亚吉铁路首趟客运列车。

在崭新的车厢内,看着窗外的铁轨与接触网不断向远方延伸,仿佛一条时空隧道,将李长进、朱颖等人带回20世纪70年代中国中铁参建坦赞铁路的时代。同样是中非友好的历史见证,与坦赞铁路不同的是,亚吉铁路采用全套中国标准和中国装备制造,实现了从投融资、技术标准到运营管理维护的全产业链输出。这条"新时期的坦赞铁路"必将在中国中铁的努力打造下,为这份友谊注入新的时代内涵,为非洲经济腾飞注入强劲动力。

仪式开始前后，新华社、中央电视台《焦点访谈》栏目组就中铁二院如何带动"中国标准"走出去等问题，在庆典现场专门采访了中铁二院副总经理、总工程师许佑顶。

据悉，早在2010年9月，在中铁二院各级领导的大力支持下，中铁二院亚吉铁路勘察设计项目部正式成立。迄今先后有1 700余人次赴埃塞参与各类工作。为了带动"中国标准"走出去，在项目勘察设计阶段，中铁二院一方面不断向埃塞政府和业主讲解"中国标准"和相关技术措施的先进性、科学性、合理性；另一方面分批次邀请埃塞官员、技术骨干、留学生等，参加在中铁二院成都总部举办的"埃塞铁路高级人才培训班""非洲英语国家路桥建设与管理研修班"等。通过各专业技术专家的深入讲解，他们逐渐对"中国标准"有了全新的认识。在中国培训期间，还组织他们参观乘坐中国已通车运营的铁路，让他们对中国速度有了深切体验。在此基础上，通过认真分析埃塞国情和经济发展实际，因地制宜地对"中国标准"进行了属地化改良，形成了真正适合埃塞发展的、具有埃塞特色的标准体系。这也是亚吉铁路从规划到顺利建成，仅用了短短6年的重要原因。这种建设速度，即使在中国国内也是非常快的。

在中国中铁和中铁二院的不懈努力下，此次通车仪式受到了包括中央电视台《新闻联播》《焦点访谈》《朝闻天下》等栏目，以及新华社、《人民日报》《中国日报》、环球网、埃塞国家电视台、吉布提国际电视台等国内外主流媒体的广泛关注和大力宣传。通车仪式当天，中央电视台《新闻联播》头条重磅推出《"一带一路"三年：合作共赢彰显中国担当》，《新闻直播间》推出通车报道《亚吉铁路即将正式通车 开通准备工作紧张有序进行》等。

中国：标准装备精心建设
非洲：迎首条电气化铁路

王湘江　梁尚刚　姚　远

（2016年）10月初，埃塞俄比亚高原，凉爽宜人。由中国企业采用全套中国标准和中国装备建造的非洲第一条现代电气化铁路——埃塞俄比亚首都亚的斯亚贝巴至吉布提首都吉布提铁路（以下简称"亚吉铁路"），将于5日正式通车。

亚吉铁路全长752.7千米，设计速度为120千米/小时，共分布45个车站，总投资约40亿美元，由中国中铁和中国铁建组织施工。

接地气的中国标准

埃塞地处非洲东北部内陆高原地带。长期以来，缺少出海口运输通道的短板始终制约着国家经济的发展。亚吉铁路，正是源自埃塞俄比亚寻求出海通道的决心。

从2010年9月开始，中国中铁开始为埃塞设计建造这条连接亚的斯亚贝巴至非洲东北部亚丁湾西岸国家吉布提的电气化铁路。

起初，按照埃塞政府的要求，中国中铁参照京沪铁路标准实地勘测。后来发现，以当地地质条件和经济发展水平，160千米的设计时速经济上并不划算，如果把速度降为120千米/小时则会大大节省建设成本，运营效益也达到最大化。

埃塞政府对成本下降非常满意，却对降低标准心存疑虑，于是专门聘请一家俄罗斯咨询公司对中方提出的方案进行评估。结果是，俄方完全认可中方方案，并认为中国公司完全有能力建设好这条铁路。打消顾虑的埃塞政府最终在协议上签了字。

中方在设计上还充分考虑了当地民生。例如，铁路通过东非大裂谷的高原台地，会遇到许多低洼地，雨季会产生大量积水。按照中国标准，为保证铁路运行安全，需要设计相应工程把积水排掉。但是考虑到这些水源是当地居民的生活和农业用水，因此通过特殊设计兼顾了运行安全和保护水源两种需求，也节约了大量工程成本。

"这条铁路是在中国铁路技术标准基础上,结合埃塞俄比亚和吉布提当地国情,以最经济的工程方案进行铁路设计和施工建设而成。从规划到建成,仅用了短短6年时间,这即使在中国国内,速度也是很快的",中国中铁二院亚吉铁路勘察设计项目经理曾德礼对新华社记者说。

不畏难的中国精神

对中国公司来说,建造一条速度120千米/小时的铁路并不难,难在克服当地人力和材料短缺,保质保量地完工。

由于当地的建筑材料不符合要求,大量建筑材料需要从中国或第三国进口,中铁二局一方面精心筹划,避免因调运材料而延误工期;另一方面积极在当地筹集原材料,自己加工生产,确保建筑材料的高质量供应。

材料问题解决了,埃塞铁路人才匮乏又是一大难题。中铁亚吉铁路项目部经理付洵对记者说,建设亚吉铁路某段施工高峰期需要2万人,不可能全部是中国工人。于是,培训埃塞本地铁路工人成了中国公司的"必修课"。几年来,共培训了1.5万人,不仅满足了铁路建设需要,也为未来当地铁路运营储备了人才。

亚吉铁路穿越阿瓦什国家公园。为维护当地生态环境,中国公司精心勘测,在设计中尽可能少地改变铁路沿线地形地貌,并通过建立动物"立交桥"等方式,让沿线野生动物可以自由迁徙。

中国工程人员用自己的聪明才智和汗水,克服了一个又一个难题,保质保量地完成了亚吉铁路建设,赢得了当地政府和民众的赞誉。

高附加值的中国工程

埃塞俄比亚90%以上的进出口物资经由吉布提,目前连接两地的公路早已不堪重负,运力严重不足。亚吉铁路建成后,亚的斯亚贝巴至吉布提的运输时间将从目前公路运输的7天减少为10个小时,高效解决了交通运输主动脉能力不足的问题。

此外,为了让亚吉铁路增加运力,同时带动埃塞全国经济的发展,中铁二院还结合埃塞政府中长期规划,对铁路沿线的工业布局提出了前瞻性建议,如在重点城市建立工业园区,从中长期考虑,提高亚吉铁路的运力效益。

目前,埃塞政府已经把中铁二局负责施工的亚的斯亚贝巴至米埃索段纳入国家"新五年计划"重点项目,未来还将在首都等中心城市建立工业园区,依托提升的铁路运力，把原本依靠原材料出口的工业模式转化为深加工，从而提升其工业化水平。

具有中国铁路"纯正基因"的亚吉铁路，正在成为中非以基础设施建设为契机，深化产能合作，推动当地经济发展的典范。

中非合作论坛约翰内斯堡峰会以来，中非产能合作不断深化，合作领域不断拓展，越来越多类似亚吉铁路的中国精品项目，正在广袤的非洲大地落地生根、开花结果，为改变非洲面貌、提升现代化水平发挥着重要作用。

■ 本文选编自新华网

跟中国师傅学开火车

亚吉铁路是中国企业在海外首次采用全套中国标准和中国装备建造的第一条现代电气化铁路，全长751.7千米，设计速度120千米/小时，总投资约40亿美元。中国中铁与中土集团组成的联营体获得了亚吉铁路的运营权。

2016年10月1日，在埃塞俄比亚首都亚的斯亚贝巴拉布车站，中方列车长丁继华指导埃塞俄比亚乘务员练习迎宾礼仪。10月5日，埃塞俄比亚首都亚的斯亚贝巴至吉布提铁路（亚吉铁路）正式通车，一场大规模的技术培训在东非高原上展开。仅在埃塞俄比亚，就有2 000多名当地员工接受铁路运营培训，包括乘务员、火车司机、技术人员等。

■ 本文原载于《一带一路报道》

亚吉铁路的旅客与乘务员

正在检票的埃塞乘务员

朱颖陪同李克强总理视察埃塞轻轨现场

2014年5月5日下午，中铁二院总经理朱颖陪同股份公司董事长李长进、副总裁马力等领导，参加了李克强总理在埃塞俄比亚视察轻轨工程现场的全部活动。

5月5日15点15分，李克强总理在埃塞俄比亚总理海尔马里亚姆的陪同下，来到了埃塞轻轨现场，检查指导工作并看望和慰问中国中铁员工。中铁二院总经理朱颖全程陪同，并向李克强总理汇报了项目的设计、施工和采购等情况。

李克强总理详细询问了工程进展情况，对中国中铁员工的工作和生活十分关心，多次嘱咐中国中铁领导要关注在埃塞高原长期工作对职工身体的影响。同时，他对中国中铁在企业发展中所取得的成绩表示十分满意，希望中国中铁争取进入"世界500强"前50名。对中国中铁从事国际工程EPC总包工作，李克强总理给予了充分肯定，并表示政府会从融资上提供支持。

李克强总理是结束了上午在非盟总部的演讲后，来到中国中铁轻轨工地现场检查工作的。此前在非盟的演讲中，李克强总理表达了中国政府对非洲铁路网建设的强大支持，这也为中国企业提供了新的历史发展机遇。

中铁二院总经理朱颖、副总经理扈森、轻轨项目总工程师王建见证了李克强总理考察轻轨这一重要历史时刻，与总理亲切握手并合影留念。

亚的斯亚贝巴轻轨一期工程是由中铁二院与中铁二局组成联合体，以中国中铁名义签约和执行的。在项目前期和实施过程中，中铁二院发挥了突出作用，锻炼了队伍，培养了人才，并为项目做出了巨大贡献。

考察过程中，集团公司副总经理扈森向外交部部长王毅汇报了工作情况。王毅部长对中国中铁的实力有了更深入的了解，并对中国铁路走出去表示大力支持。

东非第一条轻轨
为"中国轨道交通技术标准"代言

孟美辰

经过近些年的高速发展,中国的轨道交通技术标准与欧洲标准、美国标准相比,技术方面是非常严格、先进的。只是受意识形态、思想观念等方面原因的影响,世界上很多国家对中国标准有一些误解或质疑。但是,在东非历史上第一条城市轨道交通——埃塞俄比亚亚的斯亚贝巴轻轨(一期)工程竞标中,中铁二院和中铁二局组成的联合体采用中国标准,一举战胜欧洲标准,这是一次向世界展示中国标准的宝贵机会,让非洲也分享到了中国发展的成果。我们有信心通过先进的设计理念和一流的技术实力,让这条轻轨为"中国制造"背书,为"中国标准"代言。

——题 记

"中标"还是"欧标"?适合非洲的就是"好标"

埃塞俄比亚位于红海西南的东非高原上,属内陆高原国家。世界闻名的东非大裂谷纵贯全境,素有"非洲屋脊"之称。该国首都亚的斯亚贝巴,也是非洲联盟总部所在地,这个被誉为"新鲜的花朵"的城市"盛开"在海拔2 400米的高原上,是非洲地势最高的城市。

在世界近代史上,埃塞俄比亚是一个没有被殖民过的国家,堪称非洲自由灯塔。然而,这个风光壮美、民族自豪感强烈的内陆国家,却长期在贫穷困顿的边缘徘徊。占世界陆地面积近20%的非洲只有世界6%的铁路线,而埃塞俄比亚有史以来仅有的一条米轨铁路也早已废弃,当地居民出行只能靠几辆"招手停"式的小巴。这不但影响出行效率,还增加了安全隐患。

近年来,亚的斯亚贝巴经济发展较为迅速。为了加强城市交通基础设施建设,提升城市形象,解决交通拥堵等问题,埃塞政府决定在亚的斯亚贝巴市修建轻轨工程。

埃塞俄比亚铁路公司于2008年年初进行项目设计方案的国际招标工作。在中国中铁股份有限公司的领导下，由中铁二院和中铁二局组成了联合体，通过不懈努力，逐渐打破了埃塞高层官员根深蒂固的"凡是"原则——凡是西方的，都是经典的。同时，在欧洲标准、美国标准、中国标准等近乎苛刻的对比中，由中铁二院提出的以"中国技术标准"为依托，兼顾埃塞俄比亚国情和经济发展水平的设计方案最终胜出。"具有埃塞特色的中国铁路技术标准"获得了埃方肯定和好评，并让他们由衷地跷起大拇指称赞"China Good！"。2009年9月，中方与埃塞俄比亚铁路公司正式签订亚的斯亚贝巴轻轨（一期）工程总承包项目合同。

亚的斯亚贝巴轻轨（一期）工程由东西线和南北线组成，属于半封闭式的城市轨道交通系统。一期工程范围正线总长31.025千米，其中共轨段长2.662千米，全线共设39个站，车辆最高运行速度为80千米/小时，系统最大输送能力不小于17 000人/小时。该工程于2012年1月31日开工建设，合同工期至2015年1月31日。

除了服务，还是服务

2009年以来，中铁二院先后派出700余人次的技术和管理服务团队赴埃塞俄比亚现场开展工作，并在成都举办为期一年的培训班，为埃塞培训了27位高级轨道交通技术和管理人才、为非洲其他国家培训了60多位技术人才。如今，他们已经成为非洲各国的宝贵轨道交通领域领导者。

为了让中国轨道交通技术惠及埃塞俄比亚人民，享受"中国制造"带来的便利，中铁二院董事长漆宝瑞多次到现场办公，总经理朱颖长期驻扎埃塞俄比亚，现场指挥部署。党委书记赵德义也非常关心在埃职工的生活。总经理朱颖和副总经理扈森带领中铁二院技术团队在现场开办了无数次技术讲座，向当地技术人员、政府官员讲解中国轨道交通设计理念、设备性能和服务理念。同时，成立了由中铁二院总工程师组成的技术领导小组以及项目总体组，安排技术人员在国内从事设计及技术支持。项目全体人员面对中埃两国完全不同的政治体制和市场环境，面对语言障碍和文化差异，克服重重困难，开展了大量的现场协调和国内设计工作，保质保量完成了必需的勘察设计文件，保证了现场施工的需求。

在该项目设计过程中，中铁二院既坚持铁路设计的基本原则，又充分理解业主需求，能够灵活运用和创新地研究项目所在国的实际。全线采用现代有轨电车的半封闭式轻轨交通系统，以地面线为主，局部采用地下隧道和高架桥梁，同时引入"铁路公交化"设计运营理念，兼顾城市景观效果，降低工程造价，实现了安全可靠、性能先进、经济实用、乘坐舒适的原则。

两国总理拧螺丝 亲手共铺中埃友谊轨

亚的斯亚贝巴城市轻轨是埃塞乃至东非地区第一条城市轻轨，也是中国公司在非洲承建的首个城市轨道交通项目。

国务院总理李克强2014年5月5日下午考察了亚的斯亚贝巴轻轨项目，埃塞俄比亚总理海尔马里亚姆陪同。看到中埃双方员工正在铺轨作业，李克强走过去蹲下身子与他们亲切交流，并同海尔马里亚姆总理、埃塞当地工人一起拿起扳手，拧紧螺丝。李克强对施工人员说，要精心施工，保进度、保质量，让中国修建的铁路使非洲人民更长久地受惠。通过一个又一个合作的工程打造中国装备走出去的"高地"，带动中国装备更多、更好地走出去，实现互利共赢。

勇立潮头搏风浪，征程未已战尤酣

继成功签订亚的斯亚贝巴轻轨（一期）工程项目合同后，2010年3月初，中铁二院与中铁二局的精兵强将组成联合小组，在深入了解当地经济和交通发展情况的基础上，提出了建设全长700余千米的亚的斯亚贝巴至吉布提铁路中瑟伯塔—米埃索段铁路项目的构想。2010年8月6日，瑟伯塔—米埃索段铁路勘察设计合同顺利签订。2011年10月25日，瑟伯塔—米埃索段铁路EPC总承包合同顺利签订。

中铁二院总经理朱颖曾多次强调："埃塞俄比亚是非洲最重要的国家之一，这些项目的成功取得，对于中铁二院今后深入开发埃塞市场，进而全面进军非洲市场，意义十分重大。"

作为国内最大的勘察设计企业，中铁二院有责任、有义务、有实力，让这条即将驰骋"非洲屋脊"东非的第一条轻轨，成为"中国标准"的"形象大使"，将中国制造的品牌深植于广袤的非洲大地。

■ 本文原载于人民网

"私家订制"：亚的斯亚贝巴轻轨设计

王 建 刘 娟 曹世超

一晃眼，埃塞俄比亚国家名片——首都亚的斯亚贝巴轻轨已经通车两年了。两年来，亚的斯亚贝巴轻轨已成为当地最受欢迎的出行方式。作为该国乃至东非历史上第一条现代化轻轨，该线从设计到建造，都是中铁二院本着最切合当地发展需要的原则为其"私家定制"的。而印制这张埃塞俄比亚国家名片的是一支平均年龄只有32岁、来自中铁二院的年轻团队。

亚的斯亚贝巴是埃塞俄比亚首都，联合国非洲经济委员会总部及非洲联盟总部均设在这里，因而也被称为非洲的"政治首都"，在非洲影响力巨大。

该项目从2009年项目竞标工作开始，就面临标准之争。埃塞俄比亚是一个以农牧业为主，工业基础薄弱的国家。因为历史原因，埃塞俄比亚乃至众多非洲国家都深受欧美国家的影响。当年同时与中方竞争的还有欧洲设计公司，如何说服埃方接受轻轨建设的"中国标准"成为一大难题。

因为亚的斯亚贝巴政治中心广场设在北区，埃方非常担心轻轨线路的靠近会影响如演讲、阅兵仪式等重大政治活动，所以开始时拒绝接受中方设计团队提出的南北线敷设方式。设计团队结合现场踏勘实际情况，参考了北京天安门、成都天府广场等重大建筑与轨道交通的敷设方式和安保措施，提出了加强线路安全防护措施、重大政治活动期间特殊处理的解决方案。通过耐心、多次沟通后，埃方最终采纳了设计方提出的造价相对较低且更加先进的建设方案。

在具体设计时，中方设计团队针对轻轨大部分在城市公路中央地带的特点，从造型到颜色再到防护功能要求，进行多方比选研究，完成了一套完整的路基护栏产品，真正让轻轨成为"城市一道靓丽的风景线"。然而当地公路部门就路沿石的高度设置却与设计方产生了巨大的分歧。在当地，20厘米的路沿石高度即可满足要求，面对中方提出的50厘米路沿石高度他们坚决不赞同。中方设计团队本着对轻轨项目百年工程安全负责的态度，通过不断地沟通、解释工程的安全性以及低高度产生的各种不良后果，终于让对方信服并认可。

相比中国制造的"走出去"之路，中国技术标准的输出要艰难坎坷得多，很多国家对"中国标准"仍存在误解和质疑，中国标准的推广在艰难中前行。在国际竞争中，技术标准竞争是比产品竞争更高形式的竞争，正所谓一流国家输出标准，二流国家输出技术，三流国家输出产品。亚的斯亚贝巴轻轨项目所采用的中国技术标准将在非洲起到示范作用，必将成为展示中国技术标准的窗口，以破除西方设立的技术标准壁垒，为中国标准"走出去"发挥了很好的示范引领作用。

以理服人

在测量过程中，中方测量专业的总体组负责人发现，埃方的测量每千米偏差达到50厘米，而中方对轻轨项目的测量要求控制在每千米偏差2厘米以内。这是25倍的差距！如果一旦无法控制测量精度要求，轻轨线路将对接不上，钢轨也会出现偏差，还会造成严重的工程事故。如何能让对方心服口服？队员们曾经一起商讨过很多办法，请

玉汝于成

对方学习中国的仪器、了解中国的设备，请对方到中国考察。但是面对一周的紧张期限，最终大家决定双方一起做实验。于是中方测量队员们带领埃方的测量队伍对同一个测量点进行测量对比。埃方惊讶地发现应该在路中的测点竟然跑到了居民家，这下不得不心服口服地承认中方测量精度的正确性。

亚的斯亚贝巴教堂多，道路平交路口也多，居民有随时横穿马路的习惯。在一次现场踏勘中，一位住在轻轨路边、在当地很有声望的居民代表很担忧地问建筑工程师王经权："你们的围挡把路给我们封了，我们过马路不方便了，怎么办？"针对这个情况，中方设计团队与各区居民代表坐到一起，进行座谈。更深入地了解了沿线居民的诉求后，中方对设计方案做出微调，在教堂、集中居住区设置天桥，每个车站增加地面过轨通道，施工分段实施，缩短围挡时间。并对沿线居民做好新方案的解释说明，打消了居民的顾虑，顺利地推进了项目的实施。

年轻的团队总是富有激情，中国中铁二院设计团队内心都有那么一团火。这团"火"，是一种超越自我、追求至善的内在特质；这团"火"，是大家委屈和迷茫时的动力，能在攻坚克难的关键时刻燃起团队成员心中的斗志。正是这份对事业的热爱，让他们在奋斗路上玉汝于成。

人手紧张、一人多劳也是中方轻轨设计团队队员们的深刻体会。轻轨项目工期紧，需要在较短的时间内完成方案设计、初步设计、施工图设计等各阶段设计工作。项目踏勘、现场收集资料、协调接口和边界条件、完成专业设计等工作只能由总体组各专业负责人一人在现场完成。为节约时间，他们经常是白天跑现场，晚上加班画图到深夜两三点。这期间还发生了一件有趣的事，一个小偷在月黑风高的深夜准备入室行窃，结果被从办公室加班回宿舍的中方人员发现而吓得落荒而逃，他可能想不到凌晨了还有人在工作。

轻轨建设的过程并不是一帆风顺。每一次的方案变化，对设计人员来说都是一个坎。2014年，全面施工图设计开展，各项工作进入快速推进阶段，各系统招标后用电资料、全线新增IATP系统导致用电需求及配电方式和外部边界条件均有变化等原因导致项目推进困难。动力与照明专业设计负责人刘旭为此经常顶着烈日到达现场踏勘，克服与国内时间差请教国内总部的专家，同时与业主、监理、施工、埃塞电力公司等多方反复商讨方案，最终顺利有效地推进施工图设计，保证了现场供图计划。

在一次配合施工阶段，由于规划变化导致了土建的变更，而土建必须为后续的机电专业留出时间，为保证设计图纸能满足现场工期要求，梁井泉连续熬夜2周，废寝忘食，最终顺利并提前完成了设计，确保了现场施工需要。

播种友谊

"独在异乡为异客"的中方设计团队成员不仅是轻轨的建设者，也是中埃友谊的播种者。除了在工作中手把手教授埃方人员，还会在中国的一些传统节日利用有限的场地和设施，自编自导节目，开展一系列精彩、有趣的互动联谊比赛项目，邀请当地的业主、监理员工和工作人员欢庆佳节。而埃方人员也会在闲暇之余向中方人员介绍当地的风土人情，在到中国访问的时候专程赶到成都，去中国中铁二院的总部看望老朋友。中埃友谊播种的最高潮时刻是2015年5月5日，国务院总理李克强与埃塞俄比亚海尔马里亚姆总理一起在轻轨建设现场扳动了象征着中埃友谊的螺丝。

■ 本文原载于《一带一路报道》

亚的斯亚贝巴轻轨设计创新

王 建　曹世超

2017年2月18日，春节伊始，我们再次来到这座美丽的"鲜花之城"——埃塞俄比亚首都亚的斯亚贝巴。阳光下，绿白相间的轻轨列车穿梭在林立的高楼之间，车厢内整洁明亮，乘客们怡然自得。

这条由中铁二院设计的现代化城市轻轨，是东非历史上首个开通的现代有轨电车项目，是我国第一个从勘察设计到施工、从设备安装到联调联试、从建设标准到运营管理的全产业链项目，是中国城市轨道交通"走出去"战略实施的典型代表工程，是"一带一路"倡议中一颗璀璨夺目的明珠。它成为当地继中国援建的非盟总部之后的又一标志性工程，给亚的斯亚贝巴这座古老的城市增添了全新的活力。

自2015年9月20日起，亚的斯亚贝巴轻轨已安全运营约18个月。当地居民在得知我们是轻轨的建设者后都会竖起大拇指"China Good！"。他们表示："这条轻轨不仅是一条促进繁荣的畅通路，也是一条深化友谊的民心路！"

项目起源

习近平主席表示："互联互通是一条脚下之路，无论是公路、铁路、航路还是网路，路通到哪里，我们的合作就在哪里。"近年来，中国与非洲加强"三网一化"合作，非洲的互联互通之路不断延伸。

2009年4月，在接到业主ERC（埃塞俄比亚铁路公司）邀请后，中国中铁二院第一批项目考察组来到了这个古老而又神秘的国度。经过2周对亚的斯亚贝巴城市总体情况的实地调查，在与ERC进行了详细的方案讨论后，考察组于回国前提交了建议方案。此后双方对方案不断优化，时隔近半年，于2009年9月签订了该项目EPC合同。2年多的融资贷款保障了项目资金，工程于2012年1月31日正式开建。经过3年多的设计建造，2015年2月1日举行了试运行仪式。

项目正式投入商业运营后始终保持良好的运行状态，这对于一个完全没有铁路运营经验、更没有城市轨道交通先例的国家来说，实属不易。

突破和创新设计

中铁二院作为该项目的承建单位，完成了整个项目的勘察设计工作，并参与设备采购、安装与调试。根据项目鲜明的特点，中铁二院在项目建设初期就进行了大胆的突破和创新。

特点一：两线共轨

亚的斯亚贝巴轻轨一期工程包括东西线和南北线，贯穿了整个城市的东西向和南北向主干道，串起了城市核心区、商业区、发展区。在规划之初，考虑到城市核心区道路狭窄、地下管线错综复杂、社会安全以及有效降低工程造价等因素，业主方ERC决定在城市核心区范围内，采用两线共轨的方式。

特点二：大坡度、小半径

谈到工程的适应性，不得不提本工程所采用的小半径、大坡度。虽然随着技术改进，现代有轨电车具备了通过小半径和大坡度的能力，但考虑到运行能力和安全储备，国内并未用到限值。亚的斯亚贝巴是一座典型的山地城市，整个城市均处于连绵起伏的山地之中。我们因地制宜，就平面而言，车辆采用独立轮转向架，可通过的最小半径为25米（正线采用了50米半径曲线），有效减少了车辆段占地面积，极大地降低了拆迁难度。这不仅降低了工程造价，也赢得了工期。在纵断面设计上，我们也做到了极致。线路高差达320米，长度约16千米，平均坡度达20‰，其中最大坡度达60‰，这对于钢轮钢轨的轨道交通系统是个极大的考验。须知国内地铁系统最大使用坡度为28‰。换言之，埃塞轻轨系统采用坡度是地铁系统坡度的2倍有余。

特点三：类型繁多的车站和区间工程

亚的斯亚贝巴轻轨一期工程共设39座车站，涵盖了地下站、半地下站、高架站和地面站几乎所有车站类型，且每个车站都有不同的设计方案。

全地下站主要设置在线路最北端颇负盛名的大教堂附近。我们根据当地宗教信仰特点设计了独特的造型，并配合LED灯带系统。半地下站主要设置在城市道路大型转盘下方，采用立交方式穿越极具当地特色的交通环岛地带。设计中，我们充分考虑与周边交通，尤其是与大型公交站场的衔接。另外，我们根据实地情况，大量采用了地面站和独具特色的高架站，美观大气。

特点四：特色的景观设计

为了满足轻轨运营要求，设计团队针对轻轨大部分在城市公路中央地带的特点，从造型、颜色到防护功能要求，进行多方比选研究，完成了一套完整的路基护栏产品，真正让轻轨成为"城市一道靓丽的风景线"。车站可以说是整个工程的点睛之笔。在设计过程中，我们结合埃塞俄比亚的国家历史、地理、人文等因素综合考虑，设计完成了既具有现代感又与悠久历史文化相结合的景观造型方案。而对于桥梁区间，考虑了景观等需求，我们采用并置小箱梁方案，轻盈巧妙。

特点五：道口信号优先系统

在设计过程中，困扰我们时间最长的是信号优先系统，因为工程中存在多处与公路交叉的路口。一方面，尽量减少平交道口，事关通行效率和安全隐患；另一方面，在无

埃塞轻轨的建设者

法避免时,积极筹划良好的解决方案。不断研究、多方筹划后,最终选择了在平交道口设置自动控制系统,与公路系统进行联控,从而有效地解决了这一难题。

特点六：4G技术首次应用

由于涉及成千上万名乘客的安全,对于通信系统设备和软件的要求非常严格,在手机通信中4G技术已经比较成熟,但是在城市轨道交通工程中,在此前尚未有商用记录。中铁二院在埃塞轻轨项目设计中首次采用了基于4G网络的通信系统,为整个工程的运营带来了革新性的装备,这是全球首次。

特点七：无障碍通道

在埃塞,由于近代战争,国内有很多受伤致残的士兵,当地业主非常重视对残疾人通道的设计。我们在每个车站都设置了必要的坡道,方便残疾人乘车,这一点也受到了老兵们的高度赞扬。

攻坚克难

开工之初,勘察设计面临巨大压力。2012年1月31日,这只是一个理论上的开工日期,从政府、业主、监理到总承包商,再到施工方,所有人都在急切地等待设计图纸。相对于2009年4月,经过了近3年的发展,亚的斯亚贝巴城市发生了很大变化,尤其是轻轨沿线。其中,东西线车辆基地,由于原用地被国防部占用,不得不另寻他址。外界条件的变化给我们的设计工作带来了难以想象的挑战,我们不得不进行大量现场踏勘和海量方案比选,最终在东西线东段选择了AYAT地块作为新的车辆基地。然而,工程外部条件变化只是难点之一。对于工程内部条件,我们也存在着很多需要调整的地方。

一是确定车辆制式。在投标阶段,业主要求的是DC1500V低地板现代有轨电车。经过大量调查沟通,国内有厂家承诺可以研制类似产品,但我们考虑到：第一,这不是成熟产品,贸然应用于国外项目,风险极高；第二,产品研发和制造时间都将延误项目的工期。详细分析后,我们决定选择成熟产品车辆。通过与业主多番沟通,并提供大量的实例证明,业主方最终同意采用DC750V低地板现代有轨电车。

二是编制标准。业主方于2012年6月聘请了瑞典道路咨询公司作为项目的业主代表。工作伊始,业主代表方要求中方提供全套完整的、系统的中国标准。中国标准数量巨大、种类繁多,更难的是没有几本与之对应的英文版本。最终,我们解决了这一难题，即摘录中国标准中与轻轨项目相关的条款汇编成册，形成亚的斯亚贝巴城市轻轨标准提交给业主方。

三是突击设计。2012年3月31日，对于中国中铁二院轻轨设计团队而言，这是一个难忘的日子。因为在不到1个月的时间内，团队完成了整个项目的方案设计，取得了阶段性成果。2012年5月前完成试验段施工图设计文件。2012年5月28日，项目试验段正式开工建设。2012年7月31日，全线线路方案基本稳定。2012年10月31日，完成了整个初步设计文件。2013年7月，项目进行到一个白热化阶段，尽管工程实施已有一年半，但是由于受到各种因素的干扰，桥梁工程的施工图尚未最终完成。中铁二院高层抽调精兵强将，一个月之内便完成了桥梁部分的施工图设计，满足了项目进度要求。

四是超前谋划。埃塞俄比亚是一个经济不发达的国家，没有现代化的工业系统，物资匮乏、技术落后，轻轨项目所需的一颗螺丝钉都要进口，整个项目所需的机械设备（100%）到物资材料（85%）几乎都是从中国进口的，而所有的技术人员都是中国人。机械设备和物资材料的进口，直接影响工程进度。在项目北段隧道段施工期间，有一个喷浆机的密封件损坏了，在当地无法购买，耽误了1个多月的时间从中国进口后才得以解决。为此，设计方案要在国内同样条件下，提前3个月提交，确保工期按时完成。

结　语

登高望远，在"走出去"的路上，中国企业有美好的前景，也存在着巨大的挑战。纵观埃塞俄比亚轻轨项目的实施过程，包括中铁二院在内的央企应该有信心、有实力发挥自身的优势，作"一带一路"建设的先行者和先锋队，为世界的互联互通，构建和谐美好世界贡献中国智慧和中国力量。

■ 本文原载于《一带一路报道》

东非第一条轻轨　全线由"成都订制"

熊浩然

2015年1月30日,非洲埃塞俄比亚首都亚的斯亚贝巴的第一条现代化轻轨将建成。作为该国乃至东非历史上第一条城市交通轻轨,该铁路从设计到建造都由成都的铁路设计施工单位承担。

据了解,这条轻轨全长约31千米,分为南北和东西走向两线,全线共设39个站。每小时可运载旅客7 500人次,最高速度为70千米/小时。

轻轨设计方——位于成都的中铁二院副总工程师方昌福说,这是铁路"中国标准"走出国门具有重要意义的工程,同时体现了"铁路公交化"的设计运营理念。

竞　争

经济现代实用"中标"战胜"欧标"

亚的斯亚贝巴是埃塞俄比亚首都,联合国非洲经济委员会总部及非洲联盟总部均设在这里,因而也被称为非洲的"政治首都"。

"在这里修轻轨,从2009年一开始的竞标阶段就面临挑战。"方昌福说。同时与中方竞争的还有欧洲一家设计公司。因为历史原因,埃塞俄比亚乃至众多非洲国家都深受欧美国家的影响,如何说服埃方接受铁路建设的"中国标准"成为一大难题。

在实地综合考察了亚的斯亚贝巴的地理环境和经济状况后,中方提出了经济、现代和实用性相结合的设计建造理念。多次沟通后,埃方最终采纳了中方提出的造价相对较低且更加先进的建设方案。

设 计

实现突破和创新

在具体设计时,亚的斯亚贝巴相对较差的路况和老式公共交通模式也为设计者出了一道难题。最终,设计者选择了利用原有公路旁的绿化带进行轨道铺设的思路。

"能走路面的走路面,中心城区人口密集处搭高架,坡度特别高的地方就走地下。"方昌福说。根据实际情况并在保证安全的前提下,该轻轨设计实现了一定突破和创新。"比如缩短转弯半径,车体可转'急弯',并在一些坡度较高地段路面铺轨,取代造价高的地下铺轨。"

另外,沿线轻轨站台类似"公交站台"简洁方便,车体采取"座位少,站位多"的设计,体现了铁路公交化的运营理念。

埃塞轻轨钻探现场

建 造

曾不被当地人理解

对曾长期在亚的斯亚贝巴一线工作的高级工程师徐正宣来说,最大的困难存在于实际施工中。

"一方面当地矿产资源并不丰富,后续保障存在一定风险,"徐正宣说,受困于当地的条件,不少铁路建设必备的基础材料只能从国内带到亚的斯亚贝巴,"一些高标号的水泥我们只有现场自行调制。"

另外,施工人员也曾遭遇到当地居民不理解、不配合的情况。2010年,施工队员在当地一个叫米埃索的小镇准备开展钻探工作时，不明所以的居民很快将他们包围。"不少人手里还拿着枪"，徐正宣说。幸好及时通过当地翻译进行了沟通和交流，才避免了冲突。

2013年，同样是在米埃索，当地两个部族发生了激烈冲突，冲突地点离轻轨施工现场很近，"当时在场的工作人员都捏了一把汗，所幸没有对施工造成影响"。

生　活

抢购中国调料凭运气

因为交通条件等方面的限制，当地华人超市内一些来自中国的调料总是供不应求。"都得抢啊！这次要是没抢到，下次就要等一两个月才行。"徐正宣说。

此外，独在异乡为异客的员工没事就只能对着音响吼两嗓子，或者和同事下下棋。"印象最深的是2011年春节，"徐正宣说，当时因为工程建设要求，很多中国员工没法回家过年，于是就在当地搞起了春节晚会，原本只是碰运气地邀请了一些当地员工，没想到对方却异常热情，"当天大家唱歌跳舞，嗨了一晚。"

意　义

推动中国铁路获得认可度

虽然亚的斯亚贝巴属于埃塞俄比亚最为"发达"的城市，但市内公共交通还处于比较落后的阶段，目前的主要公共交通工具为小巴。"出行很不方便，这些小巴运力有限，而且发车到站很难准时。轻轨建成后将大大改善当地交通情况。"方昌福说。

据了解，亚的斯亚贝巴轻轨工程全长约31千米，分为南北和东西方向两条线路，贯穿了城市的中心热点区域，全线共设站点39个。预计每小时可载旅客7 500人次，最快能达到70千米/小时。轻轨建成通车后，当地居民可享受更快捷、准时的公共交通。

另外，在非洲"政治首都"架设轻轨也将极大促地进中国铁路在非洲其他国家和地区的认可度。"可以让大家认识到，中国铁路技术确实在世界上很先进。"方昌福说。

对话高级工程师徐正宣

辣椒成出国标配 曾教当地居民打麻将

华西都市报：一般出国人员都会带些什么东西？

徐正宣：因为出国一般工作周期是3到6个月。我们一般都会带辣椒、花椒、豆瓣酱这些调料，辣椒酱基本算是标配。

华西都市报：印象最深的困难是什么？

徐正宣：主要是之前部分外国媒体给中国人塑造的形象不太正面，有时我们要尽力去扭转这种形象，让当地人知道我们能为他们带来便利。

华西都市报：平时有什么娱乐活动？

徐正宣（笑）：有尝试过教当地居民打麻将，不过最后失败了。一般就在项目部打打球，唱唱歌，和家里人聊聊天。

相关报道

李克强：打造中国装备走出去的"高地"

据新华社5月5日电，国务院总理李克强（2015年5月）5日下午考察了亚的斯亚贝巴轻轨项目，埃塞俄比亚总理海尔马里亚姆陪同。

亚的斯亚贝巴城市轻轨项目是埃塞乃至东非地区第一条城市轻轨，也是中国公司在非洲承建的首个城市轨道交通项目。

海尔马里亚姆来到饭店迎接李克强，两位总理同车前往市中心广场施工点。得知项目从设计、施工到装备、运营都采用中国技术时，李克强表示肯定。他说，要确保工程质量，打出中国铁路的品牌。

看到中埃双方员工正在铺轨作业，李克强总理走过去蹲下身子与他们亲切交流，并同海尔马里亚姆总理、埃塞当地工人一起拿起扳手，拧紧螺丝。李克强总理对施工人员说，要精心施工，保进度、保质量，让中国修建的铁路使非洲人民更长久地受惠。一个又一个合作的工程，打造中国装备走出去的"高地"，带动中国装备更多、更好地"走出去"，实现互利共赢。

■ 本文原载于《华西都市报》

东非轻轨　中国制造

雷怡安

俄比亚位于红海西南的东非高原上，属内陆高原国家。世界闻名的东非大裂谷纵贯全境，素有"非洲屋脊"之称。埃塞俄比亚首都亚的斯亚贝巴坐落在海拔2 400米的高原上，是非洲地势最高的城市。占世界陆地面积近20%的非洲只有世界6%的铁路线，而埃塞俄比亚有史以来仅有的一条窄轨铁路也早已废弃，当地居民出行只能靠几辆"招手停"式的小巴。

为了改善当地老百姓的出行困难，拓宽"一带一路"的影响范围，中国中铁承建了这条贯穿亚的斯亚贝巴东西线和南北线（一期）的轻轨工程，合同价值总额达4.75亿美元。

2014年5月5日，国务院总理李克强视察了埃塞俄比亚首都亚的斯亚贝巴轻轨项目。埃塞俄比亚总理海尔马里亚姆陪同，两国总理共同为轨道拧螺丝，成为一段佳话。

轻轨的开通，不仅改变了市民的出行方式，也大大缓解了公共交通压力。由中国建造的亚的斯亚贝巴城市轻轨，对于埃塞俄比亚来说，是一个具有划时代意义的历史标志，标志着埃塞俄比亚进入"现代城市轨道交通"新时代，书写了东非城市轨道交通建设新篇章。

建成东非第一条轻轨

这条埃塞俄比亚乃至东非的第一条轻轨由中国企业——中国中铁与深圳地铁联合体负责具体实施完成。作为中国企业"走出去"的一条意义重大的铁路，它承载着太多的荣耀和艰辛。

从2009年9月3日正式签订合同，到2015年11月10日轻轨全线通车，6年多的时间里，中国企业在非洲这片陌生的土地上从一张张设计图到一颗颗螺丝钉，再到一段段铁轨、一架架箱体，项目的每一步推进都凝结着中国企业在"一带一路"倡议中的风采和精神。

2012年5月23日，埃塞俄比亚轻轨项目在亚的斯亚贝巴举行开工仪式，标志着轻轨项目由筹建阶段正式转入施工阶段。

同年10月，正值中国国庆，但身处东非高原的项目部并未放松施工生产，而是多点开工，揭开了大规模施工生产的序幕。在轻轨东线CMC点、南线Sarice点、西线联邦法院点和北线市政府点4个动工点，管理、施工人员佩戴崭新的安全帽，快速进入状态，挖掘机、装载机、发电机、自卸车等机械设备轰隆作响，同步进行探沟和清表施工。同时，各个施工点还在当地交管部门的协助下安装了醒目的交通标示牌，认真贯彻安全、文明、规范施工要求，赢得了亚的斯亚贝巴市民的赞誉。

埃塞俄比亚当地时间2013年10月21日16时16分，随着中国中铁首片小箱梁在亚的斯亚贝巴轻轨南北线5号桥第一跨左侧平稳落下，标志着工程项目正式进入铺架主体施工阶段。

线路总长30.963千米，设东西线及南北线，共有桥梁9座，需架设小箱梁502片。由于该工程特殊的地理位置及独特设计，桥梁架设施工面临着前所未有的难度。整体运、架梁平均坡度达34‰，最大坡道更是高达55‰；桥梁架设最小曲线半径仅200米，个别地段还需在曲线半径为50米、100米整体现浇箱梁地段运输箱梁，整个桥梁运、架施工都面临着极大的施工难度和安全压力。

中铁二局新运公司（中铁埃塞轻轨项目经理部二分部）承担该项目全线桥梁架设施工任务。为确保施工安全，经理部、新运分部专门组织施工技术、设备等方面的专家赶赴现场研讨，项目组经多次实地调查后组织召开桥梁架设施工专题会议，研究制定了大坡度桥梁架设施工专项方案，并专门为亚的斯亚贝巴轻轨项目桥梁架设施工设计制造了最大极限纵坡度达55‰的DJ180架桥机，以确保整个桥梁架设施工安全完成。经过全体员工的不懈努力，当地时间10月21日，顺利完成了首片小箱梁的架设施工，为整个工程铺架施工赢得了开门红。

成功架设亚的斯亚贝巴轻轨箱梁，也是埃塞俄比亚国家历史上首片铁路桥梁，中国中铁也因此载入了埃塞俄比亚铁路桥梁建设史册。

成功背后的艰辛

今天，中国的轨道交通技术标准与欧洲标准、美国标准相比毫不逊色，只是受传统观念的影响，一些国家对中国标准有一定的误解或质疑。

第五章 历史的镜头 | 05

建设中的埃塞轻轨

此次项目规划，设计人员依托国内相关工程经验，积极开拓、自主创新、集成设计，探索出适用于埃塞俄比亚的城市轨道交通解决方案。这属首次全部采用中国设计采购施工一体、工程技术标准、成套机电设备、运营管理的城轨项目。

埃塞俄比亚铁路公司于2008年年初进行项目设计方案的国际招标。在中国中铁集团的领导下，由中国中铁和中铁二院组成的联合体参与角逐。在欧洲标准、美国标准、中国标准等近乎苛刻的对比中，由中铁联合体提出的以"中国技术标准"为依托，兼顾埃塞俄比亚国情和经济发展水平的设计方案最终胜出。2009年9月，中方与埃塞俄比亚铁路公司正式签订亚的斯亚贝巴轻轨（一期）工程总承包项目合同。

中国企业走出国门后，不仅在技术上会遇到一些需要努力克服的障碍，在思想观念上，也需要在第三世界国家和以美国为首的西方国家面前，摆正自己的姿态。

在项目开始初期，由于不太了解非洲国家的实际情况，工程部人员受了严重的教训。接下来的工作开展中，中国企业逐渐认识到，在当地人面前必须挺起腰杆，坚持有礼有节、互相尊重的态度和原则，才能获得对方的尊重和认同，才有利于工作的开展。

适应国际工程的特点是每一个走出国门的中国企业必须要面对的。亚的斯亚贝巴轻轨的修建遇到了诸如周边施工环境复杂，物资匮乏，劳动效率和技能低，施工组织难度大，业主、业主代表专业知识不强，缺乏管理经验，拆迁项目多等一系列问题。

然而，一切困难都难不倒敢于走出国门、敢于在国际舞台上展现自身实力的中国企业。

"中国标准"的"形象大使"

当李克强总理视察亚的斯亚贝巴轻轨项目时，他对施工人员说，要精心施工，保进度、保质量，让中国修建的铁路使非洲人民更长久地受惠；要确保工程质量，打出中国铁路的品牌；要与非洲共享铁路建设经验，分享中国成熟技术，做好对非洲当地员工的培训，带动更多当地就业。一个又一个合作的工程，打造了中国装备"走出去"的"高地"，带动了中国装备更多、更好地"走出去"，实现了互利共赢。

中国中铁干部职工表示，作为国内最大的建筑施工企业，中国中铁有责任、有义务、有实力，让这条即将驰骋在"非洲屋脊"的东非第一条轻轨，成为"中国标准"的"形象大使"，将中国制造的品牌深植于广袤的非洲大地，造福于非洲人民。

相较于过去高峰时段，公交站人流如潮，候车人群排成长龙的场景，轻轨项目作为东非第一条现代化城市轻轨，在建设和运营期间为当地增加了6 000多个就业岗位，为埃塞俄比亚培养了一大批修建、运营的技术人才，得到埃塞俄比亚政府、民众的欢迎和肯定。

2015月2月1日，埃塞俄比亚总理海尔马里亚姆为第一列轻轨剪彩，并带领1 200名埃塞俄比亚的社会名流、宗教人士、学生及政府人员乘坐轻轨。埃塞俄比亚人民拍打着民族乐器，跳着欢快的民族舞蹈，每个人的脸庞写满了喜悦与自豪。轻轨自开通运营以来，以优质的服务和全新的速度受到埃塞俄比亚人民的青睐，更以其无可比拟的正点、安全、快捷，成为城市居民出行首选，成为城市公交体系的重中之重。轻轨发挥了民心和民生工程的巨大价值，在缓解交通拥堵、方便出行的同时，完善了城市功能，提升了首都品质，成为埃塞俄比亚的国家名片。轻轨运营对埃塞俄比亚具有划时代的意义，标志着其进入"现代城市轨道交通"新时代，实现了埃塞俄比亚人民的百年城轨梦想。

亚的斯亚贝巴轻轨的圆满收工更让世界看到了中国制造的魄力，看到了中国企业的能力，证明中国在交通基础设施建设领域的担当与责任。这条轻轨的意义非凡，因为它是目前中国唯一一个以全产业链"走出去"的典型项目，充当了"一带一路""走出去"的先行者。此项目将中国中铁"旗帜"插在非洲，实现了城轨技术走向非洲的目标，高度契合了国家"一带一路""走出去"倡议的内涵，对国际项目的经营开发模式、中国技术标准的"走出去"具有极强的示范和先导作用。

■ 本文原载于《一带一路报道》

"我们正在创造历史"

——记中国承建非洲首条现代化城市轻轨正式通车

丁小溪　梁尚刚

"以前，人们来到亚的斯亚贝巴，必会参观埃塞俄比亚国家博物馆里珍藏的320万年前古人类化石'露西'。从今往后再来我们首都，一个新的必看项目就是中国在这里修建的城市轻轨，我们正在创造历史。"非洲大陆第一条现代化城市轻轨（2015年9月）20日在亚的斯亚贝巴正式开通之际，埃塞交通部长沃克内这样对记者说。

这天，在平均海拔近3 000米的"非洲屋脊"埃塞俄比亚，经过3年多攻坚战，中国中铁股份有限责任公司承建的亚的斯亚贝巴轻轨项目终于迎来了正式运营后的第一批旅客。

身着乳白色长裙的埃塞妈妈抱着孩子在路口抬头仰望，兴奋地目送着轻轨列车在高架桥上飞驰而过；年轻女孩站在红绿灯岔口，高举起手机记录列车通过的景象；腿有残疾的埃塞青年拄着双拐，焦急地等待着轻轨开通后的第一班列车，以体验现代化的城市交通设施。

在轻轨正式开通当天，数百名埃塞人聚集在车站外排起长龙，希望能亲身感受这条城市轻轨的魅力。目前，绿白和蓝白两类颜色搭配的车身颜色，还是埃塞政府在举行全民公投后最终确定的。

绿白相间的列车搭载着兴致勃勃的旅客在平滑的轨道上驰骋，犹如一条凝聚友爱与希望的彩带在城市楼宇间穿梭。

2014年5月，中国国务院总理李克强与埃塞总理海尔马里亚姆，正是在这条轻轨线路上，共同为在建的轨道拧上一颗螺丝。

中国中铁股份有限责任公司总裁张宗言说，轻轨项目从设计、施工，到轨料、施工装备、通信讯号和电气化设备、机车车辆，全部都来自中国。通车后，深圳地铁集团有限公司将首次走出国门参与海外运营，在未来3年里为当地培养运营人员，向埃塞转让中国技术与管理经验，因而该轻轨项目是"血缘纯正"的"中国制造"。

据中方工作人员介绍，修建亚的斯亚贝巴轻轨期间，先后有20多个非洲国家派代表参观项目，并表达了在本国修建轻轨的意愿。张宗言说，轻轨项目的建成意义重大，"可以辐射到整个非洲大陆，带动中国轨道交通产业在非洲的生根和发展"。

通车仪式现场，埃塞交通部长沃克内激动地说："今天是埃塞俄比亚交通史上最具纪念意义的一天，亚的斯亚贝巴轻轨项目将成为整个地区重要的现代化地标式建筑，它是城市现代化的象征。"

亚的斯亚贝巴坐落在中部高原的山谷中，海拔约2 400米，是非洲最高的城市，更是埃塞这个非洲文明古国的中心。中国公司修建的轻轨项目将大大改善这座非洲古城的形象与面貌，缓解城市拥堵现状，推动沿线乃至整个地区的现代化发展。

中国中铁与埃塞俄比亚铁路公司2009年9月签订亚的斯亚贝巴轻轨一期工程合同。项目于2012年1月31日开工，造价约4.75亿美元，规划轨道线路总长75千米。

作为项目监理的瑞典道路公司埃塞区域负责人洛夫马尔说，轻轨线路充分契合了亚的斯亚贝巴的地形和道路特点，因地制宜，注重景观设计，让这座城市焕发出新的生命力。

在建设期间，轻轨项目为当地增加了5 000多个就业岗位，中方秉承授人以渔的理念，在当地传播中国技术与管理经验，为埃塞培养了一大批修建、运营和管理方面的技术人才。很多埃塞人通过该项目找到了第一份工作，掌握了电焊、驾驶、混凝土捣固等技术，有了稳定的收入，人生也从此不同。

参与项目的中方工程师袁宾说，通过这个项目，中国技术人员与埃塞员工结下了深厚友谊。"中国人勤奋负责的工作态度逐渐影响了埃塞工人，他们经常主动询问是否需要加班。"

"轻轨项目开工前，周边不少地区都是荒芜的空地。如今短短3年间，沿线地价不断上涨，投资者蜂拥而至，两侧高楼拔地而起，我热爱这座越来越现代化的城市。"从亚的斯亚贝巴大学孔子学院毕业的埃塞小伙赵帅激动地说。

依据目前的设计方案，亚的斯亚贝巴城市轻轨未来将与中国公司承建的埃塞国家铁路网汇合。届时，轻轨与国铁无疑将联手为这座潜力巨大的占老城市注入更多生机。

■ 本文原载于新华网

"来到中国中铁二院就像回到了家！"

郑甄瑞　史宵翰　曹世超

"你们像我的家人。" 2017年5月20日，埃塞俄比亚总理海尔马里亚姆·德萨莱尼亲临中铁二院参观访问，在与中国中铁董事长、党委书记李长进会面期间，他多次以"家人"相称，令人倍感亲切和感动。

外国政府首脑的来访在中铁二院的历史上绝无仅有，海尔马里亚姆总理给予中国中铁的高度评价，更让我们对未来在埃塞俄比亚乃至非洲地区的市场发展充满信心。

《中国中铁》相关报道

为此，我们记录下李长进董事长接待海尔马里亚姆总理的这趟别具意义的回"家"之行，也记录下了中国中铁与埃塞俄比亚之间的深厚友谊。

缘起：义结"铁哥们"，路遥心相通

在这次历史性的外事访问背后，海尔马里亚姆总理与李长进董事长这对"铁哥们"的友谊还要从中埃合作建设亚的斯亚贝巴轻轨和亚吉铁路这两大项目说起。

海尔马里亚姆是一位敦本务实且目光长远的领袖。多年前，时任埃塞俄比亚铁路公司董事长的他率团赴中国考察，在亲自感受了京津城际铁路的快捷舒适后，他就立志要在埃塞俄比亚建设一条这样的快速铁路。埃塞俄比亚是一个未曾被殖民过的国家，埃塞人骨子里有着与生俱来的自豪感。尽管他们的国力并不强盛，但政府对本国的发展有着美好且长远的规划。地处非洲内陆的埃塞俄比亚，交通闭塞，物资匮乏，生活成本是整个非洲平均水平的4倍之多。埃塞人迫切希望改善交通，迫切想要修建铁路，而且要建就尽量建最好的、最快的铁路！

彼时，中国中铁正致力于大力发展海外业务，如果能在这个平均海拔近3 000米号称"非洲屋脊"的国家建造铁路和城轨，那对于整个非洲都有着很强的示范意义。同时，这也符合我们国家实施"走出去"和支持发展中国家发展经济的战略。

至此，埃塞俄比亚与中国中铁的合作几乎一拍即合。

2009年，中国中铁二院与埃塞俄比亚首次牵手。为了亚的斯亚贝巴城市轻轨和亚吉铁路两大项目的建设工作，在李长进的部署和直接指导下，中铁二院派出阵容强大的专家技术团队远赴埃塞。他们的脚步踏遍了沿线各地，他们的情谊洒满了东非热土。

中埃双方的合作项目也得到了两国领导的高度关注和支持。2014年5月5日，中国总理李克强与埃塞俄比亚总理海尔马里亚姆亲临亚的斯亚贝巴轻轨项目考察。在现场，两位总理与正在铺轨作业的工人们一起拿起扳手，拧紧螺丝，也拧紧了两国的友谊。作为项目的创始人和领导者，李长进董事长全程陪同考察，并为两国总理做了详细的项目建设情况汇报。

2015年9月20日，亚的斯亚贝巴城市轻轨正式开通运营，中国中铁总裁张宗言亲临开通仪式，祝贺这条有着中国血统的现代化城市轨道交通线终于驶上了"非洲屋脊"。

2016年10月5日，在中国、埃塞俄比亚、吉布提三国的热切期盼下，亚吉铁路正式通车运营。李长进董事长、海尔马里亚姆总理再次欢聚于通车庆典上。

作为中国中铁的掌门人，李长进董事长对于中铁二院这家中国中铁旗下的勘察设计领军企业，一直寄予厚望。早在中铁二院进军海外市场之初，他就高屋建瓴地指出，中国中铁要走向国际市场，作为龙头的设计企业就要首当其冲地实现转型，要率先加快国际化、经营化、集约化的进程，以勘察设计切入承揽工程总承包，从而带动施工企业"抱团出海"。

2013年，习近平总书记提出"一带一路"建设的构想后，中铁二院敏锐地意识到，这是企业加快"走出去"的重大机遇，并迅速采取了一系列行动。而这份来自中国中铁领导人的支持和鼓舞，更是成为中铁二院广大干部员工勇闯海外、争当"一带一路"先锋的最大动力。

经过多年潜心经营，在中国中铁的直接领导下，中铁二院在参与国家"一带一路"的建设中取得了丰硕成果。目前，中铁二院已经在亚、非、欧、美四大洲40多个国家或地区，主持承担了100多项工程。已经建成的亚的斯亚贝巴城市轻轨和亚吉铁路，只是中铁二院海外版块累累业绩中的一个缩影。

近年来，随着中埃两国经贸合作的不断加强，中国已连续多年成为埃塞俄比亚最大的贸易伙伴，最主要的外商直接投资来源国和工程承包商。目前，中国中铁共有中铁二院、中铁二局、中铁三局、中铁四局、中铁七局等5家二级子公司在埃塞俄比亚承担着铁路、轻轨、公路、市政等各类基础设施建设项目，合同总金额已经近50亿美元。

正是在这长期的合作交往中，李长进董事长与海尔马里亚姆总理之间建立起深厚的友情，中国中铁与埃塞俄比亚之间也结下了特殊的亲缘关系。

相聚：共植"桂化树"，携手谋未来

2017年5月20日15时29分，海尔马里亚姆总理一行的礼宾车队缓缓驶入中铁二院大门。此时，二院总部大楼花团锦簇、彩旗飘扬，大楼两侧数十名青年员工代表手挥中埃两国小国旗，"欢迎！欢迎！热烈欢迎！"的欢迎声质朴热烈、嘹亮整齐。人群中拉起了两面横幅："中国中铁欢迎您！""总理，您好！"

中国中铁董事长，中铁二院董事长赵德义，总经理朱颖，副总经理扈森、许佑顶、王刚等领导在大楼前列队迎候。

中国中铁二院迎来了建院65年以来的首位外国政府首脑。

随行的贵宾有埃塞俄比亚驻华大使塞尤姆·梅斯芬，宏观经济规划部长苏菲安·艾哈迈德，工业部部长艾哈迈德·阿比图，矿产、石油及天然气部部长莫图马·梅卡萨，文化旅游部部长希鲁特·沃尔德马里亚姆，科技部部长格塔洪·梅库里亚，埃塞俄比亚国家银行行长泰克莱沃等高级官员，阵容十分豪华。

"总理阁下您好，欢迎来到中国中铁二院！"李长进董事长迎步上前，与海尔马里亚姆总理热烈握手。海尔马里亚姆总理面带笑容，轻轻拍了拍李长进的肩膀，老友重逢的喜悦溢于言表。

海尔马里亚姆总理在李长进董事长的陪同下参观了中铁二院企业形象展示厅。听取了我方对中国中铁和中铁二院的历史发展、业务范围、技术优势等方面的情况介绍。当天还专门播放了中铁二院在埃塞俄比亚开展规划设计情况的专题短片《手拉手，一起走》。从2009年中铁二院与埃塞俄比亚牵手合作开始，短片中一幕幕中国中铁人与埃塞人民肩并肩、手牵手共同奋战，挥洒汗水，创造伟业的画面将在场的人们拉回到那些个激情燃烧的岁月。海尔马里亚姆总理与李长进频频点头，带头鼓掌。这掌声是对中国中铁与埃塞政府战略关系的肯定，是对中埃两国人民螺丝般紧密友谊的礼赞！

在展厅里，海尔马里亚姆总理为中铁二院亲笔题词："非常荣幸能有机会来参观中国中铁二院这样一家优秀的中国企业。由于贵公司历史悠久的工程和设计能力、最先进的施工技术，埃塞俄比亚受益良多并取得了早期收获。我代表埃塞人民、埃塞政府和社会各界感谢你们，希望能跟你们继续合作，继续成为你们的战略伙伴。"

随后，总理一行又参观了坐落于中铁二院总部的著名文化景观——交子制造地纪念碑。交子是世界上第一张纸币，诞生于公元1023年，而它当时的制造地就在今天的中铁二院。

位于中铁二院的交子纪念碑

李长进董事长向海尔马里亚姆总理介绍道："这是中国的第一张纸币，也是世界上最早使用的纸币，被视作'诚信'的象征。"

以信接人，天下信之。中国中铁作为全球最大的基础设施建造商，诚信是立企之本、立企之根。中铁二院正是继承了交子文化的精神内涵，创新、高效、诚信地完成了埃塞俄比亚各个项目的设计和规划，也赢得了海尔马里亚姆总理的高度肯定和信赖。

在参观拓印在纪念碑上的交子图案时，解说员解释说："这张交子的面额是'七百七十陌'，兑换成现在的埃币，是61 600比尔，是一张大钞。"

海尔马里亚姆总理笑着说："那可的确是一张大票子啊！"引得在场人员一片笑声。

在随后召开的正式会议上，关于因多德国际工业与物流城项目的合作洽谈是最重要的一项议程。这个即将出现在埃塞俄比亚首都亚的斯亚贝巴市郊的"新城"，规划影响区域面积103.5平方千米，预计能容纳百万人口。其定位为产城融合的产业新城，促使工业、物流、高新技术产业、旅游业、现代服务业多元产业共同发展，将成为非洲经

中铁二院交子纪念碑上的古代成都商贸图

济新引擎、埃塞经济发展新中心和产城融合新城区。有媒体把它誉为埃塞版的"雄安新区"。

2016年10月，中国中铁与埃塞俄比亚签订因多德工业园区开发备忘录。中铁二院代表中国中铁负责项目前期论证和立项有关工作、项目的概念、总体等一系列规划工作，以及投融资、建设和招商引资工作。

会谈中，李长进董事长情深意切地说："转眼间，中国中铁进入埃塞俄比亚参与基础设施领域的建设已经8年，今天再次见到亲切的总理阁下和夫人一行，过往那一幕幕感人至深的画面又再次在我眼前浮现，我始终忘不了埃塞俄比亚各级政府官员对我们工程建设的全力支持，忘不了当地技术人员与我们在施工现场风雨无阻地奋战过的日日夜夜，忘不了在节日庆典中我们与民众一起载歌载舞共同庆祝的美好时光，更忘不了当地人民为支援项目建设而做出的种种无私的奉献。"对于因多德国际工业与物流城项目下一阶段的实施工作，李长进指出："下一步，中国中铁将继续发挥技术、管理和资源优势，积极履行社会责任，不断拓展与埃塞俄比亚在基础设施建设、能源资源开发等方面合作的广度和深度，为因多德国际工业与物流城项目的建设努力提供优质的服务。"

海尔马里亚姆总理发表了热情洋溢的讲话，他首先对中国中铁、中铁二院在埃塞俄比亚完成的2个重要项目——亚的斯亚贝巴轻轨和亚吉铁路给予了高度评价。对于中国中铁与中国中铁二院近年来与埃塞政府、人民建立的深厚友谊表示充分肯定。他说："对埃塞俄比亚人民而言，中铁二院就像家人一般。"

海尔马里亚姆总理对因多德国际工业与物流城项目高度认可，他说："我认为你们从概念到设计都做得非常好，它将会是一个环保、现代、智慧之城，不仅解决了埃塞重大的物流瓶颈问题，并且将提升埃塞企业的竞争力和工业化水平，这对埃塞的工业是非常重要的。它不仅仅是个物流城，还结合了工业化和城镇化。"总理认为，中国中铁的工程师们已经把他们想到的问题都很好地解决了，他对目前的规划方案十分满意，并表示："我们一定会全力推进该项目。感谢中国中铁、中铁二院工程师们付出的辛勤努力！"

志合者，不以山海为远。虽然中埃两国相隔万里，但是距离拉不远两国人民的心，拉不淡两国人民的情。因为中国人民心中有一个中国梦，埃塞人民心中也有一个埃塞梦，它们的共同之处都是为了民族的伟大复兴与人民的福祉安康。令人骄傲的是，中国中铁能有幸在这个伟大的时代为实现中华民族伟大复兴的中国梦践行使命，担当责任，也能为埃塞俄比亚国家发展和推进"一带一路"建设贡献力量。

孟夏之日，万物并秀。作为本次活动的一个重要环节，李长进董事长盛情邀请海尔马里亚姆总理及夫人，在中铁二院交子花园一起种下了一棵象征着中埃两国友谊的桂花树。

挥锹铲土填入树坑，提桶浇水滋养树苗。在中埃双方人员的共同见证下，海尔马里亚姆总理与李长进董事长一起将这棵友谊之树牢牢植根于中国中铁二院的土壤里，也植根于中埃两国人民的心中。随着岁月年轮的流转，它也必将见证中国中铁与埃塞俄比亚政府的合作不断深化，成果不断扩大，见证一个个伟业与传奇的诞生！

展望：高举"友谊杯"，同续兄弟情

相知无远近，万里尚为邻。2017年5月20日晚，李长进董事长请海尔马里亚姆总理及其夫人一行共进晚餐。从"家"到"国"、自"国"回"家"，这场宴会，对双方而言，更像是一场家宴，觥筹交错间尽显深厚情谊，轻松和谐却又意义深远。

多年来，李长进董事长亲眼见证了海尔马里亚姆总理所领导的埃塞俄比亚从交通基础设施到经济建设等全面工作的快速推进，切身感受着埃塞俄比亚日新月异的迅猛发展，也深刻体会到这一切所凝聚着的埃塞政府和人民的巨大心血。

宴会上，李长进与海尔马里亚姆总理及其夫人就项目推进、国有企业合作、慈善事业等话题都进行了深入而友好的交谈。而中埃之间密切合作所走过的漫长征途，更是成为双方聊不完的话题，也让整个宴会沉浸于一片欢乐的气氛当中。

正如海尔马里亚姆总理所言："亚的斯亚贝巴轻轨先进的设计技术不仅备受好评，而且让非洲其他国家很羡慕。亚吉铁路是现代科技在非洲的应用，它已经成为中非合作的硕果、'一带一路'和国际合作的示范工程，并且提升了中埃本就友好的关系。"

而今，在中埃两国的积极推动下，因多德这个可以容纳2 000家大型企业的国际工业与物流城也正悄然成型，由中铁二院承担的概念规划已经出炉。事实上，顺应国家"一带一路"建设的发展趋势，中铁二院在设计亚吉铁路的同时就开始认真研究铁路沿线的物流集散规律，最终选择在因多德地区规划国际工业与物流城。我们不只是为埃塞俄比亚设计一条铁路，更要为这条铁路未来的发展出力，这才是中国中铁真正想为埃塞俄比亚整个国家设计的美好未来。

这场别具意义的"家宴"在大家意犹未尽的欢笑中圆满落幕。回顾这一天的会晤行程，既凝聚着中埃之间浓浓的情谊，也收获了我们对未来发展满满的希冀。

外国首脑率其庞大的内阁成员亲临一家中国企业，这是对中铁二院长期以来工作成果的极大肯定，也成就了我们企业历史上浓墨重彩的一笔。这段中埃友谊的历史佳话，也必将为中国中铁今后在埃塞俄比亚乃至整个非洲市场的经营开发工作奠定坚实的基础，树立起首屈一指的企业品牌。

如今，在中国中铁的正确领导下，中铁二院已然成为中国企业"走出去"的中坚力量。在中铁二院积极拓展海外业务的过程中，中国中铁副总裁、总工程师刘辉，副总裁马力，副总裁周孟波等多位领导多次亲赴各个项目现场检查指导，在项目洽谈、签约等关键节点上，对中铁二院给予具体指导，直接推动了各个项目的顺利实施。

站在国家发展战略的高度，近年来，中铁二院还先后开展了"一带一路"铁路网总体规划、南方丝绸之路铁路通道规划、非洲大陆互联互通铁路骨架网规划和南美两洋铁路通道战略布局规划等多项通道研究，为埃塞俄比亚、尼日利亚、委内瑞拉等数十个国家基础设施建设做出了积极贡献，在轨道交通建设中让世界爱上"中国标准"。特别是成功运作了俄罗斯莫喀高铁、中老铁路、中巴经济走廊、南美两洋通道、埃及斋月十日城项目、孟加拉铁路等一大批对中国铁路国际化发展具有重要历史意义的重大项目，奠定了中国铁路"走出去"先锋企业的地位。

与此同时，中铁二院诚意邀请外国铁路官员到企业考察调研培训，乘坐中国高速铁路，直观体验中国高铁技术。设置专门的培训中心，联合国内高校和科研院所，举办铁路技术外国官员研修班，储备"中国标准"的高级"粉丝"。海尔马里亚姆总理用了中国的一句谚语进行了概括："中铁二院，不仅授人以鱼，而且授人以渔。"

直至今日，中国中铁海外经营已拓展到90多个国家和地区，实施各类项目近400个。就在海尔马里亚姆总理到访中铁二院之前，在包括29位外国元首和政府首脑在内的"一带一路"国际合作高峰论坛中，中国中铁积极参与高峰论坛开幕式、高级别会议以及平行主题会议，并与10个国家的领导人、代表团开展深入对接，共同规划"一带一路"美好蓝图。

忆往昔，中埃携手共谋发展；看今朝，且举甘醴畅谈未来。从亚的斯亚贝巴城市轻轨到亚吉铁路，再到因多德工业物流城，中国中铁与埃塞俄比亚之间已经超越了政治态度和经贸合作，也已经从亲密合作走向了互利共赢。放眼未来，中国中铁建设者必将为我国轨道交通事业持续向前迈进、昂首走出国门，为努力实现中华民族伟大复兴的中国梦而阔步前行！

■ 本文原载于《中国中铁》

埃塞俄比亚总理访川
为何"挑"了这三个地方去?

袁 婧 肖雨杨

2017年5月20日,在相继访问北京、山东、福建等地后,埃塞俄比亚总理海尔马里亚姆把访华的最后一站放在了四川。

不顾舟车劳顿,海尔马里亚姆携夫人罗曼在四川走访了东方电气、省图书馆、中铁二院。为何去了这三个地方?四川和埃塞俄比亚有着怎样的渊源?

第一站:东方电气

在东方电气集团董事长邹磊的引领和介绍下,海尔马里亚姆一行参观了东方电气集团的科技展示厅,并为东方电气集团题词。

为何来此?埃塞俄比亚因其高海拔和拥有丰富的水资源,被称为"东非水塔",但该国长期以来受电力匮乏困扰。东方电气承建的埃塞俄比亚吉布3水电站于2016年年底投产运营,总装机容量达187万千瓦。

埃塞俄比亚吉布3水电站是当前非洲已建成的最大水电站,将埃塞俄比亚全国发电量提升了一倍。如今,该电站的建成让埃塞俄比亚彻底告别了缺电时代,"东非水塔"变"东非电塔"。同时,吉布3水电站在埃塞俄比亚树立了"中国装备"的良好形象,展现了"一带一路"为两国带来的新的发展机遇。

第二站:省图书馆

在省图书馆,海尔马里亚姆为"走进埃塞俄比亚"王琦摄影作品展剪彩。中国摄影家协会会员、四川省艺术摄影协会副主席、成都人王琦展出了自己用相机记录的埃塞俄比亚的自然风光、人文故事等。

摄影作品展由埃塞俄比亚联邦民主共和国重庆总领事馆、埃塞俄比亚航空公司主办，四川省图书馆、四川省艺术摄影协会等承办。摄影展将免费向公众开放，展出将持续到2017年5月底。

"我非常高兴地宣布，22日，埃塞首都亚的斯亚贝巴第一趟直航航班将抵达成都"，海尔马里亚姆说，这将是连接非洲与中国西南地区的第一条直航航线。他希望借助直航，让更多成都人、四川人到埃塞俄比亚。

第三站：中铁二院

中铁二院是海尔马里亚姆一行的最后一站，也是最重要的一站。

在中国中铁董事长李长进的引领和介绍下，海尔马里亚姆参观了中铁二院企业形象展示厅、交子纪念碑以及埃塞俄比亚项目工作办公室，并与中方人员共种友谊之树。

"感谢中铁二院在埃塞俄比亚完成的2个重要项目——亚的斯亚贝巴轻轨和亚吉铁路，先进的设计，不仅备受好评，而且让非洲其他国家很羡慕。"海尔马里亚姆表示，对埃塞俄比亚人民而言，中铁二院就像家人一般，他们不仅授人以鱼，而且授人以渔。

海尔马里亚姆说，此次访华有3个目的：一是与中方将双边关系从全面合作伙伴关系提升为全面战略合作伙伴关系；二是参加在北京举行的"一带一路"国际合作高峰论坛，以此促成埃塞俄比亚与中国的互联互通关系；三是走访各省、吸引投资。他说："截至目前，我已到过中国11个省份，我希望以后有机会能够走遍中国所有的省份。"

此次访华10天，海尔马里亚姆走访了4个省份，四川作为最后一站，海尔马里亚姆坦言，四川给他留下了非常深刻的印象。他将带着对四川的美好回忆回到埃塞俄比亚。

■ 本文原载于《川报观察》

埃塞俄比亚总理访川，因何"独宠"中铁二院？

2017年5月20日，埃塞俄比亚总理海尔马里亚姆·德萨莱尼携夫人罗曼·特斯法耶女士亲临中铁二院参观考察并进行会谈。据悉，四川是此次埃塞总理访华的第四站，也是最后一站。

此次埃塞总理访问中铁二院之旅，队伍有点庞大，埃塞驻中国大使塞尤姆·梅斯芬，宏观经济规划部长苏菲安·艾哈迈德，工业部部长艾哈迈德·阿比图，矿产、石油及天然气部长莫图马·梅卡萨，文化旅游部部长希鲁特·沃尔德马里亚姆，科技部部长格塔洪·梅库里亚，埃塞俄比亚国家银行行长泰克莱沃等高级官员随同来访。

中国驻埃塞俄比亚大使腊翊凡，中国中铁股份公司董事长李长进，四川省外事办副主任文甦，中铁二院董事长赵德义，总经理朱颖，副总经理扈森、许佑顶、王刚等领导全程陪同。

那么，总理一行访问中铁二院都做了些什么呢？

参观：海尔马里亚姆总理参观了中铁二院企业形象展示厅和中国著名景观"交子制造地纪念碑"，饶有兴致地听取了我方对中国中铁和中铁二院的历史发展、业务范围、技术优势等方面的情况介绍。在观看有关中铁二院在埃塞开展规划设计情况的短片《手牵手，一起走》期间，总理先生频频微笑，并带头鼓掌。

题词：海尔马里亚姆总理为中铁二院亲笔题词："非常荣幸能有机会来参观中铁二院这样一家优秀的中国企业。由于贵公司历史悠久的工程和设计能力、最先进的施工技术，埃塞俄比亚受益良多并取得了早期收获。我代表埃塞人民、埃塞政府和世界感谢你们，希望能跟你们继续合作，继续成为你们的战略伙伴。"

种树：在中铁二院的交子花园里，海尔马里亚姆总理及夫人、塞尤姆·梅斯芬大使、李长进董事长共同种下了一棵象征着中埃友谊的桂花树。

交流：总理一行还参观了中铁二院埃塞俄比亚项目工作办公室，并与正在工作中的技术人员亲切交谈。

　　座谈：中埃双方人员就推进因多德国际工业与物流城项目的相关事宜进行了友好会谈。会上，海尔马里亚姆总理、李长进董事长分别做了热情洋溢的讲话。与会人员观看了中唐空铁新能源空轨关键技术介绍、因多德国际工业与物流城项目介绍2部视频短片。

　　合影：总理一行与相关人员合影留念。

　　那么，在这个特别的访华"告别站"，埃塞总理为何"独宠"中铁二院？

　　实际上，多年来，中铁二院在非洲承担了多个铁路、公路、轻轨等项目的规划和勘察设计工作，与埃塞俄比亚之间更是有着亲密、友好的合作关系。正如埃塞总理所言："对埃塞俄比亚人民而言，中铁二院就像家人一般，他们不仅授人以鱼，而且授人以渔。"

　　当然，埃塞总理一行访问中铁二院，绝不仅仅是"串亲戚"这么简单。实际上，寻找合作才是海尔马里亚姆此行的重要目的。

埃塞俄比亚＆中铁二院：合力打造"非洲版天府新区"

　　未来，一个非洲版的天府新区或将在埃塞俄比亚平地而起。在埃塞首都亚的斯亚贝巴的南边，一个可以容纳2 000家大型企业的国际工业与物流城正在悄然成型，其概念规划已经出炉。

中铁二院大楼

中铁二院的因多德国际工业与物流城项目,是位于埃塞俄比亚首都亚的斯亚贝巴的"新城",规划影响区域面积103.5平方千米,预计能容纳百万人口。"新城之于亚的斯亚贝巴,就像天府新区之于成都,也是南面再造的产业之都,非常辽阔",中国中铁二院工程集团有限责任公司副总工程师金旭炜这样介绍。

2017年5月20日,在成都一环路附近,埃塞俄比亚总理海尔马里亚姆来到中铁二院总部大楼,倾听了该项目的细节。他认为,这个项目的概念和设计都非常好,能解决限制当地发展的很多瓶颈问题,能提升埃塞俄比亚的工业化与城镇化水平。

从该项目概念的最初提出到现在,用了6年时间。为了这个项目,中铁二院土木建筑设计研究一院副总工程师曾德礼几乎常住非洲。怎样才能让埃塞俄比亚的高层理解该项目的发展理念,让他们接受未来的规划蓝图?2016年,曾德礼将一份天府新区的英文介绍拿到了埃塞俄比亚高层官员的手里。这份介绍成为关键的助力,成功打动了埃塞俄比亚的高层。

中非贸易研究中心分析,埃塞俄比亚在过去15年平均增长率维持在10%以上,是非洲经济增长最快的非石油经济体,包括基础设施、农业、医疗、教育、工业产业等都面临发展和投资,这些都是四川的优势领域。未来,川埃合作必将翻开新的篇章。

■ 本文选编自中非贸易研究中心

埃塞俄比亚 & 中铁二院：
合力打造"非洲版天府新区"

未来，一个非洲版的天府新区或将在埃塞俄比亚平地而起。在埃塞首都亚的斯亚贝巴的南边，一个可以容纳2 000家大型企业的国际工业与物流城正在悄然成型，其概念规划已经出炉。

中铁二院的因多德国际工业与物流城项目，是位于埃塞俄比亚首都亚的斯亚贝巴的"新城"，规划影响区域面积103.5平方千米，预计能容纳百万人口。"新城之于亚的斯亚贝巴，就像天府新区之于成都，也是南面再造的产业之都，非常辽阔"，中国中铁二院工程集团有限责任公司副总工程师金旭炜这样介绍。

2017年5月20日，在成都一环路附近，埃塞俄比亚总理海尔马里亚姆来到中铁二院总部大楼，倾听了该项目的细节。他认为，这个项目的概念和设计都非常好，能解决限制当地发展的很多瓶颈问题，能提升埃塞俄比亚的工业化与城镇化水平。

从该项目概念的最初提出到现在，用了6年时间。为了这个项目，中铁二院土木建筑设计研究一院副总工程师曾德礼几乎常住非洲。怎样才能让埃塞俄比亚的高层理解该项目的发展理念，让他们接受未来的规划蓝图？2016年，曾德礼将一份天府新区的英文介绍拿到了埃塞俄比亚高层官员的手里，这份介绍成为关键的助力，成功打动了埃塞俄比亚的高层。

中非贸易研究中心分析，据埃塞总理介绍，埃塞俄比亚在过去15年平均增长率维持在10%以上，是非洲经济增长最快的非石油经济体，包括基础设施、农业、医疗、教育、工业产业等都面临发展和投资，这些都是四川的优势领域。未来，川埃合作必将翻开新的篇章。

■ 本文选编自中非贸易研究中心

感谢四川"授人以渔"

2017年5月19日下午4点15分,埃塞俄比亚总理海尔马里亚姆·德萨莱尼乘坐专机抵达成都双流国际机场,开启为期3天的访川之旅。

一身灰色西装、一副茶色眼镜,身材高大的海尔马里亚姆总理笑容可亲。在北京参加完"一带一路"国际合作高峰论坛之后,他随即率团访问山东、福建等省,并将最后一站定在四川。紧凑的行程安排下,"经济合作"成为海尔马里亚姆关心的重点。

向四川投资者喊话"欢迎",为四川在埃建设团队亲笔写下"xiexie(谢谢)",带领包括工业部部长、国家银行行长在内的40余人组成的代表团与四川企业进行面对面洽谈……海尔马里亚姆用诚意满满的行动,向四川抛来橄榄枝:"欢迎四川的投资者,埃塞俄比亚一定不会让你们失望。"

埃塞首都"天府新区"由四川企业规划建设

2017年5月20日上午,埃塞俄比亚-四川经贸合作论坛在成都举行。推介会后,由埃塞俄比亚矿产和油气部长、文化和旅游部长、畜牧业和渔业国务部长等人"坐镇"的洽谈区,迅速被围得里三层外三层。参加论坛的上百家四川企业对走进埃塞俄比亚充满好奇:"我们想了解现在当地通信市场发展得怎样?""当地的政策能给了多少优惠和支持?""有没有已经成功的四川企业?"

实际上,遥远的非洲早就不乏四川企业掘金的身影,埃塞俄比亚甚至已成为四川在非洲大陆的重要投资目的地。海尔马里亚姆用中铁二院的例子为在场的四川企业服下定心丸,"值得一提的是,从首都亚的斯亚贝巴到吉布堤港的亚吉铁路是由中铁二院主导的。"海尔马里亚姆说,四川的铁路工程技术和建设水平处于领先地位,这是非洲第一条跨境现代电气化铁路。

哪些企业投资埃塞俄比亚市场前景最广阔？海尔马里亚姆介绍，埃塞俄比亚在过去15年平均增长率维持在10%以上，是非洲经济增长最快的非石油经济体，包括基础设施、农业、医疗、教育、工业产业等都面临发展和投资，这些都是四川的优势领域。据四川省商务厅统计，四川省有11家工程承包企业先后在埃塞俄比亚开展了对外承包工程业务。2015年四川企业在埃承包合同额为1.2亿美元，2016年新签工程承包合同额达2.0亿美元。

"拓展更进一步的，还有中铁二院的因多德国际工业与物流城项目。这个位于埃塞俄比亚首都亚的斯亚贝巴的"新城"，规划影响区域面积103.5平方千米，预计能容纳百万人口。"新城之于亚的斯亚贝巴，就像天府新区之于成都，也是南面再造的产业之都，非常辽阔"，中国中铁二院工程集团有限责任公司副总工程师金旭炜这样向记者介绍。

据了解，因多德国际工业与物流城定位为产城融合的产业新城，促使工业、物流、高新技术产业、旅游业、现代服务业多元产业共同发展，将成为非洲经济新引擎、埃塞经济发展新中心和产城融合新城区。将来四川企业入园，还将享受电力、电信、土地、税收等方面的优惠。

直航明日开通　埃塞总理邀四川人去耍

"5月22日一定会有一个多彩又成功的首航仪式，预祝埃塞俄比亚航空在成都的新活动一切顺利！"在为四川省图书馆"走进埃塞俄比亚"摄影展剪彩后，海尔马里亚姆肯定了两地的人文交流，并宣布5月22日埃塞俄比亚航空将开启与成都的直航。这是埃塞俄比亚航空在中国的第5个直航目的地，也是连接非洲与中国西南地区的第一条航线。

直航的开通不仅为成都旅客的出行提供了多元选择，也让"走出去"的四川企业离家更"近"。行程中，海尔马里亚姆多次表达了对四川企业在埃塞俄比亚建设成就的感谢。由东方电气建设的吉布3水电站是当前非洲已建成的最大水电站，让埃塞俄比亚彻底告别了缺电时代。参观完东方电气的科技展示厅后，海尔马里亚姆为东方电气题词："我们欣赏你们的伟大贡献，在其他可再生能源方面，我们将继续保持稳定的合作关系。"随后，他还亲笔写下"xiexie（谢谢）"。

而中铁二院给埃塞俄比亚带来的轻轨和铁路，更让海尔马里亚姆连连夸奖，"让非洲其他国家很羡慕"。海尔马里亚姆表示，中铁二院不仅授人以鱼，还授人以渔，为埃塞俄比亚培训了很多工程师，"你们是我的家人"。

虽然没有时间深入认识成都，海尔马里亚姆却对成都念念不忘，"成都人照了很多埃塞俄比亚的照片，会让更多游客去埃塞俄比亚，让人心相通"。海尔马里亚姆透露，他希望再次来访，下一次，以私人的名义。

埃赛总理夫人在蓉"买买买"皮鞋地毯家具都是目标

来到国际购物天堂，埃塞俄比亚总理夫人罗曼也忙里偷闲，抽出了一个半小时去购物。据随行工作人员介绍，昨日上午，罗曼光顾远东百货和全友家私，买走了两双鞋。下午，助理又再次出门购物，寻找总理夫人心仪的玻璃咖啡桌，而总理夫人的购物清单里，还有地毯、衣服、音响设备、按摩床和沙发。

■ 本文原载于《成都商报》

埃塞铁路公司代表团到访中铁二院

2018年5月1日，埃塞铁路公司首席执行官贝哈努·贝沙博士率团来访中铁二院，就埃塞俄比亚铁路发展规划、铁路人才培训等事宜同中铁二院开展座谈交流。中铁二院总经理朱颖出席并主持交流会，副总经理扈森参加会议。

在欢迎辞中，朱颖回顾了中铁二院与埃塞铁路公司长期以来的良好合作，并表达了进一步开展多领域合作的意向。朱颖表示，双方既要着手处理眼前问题，也要共同展望未来，通过具体项目的合作，彰显中铁二院同埃塞俄比亚政府、埃塞铁路公司的良好关系。

贝哈努·贝沙

贝哈努·贝沙首先对中铁二院无微不至的接待表示衷心感谢！他表示，参观了中铁二院的企业形象展示厅后，非常震撼，一家设计企业能够在工程建设多领域取得如此多的成就非常了不起。他简要介绍了本次来访的目的：一是对埃塞铁道学院项目进行审查；二是关于阿瓦什铁路与亚吉铁路线路接口问题进行协商；三是对未来合作开展交流探讨。

针对未来的合作，朱颖提出3个方面的构想：一是双方可以关注埃塞"两湖一山"文化旅游项目，希望同埃塞有关部门配合，力争将其做成中埃双方产能合作的示范性项目；二是共同规划埃塞铁路的下一步发展，进一步完善铁路网，提高客货运输能力；三是为埃塞开展专门的铁路人才培训，提高人才储备，铁道学院建成后，中铁二院的专家可以去交流授课。

贝哈努·贝沙对构想表示高度认可，他指出，在中铁二院的大力支持与深度参与下，埃塞铁路得到迅猛发展，但同时也暴露出国内技术和人才储备不足的问题。在今后的发展中，埃塞铁路将着眼于铁路运营维护的网络化、铁路建设的机械化以及投融资能力的提升，希望中铁二院能提供相关指导和帮助。

扈森指出，中铁二院是一家综合性勘察设计企业，能够提供多种交通方式解决方案，在与埃塞铁路公司的长期合作中，双方已经融为一家人，中铁二院人是带着感情在为埃塞的社会经济发展工作。

后 记

历经半年多的时间,《一带一路——埃塞故事》终于付梓。手捧这份倾注了很多人心血和汗水的成果,我不禁心潮起伏、思绪万千。许多人都知道搞工程的人辛苦,但许多人不知道在海外搞工程的人有多辛苦。如果说中国中铁和中铁二院的海外事业是伴随着世界一体化格局发展滚滚向前的大潮,那么这本书就只是撷取了大潮中一朵绚丽的浪花,然后本色地呈现在读者的面前。

这本书的编写工作,至此画上了句号,但集团公司走向海外的脚步却从未有片刻停歇。特别是今年春节以来,一场突如其来的疫情防控阻击战在中华大地骤然打响。在这场没有硝烟的战争中,中铁二院奋战在海外各条战线的广大干部职工放弃了春节假期休息,加班加点抓紧生产,还有的海外同志主动请缨,为国内采购防疫物资,在我们眼中,他们也是"最美的逆行者"。

本书出版之时,正值我们全面推行海外经营体制机制改革的重要时刻,我们必须经受住国际市场发展变化带来的考验,只有抓住机遇全面推进海外经营体制机制改革落地落实,才能加快推动海外生产经营工作,才能把疫情对企业生产经营尤其是海外板块的影响降到最低。这就要求,我们要全面总结亚吉铁路、埃塞轻轨等海外项目建设的成功经验,全面梳理我们在市场拓展、商务谈判、技术管理、人才培养等方面的差距和不足,甚至是教训,发挥好产业链优势,做到上下游一体、前后方联动,不断提升海外业务集中管控能力和效率,降低业务运营成本,控制业务风险,达到海外事业高质量发展的要求,贯彻总书记对中央企业提出的加速建成世界一流企业的总体目标。

关山万千重,山高人为峰。让我们上下一心,保持战略定力,用全球视野来审视,通过真抓实干,化压力为动力,化危机为契机,同心同向、同担同行,充分发挥作为设计咨询企业的技术优势,在海外事业的高度深度温度厚度上下功夫,早日把公司海外业务做强、做优、做大。也希望各单位、各海外项目部进一步树牢"领导心中有员工,员工心中有企业,员工好了才是真的好"的理念,以"幸福美丽二院"建设为总目标，进一步扎实推进海外员工"安心工程"，加大海外员工关心关爱力度，进一步丰富员工文化生活。我们也将适时组织编写发行其他海外项目的职工文化作品系列丛书，为企业文化建设和海外事业高质量发展提供强有力的精神文化支撑。

最后，再一次向为本书"不吝赐稿"的广大干部职工，在文稿修改、审核、校对过程中付出辛勤劳动的工作人员，以及长期以来支持和关心中铁二院海外事业发展的各级领导、各有关方面，表示衷心的感谢！

中铁二院党委副书记、工会主席、副总经理 王刚

2020年6月